# 传播前沿

## ——博士后研究成果文集

## （2022）

山东省广播电视局　编

山东大学出版社
SHANDONG UNIVERSITY PRESS
·济南·

**图书在版编目(CIP)数据**

传播前沿:博士后研究成果文集.2022/山东省广播电视局编.—济南:山东大学出版社,2024.5
ISBN 978-7-5607-8127-3

Ⅰ.①传… Ⅱ.①山… Ⅲ.①广播电视-中国-2022-文集 Ⅳ.①G229.2-53

中国国家版本馆 CIP 数据核字(2024)第 103580 号

责任编辑 朱若翌
封面设计 王秋忆

**传播前沿**

CHUANBO QIANYAN

——博士后研究成果文集(2022)

出版发行 山东大学出版社
社　　址 山东省济南市山大南路 20 号
邮政编码 250100
发行热线 (0531)88363008
经　　销 新华书店
印　　刷 济南乾丰云印刷科技有限公司
规　　格 720 毫米×1000 毫米 1/16
　　　　 15.5 印张 294 千字
版　　次 2024 年 5 月第 1 版
印　　次 2024 年 5 月第 1 次印刷
定　　价 67.00 元

# 目　录

## 上　篇
## 打造精品网络剧发展战略研究
——以山东为例

杨有楠

## 下　篇
## 红色基因文化传播研究
### ——以山东为例

任晓敏

# 上　篇

# 打造精品网络剧发展战略研究

## ——以山东为例

杨有楠

**博士后:杨有楠**

杨有楠,1989年出生,山东临沂人,山东省广播电视总台与清华大学联合培养博士后,南京大学文学博士,聊城大学文学院教师,硕士生导师;主持并完成山东省社会科学规划研究项目青年项目1项,在《当代文坛》《中国现代文学论丛》《当代电视》《文艺评论》等刊物发表学术论文10余篇,参与学术著作《中国现当代文学制度史》的编写;主要研究方向为网络文艺研究、中国当代文学与文化批评、中国现代文学史。

# 绪　论

在技术赋权、政策支持、资本引导、用户需求与审美位移等多重因素的合力下，网络剧业已成为当下最主流的大众文艺形态之一。网络剧所拥有的体量巨大的用户群体、所占据的庞大市场份额、所表征出的不可低估的社会功能等，都使其成为新的时代背景下“讲好中国故事、传播好中国声音，展现可信、可爱、可敬的中国形象”的重要文艺力量。基于此，本研究将以山东为例探究打造精品网络剧的发展战略。

## 一、研究背景与研究意义

网络剧是互联网技术迅猛发展背景下出现的适应网络传播特征，以互联网用户为主要潜在受众，强调互动性与参与性的影视文本，是网络与影视艺术相结合的新的艺术形式。当前，研究打造精品网络剧的发展战略具有相当的必要性和现实意义。

首先，网络剧的精品化发展符合国家文化发展战略。2015 年，中共中央政治局召开会议，审议通过了《关于繁荣发展社会主义文艺的意见》，强调在信息化、网络化的今天必须“大力发展网络文艺”，推动网络剧、网络文学等“新兴文艺类型繁荣有序发展”。自此，发展网络剧等网络文艺逐渐成为国家文化发展战略的重要组成部分，而《关于进一步加强网络视听节目创作播出管理的通知》(2017)、《关于网络影视剧中微短剧内容审核有关问题的通知》(2020)、《网络剧片发行许可证》(2022)、《“十四五”中国电视剧发展规划》(2022)等监管、审查政策和方式的逐步完善和健全，以及国家广播电视总局等部门对重点视听内容的规划指导既为网络剧的规范化发展提供了制度保障，又为精品内容的创作指明了方向。包括网络剧在内的网络文艺具有传播速度快、播放形式灵活、受众范围广、聚合能力互动性强等优势，已逐渐成为影响力最为广泛深远的文艺形态之一。在新的形势背景下，研究打造精品网络剧的发展战略有利于更好地使其承担起时代赋予的文化使命，借由网络阵地书写民族向心力与凝聚力，探讨生动讲述中国故事、传播中国声音、建构国家形象、实现文化强国目标的新路径。

其次，网络剧的精品化转型是网络剧自身健康繁荣发展的必经之路。第50次《中国互联网络发展状况统计报告》显示，截至2022年6月，网络视频(含短视频)的用户规模已达9.55亿。可以说，用户规模的不断增长给网络剧带来了不可错失的发展机遇。得益于技术的进步、资金投入的加大、政策的引导与支持等，我国的网络剧创作在数量上逐年攀升，品质也有所提升，但相较于受众日益扩大、提高的需求，整体质量实则仍不容乐观，兼具口碑与市场影响力的优质网络剧仍是少数。① 与此同时，随着监管制度的健全、"流量至上"规则的失灵，网络剧正逐步回归"内容为王"的评价体系。越来越多的案例都证明了只有剧本鲜活有创新性、拍摄制作精益求精、视听效果优良的网络剧才能经得起时代和人民的检验，历经淘洗留在时间的河床上成为经典，才能实现可观的商业变现。《隐秘的角落》《白夜追凶》《河神》《最好的我们》无不如此。由此，探讨网络剧的精品化发展，可进一步引导网络剧从业者主动寻求改革与创新，适当放弃短期利益，强化精品意识，同时通过对精品网络剧过去与现状的梳理分析，与从业者一起探讨网络剧的优化路径，最终推进网络剧的精品化转型和可持续性发展。

近年来，山东积极响应，认真贯彻落实国家紧紧拥抱互联网，抓住新风口，抢占新赛道，大力发展网络文艺的文化发展战略，不论是在政策上还是在资源上都表现出对网络剧等网络文艺发展的高度重视。在宏观把握中国网络剧精品化发展格局的基础上，以山东为例，结合山东地域实际，探讨打造精品网络剧的具体路径，既有必要性，又有可操作性和现实意义。

一方面，助力"网络鲁剧"品牌建设，推动山东网络视听繁荣发展和山东影视行业转型升级，拓宽展现山东之美、传播山东之好的路径。2020年4月，《2020年山东省网络视听工作要点》指出，要"引导山东广播电视台、山东影视集团等传统影视剧制作机构参与网络影视剧的创作、生产，传承鲁剧弘

① 如2021年上线的266部网络剧中，仅有《山河令》(豆瓣评分8.6分)、《在希望的田野上》(豆瓣评分8.4分)、《我在他乡挺好的》(豆瓣评分8.1分)、《爱很美味》(豆瓣评分8.1分)、《御赐小仵作》(豆瓣评分7.9分)等几部剧的豆瓣评分在8分左右，其他热度较高的网络剧的豆瓣评分分别是《你是我的荣耀》(豆瓣评分6.9分)、《赘婿》(豆瓣评分6.3分)、《风起洛阳》(豆瓣评分6.3分)、《锦心似玉》(豆瓣评分5.6分)、《斛珠夫人》(豆瓣评分4.8分)、《我的时代，你的时代》(豆瓣评分5.6分)、《一生一世》(豆瓣评分6.1分)。虽然豆瓣评分并不具备绝对的权威性，但也从侧面说明了当下网络剧的口碑分化较为严重。

扬主旋律、关注现实生活的优良传统，努力打造‘网络鲁剧’新品牌”。在2021年山东网络视听大会上发布的《2021年山东网络视听蓝皮书》强调，网络视听节目已成为山东省文化经济的重要网络力量，“制作多精品，打造‘网络鲁剧’品牌成为网络视听发展新目标”。网络剧是网络视听产业中市场覆盖度相对较广、接受度相对较高的文艺形态。在此背景下，爬梳山东网络剧发展的历史与现状，纠偏山东网络剧发展观念中的问题，继而探究如何推进山东网络剧在创作观念、内容生产、传播策略、评价体系等方面的全面升级，既对推进“网络鲁剧”的高质量创新型发展有重要意义，又有助于山东新形象的构建和山东省文化强省建设。

另一方面，山东作为在全国有较大影响力的文化大省，其影视产业，尤其是“鲁剧”品牌历来在全国有举足轻重的地位。由此，依托传统“鲁剧”品牌发展而来的山东网络剧创作本就是值得关注的研究对象。与此同时，以山东为例，探讨媒介融合背景和大众文艺发展趋势下如何借力齐鲁文化的资源优势谋求网络剧的精品化发展，或可为其他省份的网络剧发展乃至整个网络剧行业的发展提供可资借鉴的探寻模式。

总的来说，本研究既以山东网络剧的发展为考察中心，又竭力对我国精品网络剧做整体观照，力图以所取得的研究成果丰富当下网络剧的研究成果与理论体系。

## 二、研究综述

随着网络剧市场份额的增长，影响力的逐年攀升，相关研究也越来越成为显学。除厘清、界定网络剧的概念，以历史的眼光梳理网络剧的发展脉络、提炼网络剧的文本特征等研究路径外，国内研究者们普遍以网络剧的精品化发展为思考原点，描画网络剧的现状，反思网络剧的不足，进而提出打造精品网络剧的战略与对策。但已有研究普遍注重整体性与宏观性，有关地方性、区域化精品网络剧的研究相对薄弱，聚焦于山东网络剧精品化发展的研究更是有限。

### （一）网络剧的发展现状研究

若以2000年大学生自编自演的《原色》为起点，中国网络剧已走过20多年的发展历程。学者们普遍认为，中国网络剧在20多年的时间里已取得了较大的发展，这得益于互联网和多媒体技术的发展、普及与进步[①]，网民的消

---

① 参见王志荣：《中国网络剧发展成因与特性探析》，《兰州交通大学学报》2013年第2期。

费欲望与资本天生的逐利品性[①]，受众结构和收视习惯的变化，产业链整合的需要[②]，国家广播电视总局的相关政策[③]等。与传统电视剧相比，网络剧呈示出诸多优势。其中，刘冰强调了网络视频的便捷性所提供的平台优势和庞大的观众群等[④]；李海丽、张磊认为网络剧的叙事更为碎片化，题材更宽泛，更倾向于聚焦现实[⑤]；欧阳文风、谭武军认为网络剧具有相对宽松的审查和监管政策，更具有灵活性、互动性和接地气的投放模式等[⑥]。以上诸多优势和特征是网络剧大有可为的重要保障。在跨过制作粗糙、思想不成熟、野蛮生长的初创期后，中国网络剧的数量在 2014～2015 年间实现了井喷式增长，2016 年后逐步形成了类型化、产业化的发展势态，最终于 2019 年后走上了精品化的发展道路。冯宗泽认为，网络剧在我国的兴盛，正在不断地冲击、颠覆乃至重构着传统电视媒介内容的生态体系。[⑦] 但研究者们也认为一系列的不足与问题正制约着中国网络剧发展的高度。其中，整体制作粗糙、质量不高，同质化、模式化、套路化现象严重，监管审查机制不健全等是研究者们普遍提及的弊病。此外，戴清、卞天歌强调原创性、创新性的不足是网络剧亟须解决的问题[⑧]，王海波揭批了网络剧中广告的泛滥化倾向[⑨]，李晨晨认为宣传与推广的不当限制了网络剧的影响力[⑩]，王杰认为消费主义倾向严重和文化价值的缺乏是网络剧整体质量低下的关键[⑪]。

可以看到，目前学界关于网络剧发展现状的研究成果不可谓不多，在立足当下回顾历史的基础上，研究者们厘清了网络剧的概念，剖示了中国网络

---

① 参见陈衍鸿：《网络剧的发展现状及其产业化趋势》，《广西大学学报》(哲学社会科学版)2007 年第 A3 期。

② 参见曹慎慎：《“网络自制剧”观念与实践探析》，《现代传播》(中国传媒大学学报)2011 年第 10 期。

③ 参见欧阳文风、谭武军：《中国网络自制剧的勃兴、问题及发展思路》，《湘潭大学学报》(哲学社会科学版)2014 年第 6 期。

④ 参见刘冰：《中国网络剧的现状研究》，河北大学硕士学位论文，2013 年。

⑤ 参见李海丽、张磊：《新媒体背景下网络自制剧的现状及发展前景研究》，《剧作家》2014 年第 6 期。

⑥ 参见欧阳文风、谭武军：《中国网络自制剧的勃兴、问题及发展思路》，《湘潭大学学报》(哲学社会科学版)2014 年第 6 期。

⑦ 参见冯宗泽：《国内网络剧的现状与发展趋势》，《传媒》2015 年第 8 期。

⑧ 参见戴清、卞天歌：《电视剧网络剧原创力的评价体系与提升策略研究》，《东岳论丛》2020 年第 10 期。

⑨ 参见王海波：《论网络剧如何抵制“三俗”以弘扬正能量》，《电视研究》2015 年第 7 期。

⑩ 参见李晨晨：《当下网络自制剧的问题及应对策略》，范周主编：《网络剧与网络综艺批评》，知识产权出版社 2019 年版，第 55～63 页。

⑪ 参见王杰：《探析网络剧发展的现状、问题及策略》，《新闻研究导刊》2016 年第 4 期。

剧基本特征、发展现状，更检视了其中的不足与问题。研究方法上，在以定性分析为主的基础上，综合使用了文化学、社会学、统计学、美学、经济学等多种学科方法。但已有的研究仍以单篇论文为主，在散见的几部研究著作中，关于网络剧的研究内容所占的比重也相对有限，有厚度有显著影响力的整体研究比较有限。由于网络剧的发展历史较短，网络剧的研究成果自2012年才逐渐浮现出来，对其深刻的学理性分析还有待进一步丰富。

（二）网络剧精品化发展研究

在迈过制作粗糙、题材单一、艺术浅薄的盲目发展期后，中国网络剧应该朝着减量提质的精品化方向迈进，这是网络剧研究者们达成的共识。何为精品？吴占勇认为，精品是指网络剧同时具备艺术品质与市场影响力，蕴含丰富的审美价值、思想价值和社会价值，对立意、观念、生产、传播等各个环节精心把控的产物。[①] 从兼具有市场影响力和较高的艺术品质的精品化要求出发，一些研究者从宏观角度提出了精品网络剧的发展策略。如杨雪、刘娜认为网络剧的精品化发展应在内容层面实现商业属性和社会价值的融合，在平台方面实现内容生产与服务供给的融合，在渠道方面实现技术助力生产推荐"一体化"。[②] 吴占勇认为网络剧应紧扣国家发展和时代进步主题，反映与社会变革和人民利益息息相关的话题内容；应加强市场主体间的合作，在竞争共生中打造精品；应创新排播模式，实现剧作与剧场的品牌互塑，应该实现技术赋能，推进制播全链条优化升级。[③] 此外，舒敏、张开扬还指出中国网络剧应确立文化根植"本土化"、能力传递"正向化"、内容生产"多元化"、产品参与"全球化"、视听体验"技术化"的"五化"发展理念。[④] 戴清、卞天歌则指出应增强精英因子在剧集创作各环节中的权重。[⑤]

除宏观视角的研究外，一些研究者还从更具体的维度上提出了网络剧精品化的发展建议。基于"内容为王"的共识，研究者们对不同题材的网络剧提出了更具针对性的精品化发展战略。尤达聚焦于现实题材网络剧的精品化创作，认为此类作品在精品化创作过程中面临的核心矛盾是关注现实的时代诉求与充满想象的内容特征之间存在较大的距离，为此，他指出创作时既要彰显现实主义精神，又要以更为包容的姿态面对网络剧长久以来形

---

① 参见吴占勇：《我国网络剧精品化发展的趋势探析》，《中国电视》2022年第4期。

② 参见杨雪、刘娜：《融合与共生：网络剧精品化的发展逻辑》，《编辑学刊》2021年第2期。

③ 参见吴占勇：《我国网络剧精品化发展的趋势探析》，《中国电视》2022年第4期。

④ 参见舒敏、张开扬：《中国网络剧当下发展困境与对策》，《当代电视》2019年第5期。

⑤ 参见戴清、卞天歌：《电视剧网络剧原创力的评价体系与提升策略研究》，《东岳论丛》2020年第10期。

成的特色,在以人民为中心的前提下,包容坚持现实主义精神但方法多元的一般题材创作。此外,在影视传播全球化的新秩序下,尤达还提出了“故事”拼贴和“话语”互文的创作策略。[①] 胡一峰认为,网络剧《隐秘的角落》对原作《坏小孩》的改编,为罪案刑侦、惊悚悬疑题材网络剧乃至网络文艺精品生产提供了借鉴,《隐秘的角落》通过去符号化的人物刻画、叙事重心的结构性调整、去粗粝化的情节描写,以及开放式的意义衍生和确认,对原著的“爽感”叙事模式作了改造和超越,建构起网络文艺的新的美学形式。[②] 牛佳欢在分析当下惊悚题材网络剧的叙事症候的基础上,提出了惊悚类网络剧精品化发展的对策,如加强主流价值观念的融入,强化题材的类型化发展,在尊重网络剧艺术创作规律的基础上实现广告植入等。[③]

此外,刘小雪提出了制定传播计划、注重传播效果评估等整合营销传播的优化策略。[④] 鲁璐提出了加强广告互动体验、打通受众编剧壁垒、聚焦青年文化圈层等网络剧“创意中插”传播的优化路径。[⑤] 李丹舟、赵梦笛则从文化治理角度提出了一系列的优化策略,如突破轻视网络文化具体现象的视野盲区,坚持法治与自治相结合;推动网络剧创作的自发有序运行,建立健全公平有序的现代互联网文化市场体系;强化“风清气正”的网剧文化价值导向,坚持多中心治理结构;积极引导大众文化与主流价值观的融合,构建“微时代”的电视剧创新生态。[⑥]

综而观之,基于网络剧的精品化转型已是必然趋势的共识,研究者们从宏观与微观两个视角出发提出了多元、丰富的发展建议。但是现有研究也存在一些不足。大多数研究者往往站在精英主义的立场上对网络剧进行批评,在提出一些宏观的、建设性的指导性意见的同时,也相对忽略了网络剧的本体特性。但是,要打造精品网络剧,首先应该尊重网络剧本身的特点,只有在充分了解并尊重网络剧特征和粉丝文化的基础上,网络剧才更能蓬勃发展,才更能承载传播主流文化价值观的使命。

---

① 参见尤达:《精神坚守与审美接近——论现实题材网络剧的精品化创作》,《中国电视》2022年第8期。

② 参见胡一峰:《超越“爽感”之后——从〈隐秘的角落〉看网络剧精品化之路》,《艺术评论》2010年第10期。

③ 参见牛佳欢:《后现代语境下惊悚题材网络剧叙事研究》,浙江师范大学硕士学位论文,2017年。

④ 参见刘小雪:《网络剧的整合营销传播策略与优化措施》,《新媒体研究》2018年第3期。

⑤ 参见鲁璐:《网络剧中的“创意中插”广告传播策略研究》,苏州大学硕士学位论文,2020年。

⑥ 参见李丹舟、赵梦笛:《网络剧的文化治理:审美价值、生产机制与优化路径》,《云南社会科学》2021年第1期。

(三)区域影视剧与山东影视剧发展研究

虽然聚焦山东网络剧精品化发展的研究尚少,但已有的关于区域影视剧、山东影视剧,尤其是关于山东电视剧的研究为本研究的开展提供了有益借鉴。

区域影视剧指的是依托于特定的历史积淀、风土民情、自然风貌、文化资源、经济状况等,既有海纳百川的厚重大气又呈现出鲜明的地域特色的影视作品。因其具有传承传统文化,表征、建构与传播区域形象,扩大区域影响力等功能而受到研究者重视。肖帅以河南电视剧《大河儿女》为例强调了区域电视剧对于打破"他者化"形象建构的重要价值,并给出了在逼真的电视场中再现立体鲜活的主体形象,通过故事的讲述技巧在潜移默化中实现形象的建构与传播等打造精品区域电视剧的策略建议。① 高昊、潘政治在梳理江苏电视剧创作生产现状与不足的基础上,认为行政部门应建立推动电视剧精品创作的行政引导和服务机制,实现文化影视社团组织、高等院校、影视行政主管部门的协同合作,加强题材规划、项目论证、扶持和评奖等方面的合作,以此推进江苏电视剧精品创作。② 王潇苹则分析了方言文本内容、文本类型、艺术特性与文化价值,并运用案例分析法探讨了打造方言网络剧的可能性与运作机制,最后给出了冲破地域限制、突破主流文化束缚、突出本土特质、提升自身艺术水准的发展建议。③

山东作为文化大省,其影视产业,尤其是电视剧的发展历来备受关注。"山影出品,必属精品"的品牌效应更吸引了研究者们的多角度探讨。任庭义、陈富清、王海青等既探讨了"鲁剧"品牌的开发、营销传播、嬗变,又在反思问题的基础上,提出相关的对策。④ 高冠琳、李掖平、刘晨瑶、贺彩虹等着重分析了齐鲁地域文化影响下山东电视剧的主题表达、审美趋向、价值坚守与发展趋势等。⑤ 李百晓、耿雪、冷少丽等或聚焦鲁剧中的女性形象,或关注山东农村题材电视剧中农民形象的建构,或对鲁剧中的人物形象做整体研

① 参见肖帅:《区域形象的电视剧表征与传播策略——从电视剧〈大河儿女〉谈起》,《新闻爱好者》2015 年第 5 期。

② 参见高昊、潘政治:《电视剧精品生产现状及对策研究——以江苏省电视剧创作实践为例》,《当代电视》2016 年第 12 期。

③ 参见王潇苹:《中国内地方言网络剧研究》,南京艺术学院硕士学位论文,2017 年。

④ 参见任庭义:《论"鲁剧"品牌的开发、传播与维护》,《电影文学》2012 年第 17 期;陈富清、王海青:《关于鲁剧发展的几点思考——兼议 2010 年山东电视剧创作》,《现代视听》2011 年第 1 期。

⑤ 参见高冠琳:《山东电视剧地域文化特色研究》,西北大学硕士学位论文,2010 年;李掖平、刘晨瑶:《植根于儒家文化厚土的"鲁剧"之花》,《中国电视》2020 年第 9 期;贺彩虹:《山东民俗与鲁剧创新》,《山东师范大学学报》(人文社会科学版)2021 年第 1 期。

究,在对人物形象做分类归纳的基础上,又考察了其与宏观时代背景、地域文化等的互动关系。[①]

网络剧业已成为影视剧生产的新趋向、当下影视剧的主要传播途径和文化消费的主要场域对推动山东省经济文化发展,表征、建构山东形象,扩大山东省文化品牌的影响力至关重要。然而,关于山东网络剧的研究却十分滞后,其中关于网络剧精品化发展的战略研究更是少之又少。在零星的研究成果中,吉保邦强调山东影视剧创作要积极适应互联网时代文艺形态和类型的新变化,着力打造优质网络剧,为此,他建议在强调法律法规、制度建设,大力鼓励网络剧制作机构的基础上,更要增强网络剧制作机构的社会责任意识、文化担当意识。[②] 李苗苗、贾庆萍从网络鲁剧的发展机遇、品牌衍生、文化品格和发展机制四个方面,梳理了网络鲁剧品牌建设的现状,探索了其创新发展的策略与路径。[③] 孙艺认为增强内容生命力成为网络鲁剧发展的核心路径,为此,网络鲁剧应在内容上扎根现实,根植齐鲁;同时,革新与观众的关系,激发相互促进内容创作的活力,强化受众对网络鲁剧的关注与对齐鲁文化的认同。[④] 可以看到,仅有的研究多为宏观研究,或是对网络鲁剧品牌的研究,少有对山东网络剧精品化发展的专门研究。而这正是本研究努力的方向。

由于广播电视体系的区别,国外的电视剧与网络剧并没有明显的区别。目前与本选题直接相关的国外研究主要集中于以下三个方面。第一,聚焦于文化研究,如马诺柳(Loana Alexandra Manoliu)探究了以《纸牌屋》为代表的政治题材网络剧是如何以及为什么会影响人们的政治观点[⑤];基亚拉·莫杜尼奥(Chiara Modugno)和托尼·克里杰宁(Tonny Krijnen)通过对《黑镜》所有章节的叙事与话语的综合分析,揭示了《黑镜》中技术话语的性别化[⑥]。第

① 参见李百晓:《改革开放以来山东电视剧中的女性形象研究》,《中国电视》2019 年第 3 期;耿雪:《山东农村题材电视剧农民形象研究》,南京师范大学硕士学位论文,2017 年;冷少丽:《新世纪鲁剧中的人物形象研究》,山东师范大学硕士学位论文,2015 年。

② 参见吉保邦:《以人民为中心　根植齐鲁大地——山东影视艺术繁荣发展的轨迹探析》,《现代视听》2016 年第 1 期。

③ 参见李苗苗、贾庆萍:《"网络鲁剧"品牌建设研究》,《教育传媒研究》2022 年第 4 期。

④ 参见孙艺:《大历史观与大时代观引领下的"网络鲁剧"创作探究》,《现代视听》2022 年第 2 期。

⑤ Loana Alexandra Manoliu, "Watching *House of Cards*: Connecting Perceived Realism and Cynicism," *Atlantic Journal of Communication*, 27.5(2019), pp.324-338.

⑥ Chiara Modugno, and Tonny Krijnen, "Through *the Black Mirror*: Discourses on Gender and Technology in Popular Culture," *Catalan Journal of Communication & Cultural Studies*, 12.1 (2020), pp.3-19.

二，分析新媒体技术对电视剧格式的影响，马里奥·克拉勒(Mario Klarer)认为新的发行渠道的出现、新的观看习惯等使电视剧呈现出新的叙事特征，如《纸牌屋》借鉴了包括小说和戏剧在内的文学体裁，大量采用了戏剧性旁白，注重叙述者形象等。[①] 第三，对观众参与的研究。如金恩慧(Eun Hye Chung)基于可能世界理论探究了观众参与的形式与影响，如通过观众选择实现叙事的完整性，观众被角色调用成为故事角色，沟通虚拟与现实世界等。[②]

除此之外，国外学者对流行文化、粉丝文化等方面的研究成果也对本选题的研究有一定的借鉴意义。如美国学者亨利·詹金斯(Henry Jenkins)的著作《文本盗猎者：电视粉丝与参与式文化》不仅提出了“学者粉丝”这一不同于精英知识分子研究立场的新型研究立场，更通过对《星际迷航》《侠胆雄狮》《异形帝国》等的个案分析剖示了以往研究中存在的问题与误解。[③]

### 三、研究思路、研究方法与创新之处

本研究的基本思路如下。首先，在厘清网络剧的概念、梳理网络剧的历史发展脉络的基础上，反思网络剧发展的症结与存在的问题。其次，结合相关政策、市场反馈等，综合使用传播学、影像叙事学、接受美学、统计学等理论对已有的优质影视作文本细读，提炼精品的共性，明确精品的标准，为精品网络剧的打造指明方向。最后，以山东为例，从优势与问题、观念更新、内容生产、营销传播、监管与评价体系等几个方面探讨打造精品网络剧的发展战略。

本研究将在现有研究成果与材料的基础上，采取文献分析法、文本细读法、问卷调查法、数据分析法、比较分析法、影像资料的观摩和网络民族志等方法进行研究。

本研究的创新之处主要有三个。第一，首次结合山东实际，以山东为例探讨打造精品网络剧的战略与方法，既有对山东网络剧创新性发展的局部观照，又有对我国网络剧的整体把握，以期推动网络剧在内容生产、传播策略、品牌建设、评价体系等方面的优化提升。第二，现有研究大都站在精英

---

① Mario Klarer, “Putting Television ‘aside’: Novel Narration in *House of Cards*,” *New Review of Film and Television Studies*, 12.2(2014), pp.203-220.

② Eun Hye Chung, “Analysis on the User Participation Structure in Interactive Video Contents: Focusing on *Black Mirror: Bandersnatch* and *You vs. Wild*,” *Humanities Contents*, 54.54 (2019), pp.163-179.

③ 参见[美]亨利·詹金斯：《文本盗猎者：电视粉丝与参与式文化》，郑熙青译，北京大学出版社2016年版。

知识分子的研究立场上，为网络剧的发展提供高屋建瓴式的批评与引导。本研究力图突破目前网络剧研究的“外围化”困境，深入网络剧机制的内部，进行更为“内在性”的研究。一方面，对已有的精品网络剧进行文本细读，在此基础上提炼出精品化网络剧的标准作为参照；另一方面，将网络剧粉丝的野生评论纳入研究视野，力图在通行的学术话语中嵌入一定的网络话语，由此推进网络剧研究话语的更迭。第三，将网络剧的评价体系建构纳入精品化发展战略研究范畴。网络剧评价体系的建构是网络剧走向精品化乃至经典化的重要推动力。然而，现有的评价体系仍以播出后的传播效果、播放量等为标准，评价主体较为单一，评价结果对创作生产环节的正向引导与影响较为有限，即评价体系以及相关研究都尚处于不完善状态。为此，本研究力图讨论建立多元主体参与，质化与量化、主观与客观相结合的评价标准的可能，继而使之有效反哺网络剧产业链的各个环节，推进网络剧的精品化发展。

# 第一章　网络剧的过去与现在

一般认为，2000 年长春邮电学院管理系的 5 名大学生自编自导自演的《原色》是我国第一部网络剧。若以此为起点，中国网络剧已有 20 余年的历史，目前已呈现出精品化发展趋势。然而，在一系列兼具思想影响力、市场传播力、艺术感染力的精品网络剧表征着中国网络剧发展实绩的同时，一些或隐或显的症候也不容忽视。

## 第一节　网络剧及其历史发展脉络

互联网技术的迅猛发展和媒体形态的变革改变了人们的思维方式和生活方式，也催生了一大批新的文艺形态。网络剧就是其中之一。越来越多的观众放弃了通过有固定编排秩序的电视观看传统影视剧，转而选择借助手机、平板电脑、笔记本电脑等移动终端随心所欲地观看网络剧。可以说，网络剧或已逐渐成为当下最为主流的大众艺术样态。然而，时至今日，学界仍未就网络剧的定义达成共识，甚至还存在着网络剧、网剧、网络自制剧等称呼上的差别。综而观之，有些研究者强调播出平台与传播方式之于网络剧概念界定的重要性，有些研究者倾向于按网络剧的制作方式划定网络剧的内涵和外延，有些研究者从受众接受的角度给网络剧下定义，有些研究者则着意凸显网络剧的文化内涵与美学特征，等等。下文将在综合观照学界研究成果以及对本研究所指涉的网络剧概念作出界定的基础上，梳理我国网络剧的发展历程。

### 一、网络剧的界定

首先，网络剧是媒介融合背景下出现的以网络为首播媒介的新的艺术形式。1999 年,钱珏首次提出了“网剧”的概念,并将其定义为“Internet 与戏剧的组合”,认为它是“通过国际互联网传送,由 PC 终端接收,实时、互动地进行戏剧演出的新的戏剧形式”。[①] 可以看到,该定义将网络剧视作戏剧形式的一种,所谓的“新”强调的是传播媒介的变革。这一定义固然已无法涵盖今日蓬勃发展、样态芜杂的网络剧内涵,却提醒我们注意网络剧实则是在传统媒体与新媒体从竞争走向融合的背景下发展起来的新兴艺术品种。一方面,和电视剧等传统影视剧一样,网络剧也主要表现为剧集形态,包括单元剧、单本剧、连续剧等类型,融合了舞台、文学、动画、音乐、舞蹈等现代艺术元素,以满足人的精神文化需求,为受众构建精神享受和消费空间为创作旨归。另一方面,网络要素的加入又使网络剧表现出新鲜且独特的美学特征和审美品格,如播放的便捷性,播放的互动性,体量的轻盈与短小,风格的年轻化、时尚化、当下性,叙事的后现代性特征,题材的多样化与娱乐化等。即相比于传统电视剧,网络剧更具“网感”,这是确立其作为独立艺术门类的重要标识。由此,我们认为打造精品网络剧,不但要提升“质感”,也要注意兼具“网感”,要在二者之间寻求平衡点与聚合点。

其次,网络剧是以网民为主要目标受众,为在网络终端播出而制作的、适应网络传播特征的剧集。这是保证网络剧具有“网感”的必要条件。一些传统电视剧虽然通过网络播放,但是“网络”的角色实际上只是电视信号的另一种接收终端,通过网络播放的内容和电视播放的内容并无差别,因而不能称其为网络剧。即并非所有通过互联网平台首播的剧集都是网络剧,其体量风格、叙事方法、拍摄手段都是按电视标准来制作的,因而不在本研究所讨论的网络剧范畴内。本研究倾向于将网络剧理解为一个整体性的复合概念,网络不仅是传播媒介与渠道,更要作为一种意识形态统筹,覆盖题材选定、剧本创作、剧情走向、角色表演、服装道具、摄像照明、后期剪辑、平台播放、营销推广等网络剧生产的各个环节,即网络剧应是基于互联网文化思维生成的影视艺术形式。

最后,网络剧拥有多元、广泛的制作主体。与网络剧相关,又有网络自制剧的概念。它同样强调专门针对网络平台制作,但更限定了剧集的制作主体,要求网络媒体必须参与其中。有研究者认为,依照生产主体的不同,网络自制剧又可分为三种类型,即“由视频网站与成熟的内容制作方联合制作的”“视频网站专门为广告客户量身定制的”以及“明星压阵、制作精良,投资规模堪比传统影视剧的”。其中第三类才是真正意义上的网络自制剧,其

① 参见钱珏:《“网剧”——网络与戏剧的联合》,《广东艺术》1999 年第 1 期。

强调的是网络媒体“从策划、剧本、选角、制作，到营销、推广”的亲力亲为。[①]实际上，在网络剧发展初期，网络自制剧是网络剧的主流形态，然而随着行业规范的逐步建立、产业链的逐渐成熟完备等，单纯强调网络媒体的主控权或参与权重不但收窄了网络剧的辐射范畴，更限制了网络剧的发展。因此，本研究认为网络自制剧只是网络剧的子集，网络剧的制作主体可以是个人，也可以是团队和专业机构，可以是传统成熟的影视制作公司，也可以是爱奇艺、腾讯、芒果 TV 等视频网站以及其他新媒体。

综上所述，本研究所指涉的网络剧指的是在媒介融合背景下出现的，有广泛制作主体参与，以网民为主要目标受众，专门为在网络终端播出而制作的，适应网络传播特征的新的艺术形式。

## 二、网络剧的发展脉络简述

中国网络剧20余年的历史大致可分为初创期、探索期、破茧与持续深耕期三个阶段。

### （一）初创期（2000～2007年）

通常认为，2000年3月，由长春邮电学院管理系的5名大学生共同创意并自编自导自演的《原色》是中国出现的第一部网络剧。该剧反映了当时高中生的内心世界，拍摄资金仅2000元，拍摄周期约45天，鲜明地表征了初创期中国网络剧的主要特色，即小成本，制作主体草根化、业余化、年轻化，制作周期短，内容简单粗糙等。在接下来的几年间，网络剧发展停滞不前，直到2005年，20分钟的网络视频短片《一个馒头引发的血案》引爆网络。制作者胡戈重新剪辑了电影《无极》、央视社会与法治栏目《中国法治报道》等视频资料，旋即掀起了以普通网民为制作主体，以自娱自乐为创作旨归，以搞笑、恶搞为风尚的网络视频制作热潮。相继出现了山寨《水浒传》《西游记》《红楼梦》等带有较为明显个人表达诉求的恶搞网络剧。2007年12月，上海市禁毒委员会与上海东方宽频传播有限公司联合制作的首部禁毒题材网络互动剧《迷狂》开播。可以看到，初创期的网络剧制作主体同样是多元的，既有个人，也有专门机构。与此同时，土豆网、优酷网等视频网站于2005年后纷纷上线，随即成为网络剧上传、播放的重要平台。

总的来说，2000～2007年是网络剧发展的初创期，尽管这一时期网络剧的思想意蕴、艺术水准还不够成熟，受众比较有限，影响力覆盖率也比较低，

---

① 参见曹慎慎：《“网络自制剧”观念与实践探析》，《现代传播》2011年第10期。

却已较为鲜明地建构起其有别于传统电视剧的一系列特征，如风格轻松戏谑、体量短小、强调受众参与与互动等。网络剧作为一种独立的艺术门类开始获得其主体性。

(二)探索期(2008～2013年)

自2008年起，网络剧进入了快速发展的阶段。这主要导源于优酷、土豆等视频网站开始作为主要制作主体参与网络剧的生产。为求生存与发展，各大视频网站展开了激烈的电视剧独家版权争夺战，一方面使版权费用一路飙升，另一方面也使视频网站承受着越来越大的压力。为打开新的盈利点，保持竞争优势，视频网站开始自制包括剧集在内的视频内容，通过加大资金投入，设立专门部门，与专业影视制作团队合作等，相继完成了从单纯的视频内容平台供应商向"平台提供商＋内容出品方"的角色转型。2008年11月，优酷率先推出了自制网络剧《嘻哈四重奏》，该剧成为中国第一部观看量破亿的网络剧。随后，各大视频网站都参与进网络剧的自制风潮，其中优酷网推出了《嘻哈四重奏(第1～5季)》《天生运动狂》《我的泡沫之夏》《非常爱情狂》《糊涂囧探》《幸福起点站》等自制剧，土豆网上线了《MR.雷》《欢迎爱光临》《女生宿舍那点儿事儿》《乌托邦办公室》《爱呀哎呀，我愿意》等，搜狐自制了《钱多多嫁人记》《疯狂办公室》《猫人女王》等剧，乐视推出了《开心麻花》《东北往事：黑道风云20年》《青春大爆炸》等剧，此外，新浪的《杜拉拉升职记》、爱奇艺的《奇异家族》、酷6的《新生活大爆炸》《男生那点事》等也产生了不小的市场影响力。

除视频网站的集体发力外，《互联网视听节目服务管理规定》(2008)、《关于进一步加强网络剧、微电影等网络视听节目管理的通知》(2012)等网络剧相关政策的出台也为网络剧的快速发展赋能。综而观之，与初创期相比，2008～2013年间的网络剧发展表现出以下变化。一是视频网站成为网络剧的主要制作主体，并逐渐形成品牌效应，网络剧的制播水准以及剧集质量有了比较明显的提升。二是数量蓬勃增长，播放量持续攀升，受众规模极其庞大。三是网络剧的题材和风格更加丰富，体量普遍短小。四是监管政策尚不健全，多数网络剧制作尚处于经济效益裹挟下的无序状态。

(三)破茧与持续深耕期(2014年以来)

从"网络自制剧元年"2014年到2015年间，网络剧进入数量上的井喷期。受"一剧两星"政策的限制以及IP改编热潮兴起的影响，大量影视作品投入网络市场，与此同时，网络视频平台不再是网络剧的主要生产者与参与者，一大批传统影视制作公司、新锐专业制作团队、知名演员与资本的投入不但使网络剧的生产数量持续增长，而且使其在呈现出专业化、明星化的发展特征的同时进一步提升了市场影响力，创造了极高的经济效益。相关数据显示，“2014 年的网络自制剧的数量超过了之前数年累计的数量总和”①，2015 年全网更有 379 部、5006 集网络剧上线，平均制作成本提升到 2.5 万元/分钟②，网络剧覆盖人数增幅与播放时长增幅都已明显高于传统电视剧③。仅 2015 年就有 10 部播放量超过 10 亿的网络剧，其中爱奇艺的“超级网剧”《盗墓笔记》借助原著所拥有的庞大粉丝群体，在先导集上线 22 小时后，点击量即破亿。7 月 3 日，采用周播形式的《盗墓笔记》对爱奇艺会员开放全部剧集，其为网站带来了超过 3750 万元的会费收入。④ 然而，《盗墓笔记》也表征出这一阶段多数网络剧的不足与困境，即过度依靠 IP 改编，原创性缺位，制作欠精良，商业化明显等。可以说，2014～2015 年间，真正兼具市场影响力与口碑的优质网络剧仍在少数。

2016 年起，网络剧市场存在的天价片酬、剧情注水、过度迎合消费主义、低俗低质、打擦边球制造噱头等乱象引起了相关主管部门的重视。2016～2018 年间，大量网络剧被整治。如 2016 年 1 月，火爆全网的播放量突破 26 亿的《太子妃升职记》紧急下线，随后《心理罪》《盗墓笔记》《上瘾》《镇魂》《探灵档案》等多部网络剧也相继被下线或被勒令整改。与之相适应，2016～2018 年间一系列网络剧政策也相继出台。2016 年，《关于进一步加强网络原创视听节目规划建设和管理的通知》发布，强调网络剧等网络视听节目备案登记制，缺证的网络剧要集中下架处理。2017 年 6 月，《关于进一步加强网络视听节目创作播出管理的通知》强调，网络视听节目与广播电视节目坚持同一标准、同一尺度，把好政治关、价值关、审美关。2017 年 9 月，《关于支持电视剧繁荣发展若干政策的通知》再次强调网络剧和电视剧管理标准的统一，指出要对重点网络剧创作规划实行备案管理，鼓励优秀电视剧制作机构积极投入网络剧制作，提升网络剧整体创作水平。在监管体系逐渐完善的背景下，诸多网络剧从业者们积极响应政策，调整了发展布局与思路，其中《白夜追凶》在从剧本、拍摄、成片、上线过程中都自觉接受了国家广播电视总局和公安部的审查，最终成为第一部拿到发行许可证的涉案网络剧，

---

① 中国电视剧制作产业协会、综艺报编著：《中国电视剧(2014)产业调查报告》，中国广播影视出版社 2015 年版，第 256 页。

② 参见张海涛、胡占凡：《全球电视剧产业年度报告(2016)》，中国广播影视出版社 2016 年版，第 130 页。

③ 参见艾瑞咨询：《中国网络剧行业研究报告(2014 年)》，2015 年 2 月 3 日，https://report.iresearch.cn/report_pdf.aspx? id=2315。

④ 参见荀超：《〈盗墓〉刺激用户狂增　网剧付费全面来临?》，《华西都市报》2015 年 7 月 14 日。

《无证之罪》《鬼吹灯之精绝古城》《鬼吹灯之牧野诡事》等都吸纳了优秀的传统影视制作团队的力量。继而,网络剧在专业化、产业化、类型化的基础上开始朝着精品化方向迈进,在推出《延禧攻略》等"现象级爆款剧"的同时,更涌现出《白夜追凶》《北京女子图鉴》《庆余年》《长安十二时辰》《无证之罪》《最好的我们》《河神》《陈情令》等叫好又叫座的优质网络剧。总的来说,这一阶段的网络剧的取材更加多元、类型更为丰富,更能满足分众的精神需求。

2019 年以来,打造精品的意识真正在网络剧行业落地,除制作水准的稳步提升,诸多网络剧从业者更逐步扭转更新了制作观念,推出了《隐秘的角落》《沉默的真相》《人世间》《超越》等走出类型谱系、超越单纯"爽感",以积极参与时代议题、向主流价值观靠拢实现自我赋能的剧集。2022 年 6 月 1 日起,国家广播电视总局对国产网络剧片发行实行许可制度,"许可证时代"的到来预示着网络剧即将走进更加规范的发展阶段。

## 第二节　当下网络剧的发展症候

我国网络剧已呈现出精品化发展趋势,然而在一系列兼具思想影响力、市场传播力、艺术感染力的精品网络剧表征着网络剧发展实绩的同时,一些或隐或显的症候还在制约着我国网络剧"从高原走向高峰"的速度与节奏。除了原创性、创新性、多样性不足,营销投资与传播效力不成正比,艺术水平有待进一步提升等系列宏观问题外,嗑 CP 文化与 CP 经济学利益诱导下的泛甜宠趋向是当下网络剧发展中呈现出来的明显症候,其对网络剧文化内涵、审美品格与行业生态的影响不容忽视。

嗑 CP 是早已有之的亚文化现象,但如今它已成为一个大众文化消费现象。CP 一词最早起源于日本 ACGN 同人①圈,"是 Coupling(配对)的简写(另有说法是 Character Pairing 的简写)",在当下的网络文化中,它不仅指"一对"、情侣,更"强调的是观众/读者将人物配对的行为和过程"。② 观众、

---

① ACGN 由 Animattion(动画)、Comic(漫画)、Game(游戏)、Novel(小说)这几个英文单词的首字母组成,是日本御宅族文化中最具代表性的集中文化产品的统称。同人指的是在已经成型的文本基础上,借用原文本已有的人物形象、人物关系、基本故事情节和世界观设定所作的二次创作。

② 参见邵燕君主编:《破壁书:网络文化关键词》,生活·读书·新知三联书店 2018 年版,第 194 页。

读者通过将虚构或现实中的两个主体配为一对，在想象、拼贴、欣赏其甜蜜互宠的过程中获得愉悦与快感。一开始，嗑CP通常被限制在既定的范围里，CP粉往往需要具有“圈地自萌”的契约精神。但现在，嗑CP已在较大程度上突破了圈层的限制，不但成为可以在公共空间讨论的议题，也成为资本眼中一门有利可图的生意。继而，供需市场形成，CP经济学出现，本作为次生文本的嗑CP文化反作用于原初文本的生产，进而引发了原初文本的生产调整乃至变革。这在近年来的网络剧生产中表现得尤为明显。那么，嗑CP是如何成为部分受众需求进而成为一门有利可图的生意的？CP经济学的兴起又是如何反作用于网络剧的生产的？这又将网络剧的发展推向怎样的境地？

## 一、嗑CP与CP经济学的产生

赞意与艺恩联合发布的《新世代　新圈层：2021CP圈层营销报告》显示，CP圈层粉丝中女性占比86％，“90后”占比53％，“95后”占比26％[①]，即20～30岁的年轻女性是当下嗑CP的主力军。从她们的宣言——“现实生活如此糟心，只有嗑CP能让我快乐”——可以看出，嗑CP之所以成为“刚需”，很大程度上是因为它被认为具有抚平现实伤痕的功能。从代际上看，这些年轻女性大多是独生女且成长于互联网迅速发展普及的历史阶段，因兄弟姐妹缺席而额外承受的来自父母的期许、成长过程中感受到的性别困境、不断叠加的恋爱成本、爱情想象在现实面前的屡次碰壁与破灭等都催生了她们对于民主化亲密关系的向往和渴望。于是，她们选择以嗑CP的方式构建理想爱情模式。在此过程中，她们拥有了现实中缺失的主动权，从被“他者”凝视的客体一跃成为观看的主体，继而以自己的审美诉求书写甚至改写爱情主体的气质与行为，获得替代性情感满足和抚慰。此外，当下日益加剧的生存焦虑、日渐精细化的社会分工带来的经验与意义的分裂、日常生活的同质化等更使年轻女性迫切想要寻找到一种“代用经验”[②]作为补偿，而嗑CP所提供的新鲜感和刺激使她们得以在机械化的生活和工作之外获得异质化满足，一切现实面的问题都被隔绝在她们所想象的CP世界之外，爱与不爱是最重要也是唯一需要讨论的议题。某种程度上来说，CP世界恰是因其对

① 赞意、艺恩：《新世代　新圈层：2021CP圈层营销报告》，2022年3月15日，https://jkfzh.duanshu.com/#/single/d743838d159a4a6f9288a317edcfce5d。

② ［美］伊恩·P.瓦特：《小说的兴起——笛福、理查逊、菲尔丁研究》，高原、董红钧译，生活·读书·新知三联书店1992年版，第74页。

现实的悬置,因其真空性而获得存在的必要性的,其与现实之间的距离构成了一个疗愈的甬道,穿过它,就可以抵达没有生存压力,没有复杂矛盾,没有伤害算计,只有甜蜜互宠,“暖暖”的、“单纯”的“美丽新世界”。“生活可以苦,我嗑的CP必须甜”,“希望我的CP在平行时空里一直甜下去”,“这样的神仙爱情,我等凡夫俗子不配拥有”。这些CP粉的常见宣言表明她们实际上远比他者想象的更能指认CP世界与现实生活的边界,更清楚CP之间的甜蜜互宠或许只是自我欲望的投射和自我想象的结果,但是身为“嗑学家”的自我修养使她们高呼“我的CP是真的”,“我的CP全世界最甜”,因为其所带来的悸动、甜蜜、快乐是真切的。短暂的疗愈过后,她们仍会经由甬道折返,直面现实世界。

社会学家项飙多次在访谈中提到“附近的消失”这一观点,他认为现代社会发展的一个必然趋势就是消灭附近,逐渐原子化的个人失去了对周边世界(包括附近的物和人)的好奇和关心,取而代之的是对远方对宏大世界的渴求和关切。[①] 这一观点启发我们,嗑CP文化热的出现或许还有其他可供讨论的原因。“附近消失”的原因有很多,但互联网的迅猛发展及其所提供的便利与多种可能性无疑是其中至关重要的一个因素。当大部分的事务都可以靠手指轻点完成,“附近”就因不必要而逐渐被抛弃,取而代之的是虚拟空间里的“附近”。但实际上,虚拟世界中的“附近”本就是一个伪概念。一方面,信息传播的迅速与获取的便捷实际上消弭了附近与远方的界限;另一方面,算法机制下的客制化推送和媒体出于流量考量的扎堆式报道又往往使人处在信息茧房之中。由此,在“性别”成为为数不多的相对安全的公共议题的网络环境中,从物理空间意义上的“附近”退出而后进入网络空间的女性看到的是更为酷烈的女性生存境况,尤其是两性关系中的生存困境,比如出轨、离婚、冷暴力、家暴,甚至是杀妻。一方面其与现实经验叠加更加剧了女性对爱情与婚姻的恐慌,在相关新闻下面经常出现类似于“不相信爱情了”“日常恐婚”“远离婚恋,否则会变得不幸”之类的言论;但另一方面她们依旧在很大程度上保持着对爱情、对优质亲密关系的向往,爱情越是祛魅,理想爱情就越是不断盘旋升空,像遥不可及的月亮召唤着她们。于是她们在虚拟空间中委身于对亲密关系的想象,那里不会有恐怖的“血腥爱情故事”,有的只是恋人之间的互相体谅、相互宠爱,自始至终她们都可以在一旁旁观、鉴赏他们相爱,不用付出互动情感,不用履行任何情侣契约和义务,既

---

① 此观点由笔者根据项飙在腾讯新闻与单向空间联合出品的人物访谈节目《十三邀》(第四季第四期)中与许知远的对话整理而成。

安全,又可以无限接近那个求而不得的理想爱情,继而获得愉悦。可以说,嗑CP以虚拟和想象的姿态取消了爱情的两面性,某种程度上平衡了网生代女性的矛盾心理。

而嗑CP的“疗愈”效果并不仅仅产生于单纯的旁观动作,在“附近消失”的现代社会中,嗑CP或还提供了重建“情感共同体”,继而治疗孤独时代症的可能。虽然难免有性别刻板印象的嫌疑,但相比于其他议题,CP所展览的美好爱情、理想的亲密关系显然更能将多数女性聚集在虚拟空间中的一处。她们往往会在微博超话、乐乎、豆瓣小组、百度贴吧、哔哩哔哩等社交平台上分享自己的心情、心得与经验。她们以发现自己的“萌点”,分享自己精心从细节中抠出来的“糖”,以心理分析等方法佐证CP真实性等方式展开虚拟空间中的交友、交流,在一起“嗑生嗑死”的过程中,她们收获来自同好者的认同甚至激赏,进而建构起迈克尔·沃尔则所说的“自愿型的社群”,并从中获得新的自我认同和归属感。更有一些亨利·詹金斯所谓的“文本盗猎者”[①]通过对原文本的积极“盗取”、挪用、重读,进行诸如小视频、漫画、图片、原创音乐、同人文等二次创作,这在具体化其美好想象、宣泄其创作欲求的同时,也使其在网络社群中获得了大大(巨巨)、大触[②]、意见领袖等更高阶的身份确认。换言之,嗑CP的愉悦不仅来自“CP”更来自“嗑”的动作与过程,不只是因为悬置于现实之上的爱情神话慰藉了渴望美好爱情的灵魂,更因为它提供了某种参与的可能与渠道,使因“附近消失”而孤独、漂泊的现代人找到了另外一条通往自我确认之路。

当嗑CP在诸多因素的合力下成为“刚需”,而作为主力军的年轻女性又表现出强大的参与积极性与消费能力,看到有利可图的资本继而亲自参与CP运营,在供需双方的交互影响下,CP经济学便产生了。2018年播出的《镇魂》之所以能够成为现象级网络剧,并不主要依靠原著网文的影响力,更不是靠扎实的剧情和精良的制作,剧中CP“巍澜”(沈巍和赵云澜)和真人演员CP“朱白”(朱一龙和白宇)引发的嗑CP狂潮才是其走红的关键。实际上,和同期播出的《沙海》《媚者无疆》等网剧相比,《镇魂》不但剧情漏洞百出,粗制滥造,一开始的宣发力度也相对较低,但后者却凭借CP粉以爱之名的创造和生产(如弹幕互动、制作并传播衍生作品等)成功破圈。而制作方

---

① [美]亨利·詹金斯:《文本盗猎者:电视粉丝与参与式文化》,郑熙青译,北京大学出版社2016年版,第22页。

② “大大(巨巨)”指的是某方面才华卓著的高手、能人;“大触”专指在电脑绘画方面出色的人(参见邵燕君主编:《破壁书:网络文化关键词》,生活·读书·新知三联书店2018年版,第112页)。

发起的"点亮双子塔",送"镇魂女孩"[①]C位出道的活动,更是以为CP粉公开命名的方式既回馈又延续了粉丝的参与热情与生产动力,继而《镇魂》引爆了全网热度。截至收官日,《镇魂》的微博阅读量为110.4亿,其在优酷的播放量达到28亿,而"朱白""巍澜"CP的热度也迅速引起了品牌、杂志,甚至演员、粉丝等多方力量的注意[②],其所带来的经济效益使嗑CP的饭圈文化现象最终演变为一场集体狂欢的生意。

## 二、CP经济学影响下的网络剧生产

CP经济学的兴起及其带来的可观收益迅速影响了网络空间的文艺生产。近年来,国产综艺市场不但涌现出越来越多的恋爱综艺,如《心动的信号》《我们恋爱吧》等,其他类型的综艺也试图以"炒CP"的方式吸引受众,如《披荆斩棘的哥哥》中的"云承万里"(张云龙和言承旭),《脱口秀大会》里的"雪国列车"(李雪琴和王建国)等。网络剧的创作固然是为了满足人的精神文化需求,但作为一种文艺产品,其同样是逐利的。相关调查显示,粉丝对网络剧等视频类内容衍生出的CP更感兴趣,占比为55.5%。[③] 而现在,作为次生文本的嗑CP文化已开始反作用于网络剧的生产,并悄然改变着网络剧的叙事样态。如果说早期的影视剧更多地侧重于以相当的篇幅讲述一个完整的故事,那么当下网络剧生产的各个环节都越来越着意为观众打开嗑CP的更多可能性与路径。虽然网络剧类型多样,题材不一,但输送"好嗑"的CP已成为许多网络剧或隐或显的创作欲求之一。"好嗑"是观众对一对CP的高度评价,虽然受众的多样性、庞杂性决定了"好嗑"是主观性强且变动不居的评价标准,但其并非完全不可把握,无法通约。颜值高、人设好、发糖及时等是多数嗑CP爱好者普遍且基本的要求,这一用户诉求在当下网络剧的生产中折射为以下特征。

首先是对视觉快感的极致追求。豆瓣小组的相关讨论显示,包括脸、身材等在内的外在条件是嗑CP的必要条件,是嗑或不嗑的第一标准。如今,脸似乎成了比演技更重要的选角标准。网络剧中的人物,尤其是作为恋爱主体的双方通常都长相精致,打扮得体,身材健美,而服装、化妆、滤镜、磨皮

---

① 即喜欢《镇魂》的粉丝群体,她们自称是"一个擅长抠糖产粮的特殊群体",是被剧版《镇魂》中赵云澜、沈巍两位主角之间浓浓社会主义兄弟情所感动的女孩们。

② 2018年7月24日,以"朱白"CP为封面的《时尚芭莎》杂志电子刊上线,仅用时3天销量就突破了41万元,最终订阅量为67.1万人次,销售额超过400万元。

③ 参见赞意、艺恩:《新世代 新圈层:2021CP圈层营销报告》,2022年3月15日,https://jkfzh.duanshu.com/#/single/d743838d159a4a6f9288a317edcfce5d。

等技术手段更保证了“美”的绝对性与持续性。《亲爱的，热爱的》《司藤》《你是我的荣耀》等爆款剧无一不是超高颜值组合，即便原著中男主角周生辰的外形设定是“平平无奇”，网剧《一生一世》选用的仍是外形出众的男演员，因为市场已无数次证明“长得好看的人谈恋爱，恋爱才会好看，才会有人喜欢嗑”。

其次是人物的人设化和人设的逐步净化。与传统文艺作品强调人物形象的复杂性、多面性不同，当下网络剧中的人物往往表现出看似复杂实则单纯的性格特征，他们不是现实人物在影像世界中的投影，更不是典型环境中的典型人物，而是若干“萌属性”组合而成的人设。“萌属性”即人物角色所具有的令特定受众喜爱的特质，它覆盖了身份、年龄、外貌、性格特征等诸多门类，在网络空间多种力量的多次试验和反复协商下，“萌属性”数据库生成。每个“萌属性”往往具有相对固定的所指，比如“冷娇”“高冷”意指人物给别人一种冷漠、高不可攀的感觉，但一旦靠近自己喜欢的人时，就会表现得娇羞，形成反差；“大叔”并不涉及辈分关系，它一般指的是一个人在性格、年龄、气质等方面表现出来的成熟特质……当下网络剧中的人物往往就是诸多“萌属性”的叠加，而人物关系则一般是具有相左人设的人的碰撞与交叉组合，如《司藤》里的霸气“女王”（司藤）和多金“忠犬”（秦放），《山河令》里的刚毅寡言的特务首领（周子舒）和腹黑美艳的鬼谷谷主（温客行），《锦衣之下》里的霸道冷酷的锦衣卫（陆绎）和开朗活泼的捕快（袁今夏）、《完美先生与差不多小姐》中严谨到偏执的数学教授（章斯年）和莽撞只求差不多的延毕大学生（云舒）……这些人设化的人物与特定故事、时空背景的黏性往往是比较低的，甚或说他们是可以脱离故事而具有无限再生性的，而数据库的有限性和观众选择偏好的趋同性更加剧着角色跨故事的相似性乃至雷同化。尽管人物所处的时代不同，身份、境遇各异，但他们可以分享从数据库中抓取来的同一“萌属性”组合。某种程度上来说，人物人设化和人物关系的公式化是作为网络剧重要底本的网络小说留下来的“创作遗产”，自然后者的这一创作倾向同样导源于嗑CP的网络社区风尚和逐渐兴起的CP经济学，但相比而言，当下网络剧的这一生产表征更为显豁。当一个角色从文字走出，进入影像世界，他或她往往会抖落掉一些稍显冗杂、不那么讨喜的标签，继而呈示为更加完美、鲜明、统一的人设。原作中的萧瑾瑜双腿残废，神情落寞，柔弱多病以致生活不能自理，网络剧《御赐小仵作》虽然在极少数时刻保留了其体弱的设定，但萧瑾瑜基本上被改编成俊逸非凡、冷静阳刚的形象。改写不只是为了提升男主角的角色魅力，修复不完满的缺憾，迎合受众的审美心理，更确保了浪漫桥段、宠溺互动情节的顺利上演。同样的，在原作《衾何以堪》中,男主角苏念衾从头到尾都是盲人,网络剧《原来我很爱你》则设定他恢复了视力,而更重要的改动在于,后者不但在很大程度上削弱了苏念衾偏执、冷漠、霸道的程度,着意凸显了他的温柔、深情和宠溺,而且还删除了苏念衾的感情前史(类似的改动也同样出现在《致我们暖暖的小时光》等网络剧中),继而将复杂的爱情纠葛重塑成"一生一世一双人"的美好童话。可以说,基于用户思维不断净化人设已成为当下网络剧生产的重要趋向,而没有道德瑕疵和混乱的感情史往往是最基本的要求。通过一再过滤、删减,网络剧制作者们竞相推出愈趋完美、理想的爱情主体,以"人设天花板"的不断更新迎合受众的"道德洁癖"和"爱情洁癖"。他们需得小心翼翼地排查受众当下的喜好,否则稍有不慎就会收到人设崩塌、三观不正等反馈,而后者的结果往往就是受众的离席退场。

再次是叙事节奏的短、平、快和故事的碎片化。对许多网络剧而言,相比于剧情舒缓、从容、有序地推进,如何让人设化的人物迅速产生交集,继而短、平、快地进入暧昧甜宠的阶段才是更重要的。唯有如此,才能为受众创设嗑 CP 的有效情境,输送嗑 CP 的物质基础。这在某种程度上解释了先婚后爱、一见钟情、青梅竹马、意外同居、前世羁绊等设定在当下网络剧市场上集束性出现的原因,这些设定具有的叙事豁免权使快速"发糖"成为可能,剧情无须费力铺陈主体间相互了解的过程,不必勾画爱情里的磨合与挣扎,甚至不用浪费时间交代爱情产生的原因,即可快速切向对亲密互动的反复展览。于是,"壁咚"、情话、吃醋、对视、互撩、拥抱、花式接吻等浪漫互动在升格镜头、旋转镜头、多机位拍摄、背景音乐等的烘托下无限放大、拉长,除此之外的情节在完成为"撒糖"铺路的功能后就被一笔带过,继而密集的粉红泡泡打散、切断了循序渐进的故事脉络,完整的故事碎片化成"糖"的集合和"名场面"的强行拼贴。然而,部分受众和制作者似乎早有默契,只要"糖"够多,即便剧情老套不连贯、支线大量注水、植入广告泛滥,甚至有明显的叙事硬伤,也是可以容忍的。比如,采用先婚后爱设定的《只是结婚的关系》即凭借着极高的含"糖"量让观众大呼"又土又上头",他们一边吐槽"狗血淋漓""强行拼凑""逻辑不通"的剧情,一边"嗑生嗑死"。[①]

与此同时,有别于传统电视剧的播出方式也刺激着网络剧的碎片化消费。在剧集播出之前,官方微博不但会向网友征集官方 CP 的名字,还会抢先贴出追剧日历并醒目地标注出"发糖"的时间节点与具体内容。在剧集播

① 参见豆瓣"淡泊却无志的鱼"剧评:《又土又上头》,2021 年 10 月 13 日,https://movie.douban.com/review/13921765/。

放时，网络视频平台的提醒功能以及弹幕互动等会预先告知“发糖”的时间轴坐标，而“拖拽播放”“倍速播放”“只看TA”等技术支持更使受众对特定碎片化内容的快速定位和仔细且反复的观看成为可能。相应画面上经常出现的“先来嗑糖”“这一段也就看了几十遍吧”“我又倒回来了”“我要开0.5倍速细细品”等弹幕都表明，对于受众来说，这些碎片化的“糖”既是追剧的动力也是追剧的奖赏，甚至是追剧的目的。此外，一些官方视频平台还会推出某部网剧的CP版、速看版[①]，如芒果TV发布的《锦衣之下》(一下CP版)、《离人心上》(曜日CP定情版)等，粉丝也会在B站等平台上传亲自剪辑的CP合辑供给同好者，如“亦辰不染”(《我在他乡挺好的》里简亦繁和乔夕辰)等。由此，原本碎片化的故事在消费环节进一步碎片化了。

最后，从数据库走向数据库。一方面，“人人皆可CP”越来越成为创作趋向，网络剧在某种意义上成为“任君选择”的CP素材库。多数制作者已不满足于只输出一对甚至几对CP，而是以不设限的方式打开嗑CP的无限可能，让不同的人可以从中拣选出自己喜欢的不同类型的CP。在这方面，制作者其实无须花费太多笔墨，因为他们深知“嗑学家”们早已在数度的训练中习得了完备的技能，只需要提供一些基本的“火花”，受众就可以自主地完成二度创作。当画面上出现“奇奇怪怪的CP又增加了”的弹幕，就意味着受众已实现了对制作者意图的解码，他们心照不宣地完成了协作。在《御赐小仵作》中，主要人物不但都有各自的“官配”，甚至任何两人之间都潜藏着角色配对的可能。《流金岁月》为朱锁锁设置了其与闺蜜蒋南孙、与老板叶谨言、与上司杨柯、与富二代谢宏祖的多类型CP关系。另一方面，最终生成的网络剧并非具有相对稳定性、权威性、不可割裂性的完整存在，而更类似于包蕴着无数可拆解、重组数据的数据库。受众不但可以以CP关系为核心重置故事的情节、人物关系乃至人设等，甚至可以打破不同网络剧之间的壁垒，实现多个数据库之间的数据流动，以个人意愿任意“拉郎配”、组CP。比如通过剪辑，粉丝将《山河令》中顾湘和曹蔚宁的悲剧结局改写为终成眷属，实现对《陈情令》中“忘羡”CP故事的反复重写，把《镇魂》中的沈巍和《S.C.I.谜案集》中的展耀进行新的角色配对等。由此，基于数据库逻辑生产的网络剧也在某种程度上成为数据库式的存在。

受CP经济学的影响，当下部分网络剧呈现出较为明显的以打造CP为导向的创作趋势。于部分受众而言，“有没有好嗑的CP”也愈加成为判断一部网剧是否大热、值不值得观看的重要标准之一。而这些以打造CP为创作

---

① 即将某个CP的全部互动单独拎出来并剪辑在一起。

导向的网络剧表现出的迅猛的商业变现能力让更多投资方、平台等嗅到了财富气息，继而在多种力量的“合谋”下，网络剧市场刮起了一股强劲的甜宠风，泛甜宠化或已成为当下网络剧的明显症候。

## 三、网络剧泛甜宠化的问题与反思

甜宠和甜宠剧的概念是随《双世宠妃》《狐狸的夏天》等网络剧在2017年的热播流行开来的。“甜”指的是对爱情中波折、矛盾与痛苦的过滤生成的甜蜜氛围、轻松节奏与平滑剧情，“宠”强调的则是CP间的互相宠溺，而以“甜宠”为主要元素，有意收窄故事内容辐射广度，以情感驱动情节，主打“高糖无虐”的网络剧就是甜宠剧。近年来，头部视频平台纷纷设立了主推甜宠剧的单元剧场①，这佐证着甜宠剧的市场影响力又进一步扩大。2018～2021年间，上线的甜宠剧多达246部，数量逐年攀升且呈现出继续攀升的态势。②可以说，凭借与嗑CP文化的高效共振，甜宠剧已成为当下网络剧市场最不可忽视的类型之一。与此同时，甜宠这一故事元素也已全方位地渗入其他类型的网络剧，但网络剧的泛甜宠趋向在带来可观收益的同时也带来了诸多可供讨论与反思的问题。

刻意迎合嗑CP的市场风尚，增添、放大甜宠元素可能会妨碍网络剧的主题表达，甚或消解原有的反抗属性与批判诉求，这在IP改编的过程中最明显。《锦心似玉》改编自吱吱发表于2010年的经典穿越宅斗种田文《庶女攻略》，后者讲述了庶女出身的罗十一娘(实际上是从现代穿越过来的律师)机缘巧合之下嫁给侯爷徐令宜做继室，凭借自身的聪明谨慎和对当时生存规则的积极学习，罗十一娘不但成为受人尊重的侯门女主人，也收获了较为完满的婚姻。可以看到，《庶女攻略》的故事主线是“大女主”罗十一娘的个人成长，其间凸显的是个人与命运的博弈，女性在封建礼法、男权话语系统中备受压抑的处境和悖论式的抗争方式。在网文一贯追求的“爽感”之外，《庶女攻略》既隐喻着网生代女性的现实困境与无奈反抗，也显现出一些可贵的批判和反思。但《锦心似玉》一开始就将宣传的重点放在了“甜宠”“先婚后爱”“太好嗑了”上，在实际播出的剧情中，为了快速“发糖”，创设嗑CP的情境，《锦心似玉》不顾礼教森严的时代背景强行加入英雄救美、一见钟情等互动情节，为了凸显男主人公对女主人公的偏爱和宠溺，更不惜弱化了后者的

---

① 如爱奇艺的“恋恋剧场”、芒果TV的“心动剧场”、优酷的“宠爱剧场”等。

② 参见艺恩数据:《2021年“甜宠”网剧市场研究报告》,2021年8月3日,https://zhuanlan.zhihu.com/p/402944982。

个人能力，罗十一娘的性格设定由独立、机敏变成善良、“圣母”、依附。“好像什么问题，到了侯爷这儿，都能迎刃而解。有侯爷在，真是让人太安心了”①，诸如此类的台词不但阉割了原作的反抗意识，更将女性重新置放于男性凝视之下以及男性审视下理想女性的审美框架之内。同样的，《有翡》也在对嗑CP风尚的过度迎合中丢失了原作《有匪》的侠义内核，在对“爹系男友”的着意凸显中肢解了女性独立自主、鲜血淋淋的成长史；《新白娘子传奇》(2019)套用了全能男主和傻白甜女主的人物关系公式，不但完全颠覆了原本的人物形象，而且抹除了原作的宿命感与悲剧性……IP改编自然不必对原作进行一比一的还原，但如果只是将相对丰赡的原作处理成单维度的嗑CP的素材库，就不免让人怀疑改编的必要与价值。

不节制的甜宠化会磨损特定类型剧应有的专业精神和现实主义品格。有别于诸多类型的网络剧，职场剧的基本格调是真实，它以职业境况和职业精神为叙事核心，是现代生活秩序的表征。早期的国产职场剧多采用宏大叙事的视角，多取材于对社会发展有重大价值的职业，着力凸显的往往是行业整体的荣耀光辉和个体的牺牲奉献，如《重案六组》等。而当下职场剧不但拓宽了观照的职业领域，而且更聚焦于行业里的个人，既展现人在职场中成长，呈示社会结构变迁在个体身上的映射，又以个人为原点辐射至对私人生活的刻写。《我在他乡挺好的》就以北漂女孩的职场困境折射现代人的生存困境，由此唤起了诸多受众的情感共鸣。私人生活进入职场剧的表达领地，使甜宠元素的渗入成为可能。但在CP经济学的影响下，甜宠元素的权重正在被无限度拔高，这无疑挤占了职场故事的叙事空间，模糊了职场剧的叙事旨归。在《你好，火焰蓝》《程序员那么可爱》《爱上特种兵》等网络剧中，职业在某种程度上只是打造人设的标签，职场更多的是作为“发糖”的场域出现在镜头内，职场故事则往往是CP情感发展的助燃剂。而在打造完美人设的创作导向下，主人公通常一出场就已是行业精英，剧情无意交代主人公走向成功的奋斗历程，更无暇叩问职业之于时代发展的意义，与此同时，真正的、底层的劳动者在丧失成为爱情主体资格的同时就失去了被聚焦的可能，而与劳动者形象一起消失的是真实的、细致的劳动风景，其结果必然是内容的悬浮、虚假与专业精神的缺位。

从网络剧行业整体发展的角度看，泛甜宠化亦是需要警惕的趋向。近年来，网络剧呈现出明显的类型化发展追求。一方面，类型化发展使网络剧的规范化、规模化、产业化生产成为可能。某种类型剧逐渐形成的相对稳

---

① 《锦心似玉》中罗十一娘的台词。

定、成熟的创作范式既为制作者提供了可资借鉴的标准,又能满足类型受众最大公约数的观剧需求,继而尽可能地规避生产、投资风险,保障一定程度上的商业回报率。另一方面,类型化折射出的其实亦是市场对题材多样化、风格新鲜化的探求。只有不断提供差异化明显的多种类型剧,才能覆盖更多圈层的受众。可以说,类型化生产是包括网络剧在内的影视产业发展的必经阶段。在这一背景下,泛甜宠化潜藏着消泯类型边界、抹平内容差异的危险。"所见剧类皆甜宠"[①],这一论断不可谓不夸张地揭示了CP经济学影响下网络剧整体的严重同质化倾向。当然,对类型化的极致追求同样会使单一类型剧陷入程式化、重复性的机械生产,由此"类型"之后的突破也至关重要,继而不同类型剧集之间的融合与交叉成为新的探索方向。探求差异化格局自然不是要在此类型与彼类型之间筑起壁垒,甜宠元素向其他类型剧的蔓延也并不必然结出恶果。但是,如果所谓突破只是CP经济效益诱导下模式和模式的简单嫁接、套路和套路的生硬叠加,那么其结果无疑是值得怀疑的。只有创作者摒弃创作惰性,搁置唯功利主义,用心讲述影像故事,国产网络剧才能迎来真正的突破。

近年来,国产网络剧市场涌现出《隐秘的角落》《沉默的真相》《长安十二时辰》《庆余年》等兼具思想深度、艺术美感和市场影响的精品。但在"从高原走向高峰"[②]的过程中,网络剧更应警惕泛甜宠化对网络剧文化价值、审美品格与行业生态的影响与侵蚀。

总的来说,嗑CP从一种亚文化现象发展为一门有利可图的生意,根本导源于部分年轻女性对现实爱情、世界的失望、反抗和逃避。从这个角度来说,以打造CP为创作导向的网络剧或对"美丽新世界"的搭建为女性提供了暂时的飞地,在那里,她们从CP发的"糖"和以此为"货币"建构起的社交关系里获得补偿和慰藉,借由性别边界的打破想象更理想的两性关系和人人平等互爱的新世界。但如果她们果真耽溺于文化工业"精心制作的情感",那么不但其情感被操控,而且也让渡了现实突围的可能与权力。由此,在"'嗑CP'和维系真实亲密关系中找到平衡"[③]尤为重要。网络剧也应适时作出调整。相比于观念的直接灌输,带有娱乐性质的网络剧实际上更柔和、高

---

① IC实验室:《发给CP党的糖,都是文艺业的毒药》,2021年9月23日,https://new.qq.com/omn/20211011/20211011A09PAY00.html。

② 尹鸿、杨慧:《从高原走向高峰——五年来电视剧/网络剧创作分析》,《当代电视》2022年第2期。

③ 祝杰:《嗑CP为啥让人快乐》,《文摘报》2021年6月16日。

效地确立起社会秩序、价值观念，并使之得以稳固，为人所习惯，进而剪裁现实。近年来，诸多耽改剧在利益的诱惑下，“为了吸引眼球，在画面上突出男性肢体语言的暧昧挑逗，呈现低俗庸俗的倾向。耽改剧的盛行，无疑会让处于人生观、价值观关键塑造期的青少年产生困惑和迷失”[①]。因此，网络剧应表征、引导现实，聚焦主流受众和主流价值观，这既是对应有社会使命的承担，也是其自身长久健康发展的保障。

① 艺君:《警惕耽改剧把大众审美带入歧途》,《光明日报》2021年8月26日。

# 第二章　山东打造精品网络剧的优势、现状与问题

得益于政策、文化、经济、地域等多方面的优势，近年来山东围绕打造“网络鲁剧”新品牌，聚力推出了一批优质的网络剧，但也在题材类型、创作范式、资源挖掘、传播与接受效果等方面暴露出一些亟须解决的问题。

## 第一节　山东打造精品网络剧的优势、机遇与动力

山东历史文化底蕴丰厚，文化市场活跃，影视消费需求量高，这为精品网络剧的打造提供了丰硕的资源、坚实的依托和强劲的动力。而传统鲁剧发展过程中积累的丰厚的制播经验，以及近年来山东省政府、山东省广播电视局制定出台的一系列政策更为精品网络剧的打造持续赋能。

### 一、政策引导与扶持

山东积极响应“大力发展网络文艺”的国家文化发展战略，高度重视网络剧等网络视听内容的发展，出台了一系列政策对山东网络剧的精品化发展予以鼓励支持和方向引导。

一方面，山东省政府对山东网络视听文艺提出了精品化发展要求，既指明方向又提供了有力的政策支撑。2018 年 8 月，山东省人民政府印发了《山东省新旧动能转换重大工程实施规划》，强调要加快新旧动能转换，推动传统文化传承创新发展，优化文化产业结构布局，大力发展新兴文化业态，加快发展网络视听等新兴产业。在此基础上，山东省人民政府于 2018 年 12 月印发的《山东省影视产业发展规划（2018～2022 年）》强调要“把握网络强国重大机遇，实施网络视听文艺精品战略，加强高品质微电影、网剧创作，推出

一批适合互联网、手机等媒介传播的影视佳作”，并提出要“加强创作引导。鼓励引导传统影视制作公司和专业团队参与网络影视剧摄制……积极推动网络剧、网络大电影、网络综艺等方面取得突破……不断加大投入、提升品质、打磨精品”，要把握年轻人的审美特点，要“强化资金扶持。统筹省级文化领域相关资金，加强对优秀原创网络视听节目的扶持引导”，要“严格网络管理。加快台网深度融合、一体发展……严格网络平台管理，按照网上网下导向管理‘一个标准、一把尺子’的要求……严格规范网上播出影视剧行为”。由此，山东网络视听文艺迎来了重大发展机遇。

另一方面，为推动山东网络视听文艺的繁荣，山东省广播电视局围绕打造“网络鲁剧”出台了一系列鼓励与扶持政策。2020 年 4 月，山东省广播电视局印发了《2020 年山东省网络视听工作要点》，指出为加强精品节目生产，在内容方面要“加强重大题材规划引导”，“深入挖掘齐鲁文化资源”，打造“网络鲁剧”品牌，在监管方面要“优化网络影视剧管理机制”，“完善备案审核机制”，“健全扶持引导机制”，“开展专项整治”，还要搭建交流平台，召开精品创作座谈会，“加强与爱奇艺、优酷、央视频等国内头部网络视听平台沟通协作”。随后，山东省广播电视局举办全省网络视听节目精品创作传播研讨培训班，邀请国家广播电视总局等上级主管部门专家与哔哩哔哩、爱奇艺等头部视频平台高层作为授课讲师，通过解读政策、分析案例有效提升了网络剧等山东省网络视听节目从业人员的专业素养。2021 年 1 月，山东省广播电视工作会议指出要“推出 1～2 部在全国有影响力的网络剧精品，涵盖‘创意、生产、推广、监管’等环节的闭环式管理服务体系，全力打造网络视听行业高地”。2021 年 12 月，山东网络视听大会再次强调要制造多精品，打造“网络鲁剧”品牌，为此，要举办精品创作座谈会，组织网络影视剧评审专家，高校专家学者，爱奇艺、优酷、腾讯、芒果等头部平台负责人，部分制作机构负责人，知名编剧等举办网络精品创作题材规划会。此外，山东广播电视局还积极开展了网络视听(短视频)基地建设，开展“山东省重点网络影视剧项目库工程”“突破网络视听工程”等，和山东省财政厅联合印发《山东省省级广播电视和网络视听精品创作传播资金实施细则》，力图通过省级财政预算安排，支持精品内容的创作传播。这都为精品网络剧的打造提供了政策引领、行动指南和有力支撑。

## 二、悠久的影视制播传统与丰富的制播经验

和国内其他省市相比，山东电视剧的制作起步早、作品多，经验也相对丰富。1978 年，山东电视台拍摄了以反映邮政生活为题材的第一部电视剧

《人民的委托》。以此为肇始,至20世纪80年代末,山东相继推出了《家乡红叶》《今夜有暴风雪》《高山上的花环》《水浒》《塔铺》《重返沂蒙山》《八仙过海》《一个叫姚金兰的人》《白色山岗》等斩获"飞天奖""金鹰奖"等重要奖项的优秀影视剧作品,它们也一起奠定了山东电视剧的气质底色,即以严肃认真的创作态度、不懈的艺术追求,弘扬主旋律,观照历史变革所激起的现实波澜,整体上呈现出现实主义的美学追求。20世纪90年代,一方面山东在主旋律题材里持续深耕,相继制播了《孔子》《孔繁森》《军嫂》《小小飞虎队》等屡获行业大奖的主旋律电视剧,另一方面又在市场经济繁荣的背景下积极展开了商业化运作,推出了《爱情帮你办》《燕子李三》《白眉大侠》《激情四季》《杀人街的故事》等涵盖都市言情、武侠、历史、涉案等多元题材的通俗剧,在一贯的严肃风格的基础上,表现出向喜剧、悬疑等多种美学领域的积极探索。尽管市场化探索效果不甚理想,但尝试仍是可贵的。21世纪以来,山东在电视剧制作上持续进行自我革新,在继续坚守地方色彩、赓续传统经验的同时,又积极扩大影响范围与受众,制作了《大染坊》《铁道游击队》《闯关东》《温州一家人》《父母爱情》《战长沙》《伪装者》《琅琊榜》《北平无战事》等辐射全国、深受各年龄阶段受众喜爱的影视剧精品。与此同时,在互联网迅速发展的背景下,山东及时踏足网络剧生产领地,2015年与搜狐视频合作拍摄的《他来了,请闭眼》成为国内第一部由互联网反向输出到一线卫视的网络剧,其后推出的《鬼吹灯之精绝古城》《如果蜗牛有爱情》《琅琊榜之风起长林》《开端》等网络剧也都兼具口碑与市场影响力。"鲁剧"在某种程度上已成为品质的保证,深受认可。

梳理鲁剧的发展历史,可以总结出四点创作经验。首先,坚持以人民为中心的创作导向,自觉展现主流价值观,弘扬以爱国主义为核心的民族精神,同时积极倡导诚信、仁义、正义等普世价值。其次,积极挖掘并传播齐鲁文化、传统文化特质,在呈现出浓郁地域色彩的同时,又"充分利用地域特性,变成一个能够被大家所接受的文化状态"①,继而辐射更多受众。再次,以现实主义为主要创作方法,以不回避问题与黑暗的态度展现历史与现实,但又将浪漫主义精神融入其中。最后,不断开拓,勇于创新,积极适应新受众需求与市场变化,加快文化产业化发展,但又有所持守,既真诚拥抱又与市场保持一定的距离。自网络剧诞生以来,泛娱乐化与消费趋向、悬浮化与现实主义色彩的淡化、去历史化,过度消解崇高等一直是其备受诟病的缺

① 本刊记者:《优化创作资源　塑造文化品格:鲁剧创作研讨会综述》,《中国电视》2011年第10期。

憾，而这正是传统鲁剧的优势。如能在尊重网络剧自身发展规律的前提下适当取长补短，山东网络剧或可借此打开新的精品创作路径。

鲁剧发展演变的过程中涌现出来的较为成熟的制作机构将成为打造精品网络剧的重要力量。1986 年 10 月正式成立的山东电影电视剧制作中心是中国最早和最有影响力的电视剧生产单位之一，是鲁剧创作的主力军。2012 年转企改制后成立山东影视传媒集团(以下简称“山影”)，“山东影视剧开启了从‘制作’到‘出品’的嬗变，由单一的影视创作进行了影视产业化升级”①。2011 年，依托山影强大的影视资源，正午阳光影视有限公司成立了。虽然正午阳光逐渐走出了对山影的依赖，以更开放的姿态回应市场需求，但以侯鸿亮、孔笙等为代表的山东制作团队仍继承着山影传统，是山东影视剧创作的重要主体。通过不断的创新，“山影制作”从激烈的电视剧竞争市场中脱颖而出，赢得了“山影出品，必属精品”的品牌认可，与此同时，山影也及时调整了战略布局，与爱奇艺、腾讯、优酷、搜狐等网络视频平台展开积极合作，制作了我国第一部先网后台的网络剧《他来了，请闭眼》。可以说，依托丰富的业内经验、成熟的研发团队、优质的品牌形象、锐意创新的精神等，山影可为精品网络剧的打造输送重要能量。除此之外，青岛影视广电有限责任公司、各市级乃至县融媒体中心，以及以山东造梦星和文化传媒有限公司、青岛古麦嘉禾科技有限公司、山东初醒影视传媒有限公司等为代表的新媒体公司等可以在制作、出品、发行等方面助推精品网络剧的打造。此外，“星工坊”影视产业园、青岛东方影都融创影视产业园、沂蒙红色影视基地、东平影视拍摄基地等为网络剧的拍摄提供了必不可少的场地，而近年来涌现出的以张小策为代表的新生代网络视频导演以及通过山东青年微电影大赛挖掘的青年影视人才都可为网络剧产业注入源源不断的创新动力与生命力。

### 三、丰赡的文化与文学资源

山东是我国的文化大省，一方面齐鲁文化源远流长，是中国传统文化的核心；另一方面，山东又在近现代历史的峥嵘岁月中生成了独具特色的革命文化传统。与此同时，山东土地上繁茂的民风民俗、神话传说、民间故事，以及以莫言、赵德发、魏思孝等为代表的山东作家群所创作的文学经典都为精品网络剧的打造提供了丰硕的资源与坚实的依托。

首先，齐鲁文化赋予山东网络剧以地域气质和开阔品格。齐鲁文化是

① 孔令顺、朱琳：《从“鲁剧”作品到“山影”出品的品牌嬗变》，《电视研究》2016 年第 11 期。

中国各种区域文化中影响力最大的一种。作为一个历史概念,它指的是两汉以前的齐鲁区域文化,包括以孔、孟为代表的儒家文化,以稷下学宫为代表的学术文化,以孙膑、孙武为代表的兵家文化和以管仲、晏婴为代表的政治文化。[①] 即齐鲁文化并非一种单一的文化形态,而是呈现为有机融合的复杂样态,其内涵博大精深,几乎蕴含着中国传统文化的全部精义。在时间的更迭与历史的变迁中,它又是一个发展的概念,既有重视传统的一面,也有改革创新的一面,既崇尚伦理,又通权达变,最终沉淀为"知其不可而为之"的韧性精神,崇尚气节的爱国精神,自强不息的拼搏精神,敢为人先的求变精神,厚德仁民、人性至上的人本精神,无私奉献的群体精神,忠诚守信的道德原则和开放包容的乐观心态等。以上精神内涵形塑了山东的文化品格,影响了人的思想和生活,也将与网络剧实现相互赋能。一方面齐鲁文化将为网络剧的生产注入观照时代与人民的创作内涵,以及更为开阔的气象与格局等;另一方面网络剧无疑将进一步扩大齐鲁文化的影响力,并建构起更加积极的山东区域形象,继而推进中国故事的讲述与传播。

其次,革命文化、红色文化助力山东打造的网络剧以地方"指纹"实现与社会、时代、国家命运共振。革命文化是中国共产党领导人民"在新民主主义革命的实践中,主动适应新民主主义革命和社会形态变革生成发展的,并在这种观念文化和制度文化中生成演进"[②]。作为中国革命文化的重要组成部分,山东革命文化浓厚,不但有包括沂蒙山革命老区等在内的于抗日战争、解放战争中发挥了重要作用的革命老区,有以王尽美、邓恩铭等为代表的革命先烈,有沂蒙六姐妹、沂蒙母亲、沂蒙红嫂等英雄儿女,有黑铁山起义、淮海战役等重要的历史革命事件,还有"铁道游击队""小小飞虎队"等家喻户晓的革命故事。在新的时代背景下,以上革命文化、红色精神可以成为网络剧重要的叙事资源,进而助力网络剧对弘扬时代主旋律、书写民族向心力等时代使命的自觉承担。

最后,神话传说、民间故事、经典文学作品等或可作为网络剧重要的 IP 数据库。牛郎织女、梁山伯与祝英台、孟姜女、八仙、仙女麻姑、三圣母等发端于山东各地的神话传说、民间故事,以及以蒲松龄《聊斋志异》等为代表的志异小说不但承载着中国人独特的鬼神观、生命观、自然观,沉淀着我国的民族文化心理与集体无意识,而且彰显出中国人飞扬恣肆、自由无羁的想象力,因而历来是山东文化,亦是中国传统文化的重要组成部分。在类型化格

① 参见魏建、贾振勇:《齐鲁文化特质及其演变复杂性的再认识》,《齐鲁学刊》2000 年第 3 期。

② 李康平:《中国革命文化基本理论问题研究》,《马克思主义研究》2015 年第 7 期。

局凸显的当下网络剧发展中，玄幻剧、仙侠剧等因其与当代青年情感结构的贴合而数度引发收视热潮。在此背景下，以上神话传说、民间故事与文学一方面可以作为改编的 IP 直接实现影像转化，另一方面也可以在第二世界的搭建、异托邦的建构、人物设定、种族观念等诸多方面丰富优化此类网络剧的想象。IP 改编已成为当下网络剧，尤其是玄幻剧、仙侠剧创作的重要路径，但应该承认，这些剧更多的还是文化工业流水线上批量生产的产品，艺术水平良莠不齐。在真正深入挖掘传统文化质素的基础上，实现其在网络剧生产中的创造性转化、创新性发展不但可以提升网络剧的艺术水准，继而推动当下网络剧创作的多元化发展，而且也有利于丰富传统文化再激活的路径，扩大其在网络空间中的传播效力，甚至更好地承担中国文化“走出去”的责任。

此外，以莫言、张炜、梁晓声、冯德英、魏思孝等为代表的山东籍中国现当代作家的经典文学文本亦可成为生成当下网络剧繁荣格局的重要助力。多数网络剧从业者多将改编视域局限在网络文学领域，试图借由其与网络剧的同根同源性尽可能降低改编难度与改编风险，然而网络文学本就不高且参差不齐的艺术水准实际上很难保证改编剧的艺术质量。再者，网络文学在利益的诱导下越来越呈现出同质化、雷同化、泛娱乐化的发展症候，因此将取材视域切换至纯文学领域未尝不是有效的纠偏方法。相较而言，纯文学文本在人文关怀、社会呈现、思想深度方面驾驭得更为从容且到位，它的接入既可以赋予网络剧以深刻思想和驳杂内涵，又可以提升其艺术美感和叙事张力。近年来，梁晓声《人世间》、阿耐《大江大河》、郑执《生吞》、毕淑敏《女心理师》、关汉卿元杂剧《赵盼儿风月救风尘》等纯文学文本的或成功或欠理想的改编或可为此提供相关的借鉴。

### 四、日趋增长的市场需求及其他优势

2022 年以来，山东全省经济运行总体平稳，依靠对经济发展的高效统筹和宏观运行调控力度的加强，全省主要经济指标保持较快增长，新旧动能转换加速突破，新型消费持续升温，市场需求稳步恢复，市场运作平稳有序，就业形势总体平稳。据国家统计局发布的数据，2022 年上半年，山东 GDP 达 41717 亿元，同比增长 3.6％，其中第三产业增加值为 22190 亿元，GDP 增量超过广东、江苏，位居全国第一。这为网络剧产业吸引投资，输出精品，加强与各大制作机构、网络平台的合作与交流奠定了坚实的基础。与此同时，山东数字经济也保持了较快增长。2021 年，山东数字经济占 GDP 比重达到 43％，数字经济规模总量突破 3.5 万亿元，位居全国第三。2022 年，在数字

强省战略目标的引领下,山东数字经济发展更是迎来了“重点突破”之年,逐渐走出了一条属于自己的数字化发展之路。在此背景下,作为数字化新业态新模式的网络剧迎来了重要的发展契机。

与此同时,当下文化消费市场越来越活跃,网民数量激增,对精品网络剧的需求旺盛。第50次《中国互联网络发展状况统计报告》显示,截至2022年6月,我国网民规模达10.51亿。相较于文字阅读与静态图像欣赏,网民更愿意选择观看网络视频,网络视频用户规模为9.95亿,占网民整体的94.6%。作为人口大省,截至2020年年底,山东网络视听用户累计规模就已达2.1亿。① 如此庞大的省内、省外用户群体必将为网络剧提供极大的发展动力。此外,自2020年开始的新型冠状病毒感染疫情在互联网持续普及的基础上进一步改变了人们的文化消费方式与娱乐方式。艾瑞咨询发布的调查数据显示,2020年,疫情导致大部分用户长期闭门不出的生活状态促进了中国泛娱乐市场的显著增长,其中,用户主要观看的视频类型是网络剧,占比为69.8%。② 虽然随着疫情得到有效控制,用户生活状态已基本回归往常,但在“非必要不外出”的观念、常态化防疫的政策以及文化消费惯性等因素的影响下,网络剧的市场需求仍在持续增长。只有抓住此一发展机遇,着力推出精品网络剧,才能增加用户黏性,继而实现网络剧产业的持续繁荣。

## 第二节　山东打造精品网络剧的现状与问题

山东涉足网络剧生产领地并不晚。在刚刚跨过“网络自制剧元年”的2015年,山东影视传媒集团就与搜狐视频合拍了IP改编定制网络剧《他来了,请闭眼》,该剧不但是国内首部反向输出到一线卫视的网络剧,还成功地“走出去”,在越南最大视频网站的点播量一度进入前三,某种程度上为网络剧市场树立了标杆。此后,得益于上述优势和机遇,尤其是在推动网络视听繁荣、着力打造“网络鲁剧”被确立为省文化发展战略之后,山东在精品网络剧的打造领域取得了一系列的成就,这首先表现在一系列既有普适性又有比较鲜明的地域特色的优质网络剧的创作与破圈传播。如《如果蜗牛有爱

① 参见国家广播电视总局网络视听节目管理司、国家广播电视总局发展研究中心编著:《中国视听新媒体发展报告2021》,中国广播影视出版社2021年版,第60页。

② 参见艾瑞咨询:《2020年后疫情时代中国线上泛娱乐市场展望》,2020年3月4日,https://report.iresearch.cn/report_pdf.aspx? id=3531。

情》《我是余欢水》《警察荣誉》《开端》《法医秦明之读心者》《通天塔》等相继在头部视频平台播出的既叫好又叫座的剧集。值得注意的是，在当下网络剧的整体格局中，山东始终不盲从于市场，坚持在继承传统的基础上以作品彰显对时代使命的主动承担和对现实议题的及时回应。近年来，山东相继推出了乡村振兴题材的《经山历海》《温暖的味道》，庆祝建党100周年的《饮马长江》《永恒的使命》《青山遮不住》《沂蒙山小调》，庆祝党的二十大召开的《老工人》《老家伙》《九月火车》，现实生活题材的《您好！我的母亲大人》《光阴里的故事》《走起！我的天才街访》《燃！沙排少女》等。在此基础上，为适应用户消费需求的多元化，山东还注重探索网络剧的新型创作形式，重视网络微短剧、竖屏剧的策划创作。既有服务国家发展战略、凸显创作优势的主旋律故事《乡村里的中国》《我的黄河故事》《那年那人那片花海》等，又有向年轻受众倾斜的爱情题材的《亲爱的太子殿下》《余生多指教》《原来爱你》《倾世小狂医》和主打悬疑或励志风格的《雌雄神探》《垫底之王》等。可以说，网络剧正逐步成为山东文化软实力和影响力的重要表征。

总的来说，山东网络剧生产始终坚守“思想精深、艺术精湛、制作精良”的基本要求，既在意识形态领域严守红线，坚持社会效益放在首位，又在艺术水准方面持续精进，不断将各种新技术投入制作。然而，当我们将山东网络剧创作置放于国内网络剧生产的整体格局中，抑或是山东传统影视剧发展的纵向历史视野中，都无法回避、否认其间存在的差距与不足。这些不足无疑限制着山东网络剧创作的生命力与影响力，因而亟应反思、调整。

### 一、精品网络剧数量较少，题材与创作范式相对单一，创新性不足

近年来，虽然中国网络剧整体进入了“减量提质”的新的发展阶段，但2021年9月至2022年7月间备案的重点网络剧数量仍高达832部。以此观之，在蓬勃发展的网络剧市场中，贴上“山东制造”的标签的网络剧所占的比重还比较低，其中兼具口碑与市场影响力的精品所占比重更低。同时，受“文以载道”齐鲁文化传统、鲁剧叙事传统以及山东影视传媒集团创作经验等多重因素的影响，山东目前推向市场的网络剧多为现实主义题材，且多集中于主旋律题材，虽然偶有在都市爱情、悬疑、青春、女性、古装等题材领域的尝试，但实践成果的艺术质量和影响力还有待进一步提高。换言之，山东网络剧离差异化精品格局仍有距离。乡土剧、农村剧是包括鲁剧在内的传统影视剧擅长且偏爱的叙事类型，但这一题材的网络剧在当下市场中却极少。山东是我国的农业大省，在乡村振兴的时代背景下，在继承传统鲁剧叙事遗产的基础上，寻找网络空间中乡土故事的新讲法应是山东打造精品网

络剧的努力方向。除题材多元性不足外,当下山东持续推出的现实主义与主旋律题材的网络剧,大多仍以继承传统鲁剧的创作范式、叙事方式、情节模式为主,而相对忽视了依据受众群体、传播媒介等的变化进行叙事调整,因而接受效果并不理想。可以说,在竞争激烈的网络剧市场上,创新性就是生命力,是在百舸争流中胜出的核心要素。然而,不管是内容上还是形式上,山东网络剧都比较明显地表征出重传统、轻创新的发展趋向。为此,打造精品网络剧需要充分了解分众的多元化需求,及时转变创作观念,重视网生代观众的娱乐互动需求和对社会现实的关注热情,在继承传统的基础上,力图在创作内容与创作范式的双重维度上有所创新。

## 二、资源挖掘的力度与广度尚不充足

一方面,本土文化、文学资源的转换广度与力度有待提高。推动传统文化的现代化转化既是时代赋予网络剧的使命,也是网络剧走向繁荣、发展自身的必经之路。相较于博大精深的山东文化、文学资源,山东网络剧所开发、利用的仍是冰山一角。虽然近年来也有《水浒酒魂》以传承水浒精神、体现山东优秀传统文化及纯朴民风民俗的网络剧出现,但从整体上来说,当下山东网络剧的 IP 改编仍着眼于网络小说,对孔尚任《桃花扇》、蒲松龄《聊斋志异》、施耐庵《水浒传》等古典文学经典,以及魏思孝、莫言、张炜等现当代时期的纯文学作家的作品的观照很不充分。此外,孔子、孟子、李清照、孔繁森、武训等齐鲁文化名人,繁多芜杂的民间传说等也尚缺少通过网络剧被讲述的渠道与契机。而在充分挖掘不同类型的传统文化的基础上,山东网络剧还应以对传统文化内涵的深入剖析和细致解读为精品网络剧注入灵魂。毋庸置疑,文化内涵是精品网络剧的精神内核,失去了文化内涵的网络剧就像是无源之水、无本之木,终将随时间的流逝溃散而无法留在历史的河床上成为经典。因之,要打造精品网络剧,就应该将深化文化内涵作为精品网络剧生产的重点工作,使之融入网络剧生产的各个环节与流程。

另一方面,人才队伍需进一步扩大,制作资源需要统筹整合。网络剧的艺术价值与文化内涵体现着创作者的主体性,即网络剧精品的竞争归根结底是人才队伍的竞争。虽然山东有多元化的影视制作主体,但当下的网络剧创作仍过度依赖山影、正午阳光等成熟的制作团队,其他民营影视公司的网络剧产出和制作水平还很不理想。此外,与北京、上海、广东、江苏、湖南、浙江等在网络剧制作领域优势明显的省份相比,山东网络剧生产的人才队伍还存在着“学历低、经验少、流动性大”等弊端。更重要的是,不同类型的制作主体、创作力量之间,以及其和省内乃至国内高校、作协、出版社等相关机构的合作较少，缺乏交流的平台与机会。这使得山东制作资源较为分散，无法实现更为有效的整合与通力合作，难以共同致力于精品网络剧的打造。为此，除深入激活本土文化资源外，山东还应该充分挖掘人力资源，尽快建成一支强大的投入网络剧生产的人才队伍，并通过相应的奖励机制激发人才热情，为精品内容的生产提供灵感。

## 三、技术赋能仍需进一步探索，评价体系与产业布局有待完善

智能时代的全面到来以及随之而来的技术更新、进步为山东网络剧的生产创作提供了机遇与契机。应该说，在成功案例的有效示范和山东加快新旧能源转换的有力倡导下，各个环节的参与主体普遍已意识到技术赋能在网络剧生产中的重要性，也作出了相应的尝试，然后在具体的生产实践中仍存在诸多问题。首先，技术储备尚不充分。制作精良是精品网络剧的重要表征之一，在媒介技术迭代升级的大背景下，其在很大程度上仰仗于技术设备水平。但客观上来说，山东网络剧生产主体除技术人员配备仍有不足外，在数据挖掘设备、人工智能设备、VR/AR设备、5G技术设备等方面也尚有升级优化空间。其次，技术赋能路径相对单一。除需进一步依靠技术更新提升受众的网络视听体验、沉浸式互动体验外，打造精品网络剧还需持续探索诸如捕捉用户需求、改进生产流程等技术赋能的新路径。在数字经济已成为主流的背景下，构建涵盖开发、制作、传播、接受等各个环节的大数据分析平台，利用人工智能进行内容创作、智能选角、流量预测、广告投送，助力视频实现高效分发、精准投放，协同视频审核与内容管控等不但是可能的，而且也是必要的。相较之下，山东网络剧行业对以上数字技术的应用还远未充分，而缺乏高新技术的支持不但会增加各个环节的成本，还会影响网络剧的最终呈现与传播效果。最后，技术运用的尺度和侧重尚不规范。在经济利益的诱导下，一些网络剧生产主体在运用新技术的过程中存在以“流量至上”为核心的逐利倾向，继而导致“信息茧房”效应强化，低俗化、同质化内容泛滥，主流价值观缺位等问题。因而，加强技术运用的监管与引导也应成为重要的工作内容。

此外，评价体系的不完善也制约着山东网络剧的精品化发展。目前山东网络剧的评价主体比较单一，仍以主流声音、商业化机构的量化批评为主，缺少对其他评价主体声音的采集。

网络剧固然要以满足人民的精神文化需求、传递主流文化价值观为己任，但是在当下日益繁荣的产业化格局中，其商业属性、经济价值也是重要一环。然而受传统管理体制的影响，山东网络剧的一些制作主体还存在着

思想守成、市场观念和成本意识淡薄的问题，对网络剧的产业属性、商品属性及其所能创造的经济效益认识得还很不充分。由之，山东在包括网络剧在内的网络视听产业发展方面“还存在着主业‘大而不强’，市场‘散而不聚’，产业链‘全而不优’，发展速度‘平而不快’等现实问题。京、浙、沪、湘五省市在产业聚集、龙头企业数量、产业规模收入等方面都是山东省数倍以上，而且差距在拉大。四川、福建、贵州等省市，在5G布局、智慧广电、网络视听、媒体融合等方面也加快赶超步伐，纷纷作出一些大手笔、大动作，有的方面已经跑在了山东省前面”[①]。此外，扩大资金来源与储备、丰富融资方式、清除资本与产业对接中的障碍、推动品牌影响力等也是打造精品网络剧过程中需要解决的问题。

《山东省广播电视和网络视听行业高质量发展调研报告》显示，“面对群众日益增长的文化生活新需求”，山东省网络“精品内容生产还跟不上。山东省具有全国影响、市场号召力强、上座率高的……网络视听精品还不多，高质量、有匠心的文化供给仍显不足，有高原缺高峰的现象仍待突破”[②]。在网络剧日益成为受众覆盖率最广、最具影响力、最主流的网络视听形式的当下，山东省网络剧的发展情况与生产现状与山东作为经济文化强省的地位极不匹配，这无疑窒碍着山东良好地域形象的建构与传播，因而亟待解决。

---

① 孙杏林、倪广宏、周琛：《山东省广播电视和网络视听产业高质量发展调研报告》，《现代视听》2020年第5期。

② 孙杏林、倪广宏、周琛：《山东省广播电视和网络视听产业高质量发展调研报告》，《现代视听》2020年第5期。

# 第三章 何为“精品”:山东打造精品网络剧的战略目标

要打造精品网络剧,首先要明确何为“精品”。党的十九大报告指出,“要繁荣文艺创作,坚持思想精深、艺术精湛、制作精良相统一,加强现实题材创作,不断推出讴歌党、讴歌祖国、讴歌人民、讴歌英雄的精品力作”①。2014 年 10 月 15 日,习近平在文艺工作座谈会上的讲话中指出,要“坚持以人民为中心的创作导向”②,“一部好的作品,应该是把社会效益放在首位,同时也应该是社会效益和经济效益相统一的作品”③。《2021 年中国网络视频精品研究报告》指出:“‘精品’是时代的镜像。影视精品是精致的观念、文化、战略和生产流程控制的产物,必须具有文化价值、艺术价值和传播价值。就互联网影视产品来说,只有在‘思想精深、艺术精湛、制作精良’的基础上提高‘定位精准’和‘数据精准’的要求,方可成为‘精益求精’之作。”④可以看到,所谓精品网络剧并不是一个单向度的概念,从产出的结果来看,网络剧不但应兼具思想、艺术与社会的多维度价值,而且要有可观的市场影响力进而产生经济效益;从产出的过程来说,精品的打造是一个系统化工程,涉及立意、观念、生产、传播、接受等各个环节。基于此,仔细检视近年来国产优质网络剧创作图谱,通过文本细读总结精品网络剧的生成逻辑和制播共性,可以将精品标准具象化,进而帮助网络剧从业者将精品意识内化,进一步明确打造精品网络剧的战略目标。

---

① 习近平:《决胜全面建成小康社会 夺取新时代中国特色社会主义伟大胜利——在中国共产党第十九次全国代表大会上的报告》,人民出版社 2017 年版,第 43 页。

② 习近平:《在文艺工作座谈会上的讲话》,人民出版社 2015 年版,第 13 页。

③ 习近平:《在文艺工作座谈会上的讲话》,人民出版社 2015 年版,第 20 页。

④ 陈沫、刘娜、张新阳:《2021 年中国网络视频精品研究报告》,《传媒》2021 年第 13 期。

## 第一节　兼具现实感与“网感”

某种程度上来说,网络剧肇始于青年的亚文化表达,是他们欲望与压抑的网络映射。借由越轨的故事,粗糙的技术,碎片化、恶搞甚至有意反精致的风格,青年亚文化群体表达了对严肃、高雅、精英的主流文化的叛离,并意欲借此凸显对所在群体边缘化社会位置的强烈认同与归属。为此,早期的网络剧创作多表现出主动疏离于现实而追求“网感”的创作姿态,在对种种有违常理的情境、情节的铺陈与展演中,在对社会秩序和现实规则的拆解中,青年一代的群体情绪得到释放,网络剧也在某种程度上获得了现实批判的属性。彼时,“网感”既是青年亚文化群体确认身份的标识,也是网络剧的本体特征。然而,在以网络视频平台为代表的资本介入网络剧生产后,裹挟于巨大商业利益的网络剧制作者们越来越有意以迎合部分青年的低级趣味为创作旨归,网络剧的反抗与批判属性被抽离、消解,只剩下无意义的“槽点”与“雷点”的堆砌,以满足部分受众猎奇心理为目的的低俗笑料、恶俗情节和只为博眼球的暴力、血腥场景等。在一波又一波利益驱动下的复制生产后,所谓“网感”随之被误读窄化为内容上悬置现实,情节上以“爽”为主,趣味上低级媚俗,艺术上粗糙拙劣。这不但窒碍了网络剧的健康发展,而且长此以往会将大众审美带入歧途。

因此,一系列整改措施与政策相继出台,2018 年后,现实主义与主旋律题材旋即成为网络剧新的创作风尚。国家广播电视总局监管中心发布的《2020 网络原创节目发展分析报告》显示“2020 年共上线网络剧 230 部,其中现实题材网络剧比例达到 70%”,同时,“时代报告”和“女性”等主旋律剧、现实剧成为 2020 年的热门类型。[①] 然而,上述担负着映射时代、传播主流文化价值观使命的网络剧却大多在网络空间中呈现出“水土不服”的症候。原因或在于网络剧原有的“青年亚文化性质与主流文化之间存在一定程度上的龃龉,被主流文化不断规范和收编,这推动了网络文艺的精品化发展,但也导致网络文艺所表征的某些具有积极意义的新的情感结构与文化经验被抑制,使网络文艺的想象力和创造力优势缺乏进一步发展的空间”[②]。如若对

① 参见中国电视剧制作产业协会、首都广播电视节目制作业协会编著:《2020 中国电视剧(网络剧)产业调查报告》,中国广播影视出版社 2021 年版,第 14 页。

② 郑焕钊:《从媒介融合到文化融合:网络文艺的发展路径》,《中国文艺评论》2020 年第 4 期。

近年来的现实题材网络剧做镜像扫描，会发现真正完成突围，既与时代共振，又与受众共鸣，兼具口碑与市场影响力的不是仅将网络剧作为主流文化价值观承载器皿的剧作，而是那些理解并尊重网络剧的叙事经验与新文化经验，并竭力弥合两种文化形态之矛盾，兼具现实感与网感的作品。

爱奇艺的付费剧《隐秘的角落》在上线 8 天后播放量就突破了 4.6 亿，10 天里有 59 个相关词条登上微博热搜，截至 2022 年 10 月 28 日，其在豆瓣平台上的评分为 8.8 分(共 1026750 人评分)。可以说，这是一部真正突破圈层限制又呈现了现实深广度的精品网络剧。虽然《隐秘的角落》在情节架构上脱胎于紫金陈的原作《坏小孩》，但是剧作既收回了为网文主角大开的金手指，又以对人物形象的复杂还原、对善恶阵营的交叉处理等探讨了原生家庭影响、未成年人教育与犯罪、留守儿童等社会现实问题，并最终触及对人性幽微的思辨性探讨。可以说，在内容的改编上，《隐秘的角落》有意通过对原作“网感”的降解强化剧作的现实感。另一部成功的 IP 改编剧《沉默的真相》也采用了类似的改编的策略。作为爱奇艺“迷雾剧场”主推的悬疑剧，《沉默的真相》既不刻画无所不能的英雄主角，又并不“作意好奇”，当故事行至中段，多数观众实际上就已从有限的情节中推演出整个故事脉络乃至幕后主使，即悬疑感、惊奇感和解谜的快感并非剧作所追求，而是有意消解的观剧体验。其目的是以不回避、不美化的态度让受众将焦点挪移至对诸多社会议题的探讨，如官员腐败、校园性侵、资本虚伪、女性处境、教育资源不平均、坚守正义之艰难等。由此，两部剧作皆因对现实问题的真实呈现而引发了极大的社会讨论，收获了良好的口碑。然而，无论是《隐秘的角落》还是《沉默的真相》，实际上都未将网感束之高阁，基于对受众尤其是网生代受众观剧期待的了解和把握，两部网络剧都保留了原作《坏小孩》和《长夜难明》的“高能”开头，即剧中张东升将岳父岳母推下悬崖和地铁运尸，以极具冲击力和悬念性的情节迅速留住了有充分自主选择权的网生代观众。此外，《沉默的真相》还采用了三线并进的叙事结构，以蒙太奇等电影语言带领观众在三个时空中自由切换，不但进一步厘清了故事脉络，而且丰富了观众的观剧体验。而《隐秘的角落》除了使用新奇的视听语言外，更是在充分把握新媒体环境中信息传播规则和受众心理的基础上，创设了诸如“我还有机会吗?”“一起爬山吗?”“小白船”等相关词条与表情包，这给观众提供了二度创作素材，继而又借着社交媒体的狂欢属性扩大了剧作的传播效力。

以上成功的案例都表明现实感与网感并非无法兼容，高下分明。而所谓“网感”，也并不专指某些固定的内容或某些程式化的艺术特质，其更多意味着一种创作思维，“是对市场、年轻人的思维和欣赏习惯的敏锐追踪”，“是对网生代受众审美旨趣和文化消费的匹配乃至因应”[①]。它既表征为宏大叙事向个体化叙事、自我表达的变轨,又呈现为持续的艺术新变乃至传播形式的革新等。网络剧要走精品化发展路径,并不是要竭力剔除其网生属性使其向影视剧的叙事传统回归,也不是要一味地迎合网生代受众的审美偏好以泛娱乐化损耗现实性,而是要努力在现实感与网感之间保持微妙的张力,继而实现主流文化价值观在网络空间中的轻盈落地。

## 第二节　以俭省的篇幅讲“好故事”和“讲好”故事

如福斯特所说,“小说是要讲个故事。这是其基本层面,没了这一层小说也就不存在了”[②],讲好故事也是网络剧最基础却又是至高无上的要素。所谓“好故事”,首先指向的无疑是具有深刻文化内涵、思想意蕴,体现主流文化价值观的故事。但故事的讲法同样重要。如果一部网络剧的故事层面是干瘪、乏味、套路化的,那么不论其思想多么精深,艺术水准多么精湛,制作多么精良,其都会被拥有点击掌控权的网生代观众离弃。即网络剧所能承担的时代使命,所能发挥的书写价值,所能释放的艺术感染力等都是借由其所讲述的故事完成的。因之,精品网络剧要“讲好”“好故事”。然而,在媒介迅猛发展、信息交换便捷、受众观影经验日益丰富的背景下,在商业利益的巨大诱惑下,要讲好一个有吸引力的好故事其实并不容易。2016 年爱奇艺的自制剧《最好的我们》跳出了青春疼痛的叙事窠臼,以青涩的爱情书写、真实的校园故事引起了受众的集体怀旧情绪,不但最终以 20 亿次的播放量漂亮收官,更开启了青春校园类型剧的创作风潮。虽然后续也出现了《致我们单纯的小美好》《你好,旧时光》《冰糖炖雪梨》等极具热度的剧作,但是更多的模仿之作只是黯然收场。同样的,在《花千骨》《三生三世十里桃花》《香蜜沉沉烬如霜》等仙侠与虐恋结合题材的网络剧火爆之后,也少有同类剧作真正完成破圈,即便是投资充沛,演员阵容、制作班底豪华的《千古玦尘》《镜·双城》等“S+”剧集也不例外。究其原因,在于日渐同质化的故事无法超越受众的期待视野。网络剧市场已一再证明了躲进类型化的叙事框架并不是规避风险的有效策略,更无法借此留住受众,唯有摒弃创作惰性,不断探索叙事的边界,在坚守故事内涵高度的同时不断拓展网络剧的故事类型与内

① 周云倩、常嘉轩:《网感:网剧的核心要素及其特性》,《江西社会科学》2018 年第 3 期。
② [英]E.M.福斯特:《小说面面观》,冯涛译,上海译文出版社 2016 年版,第 23 页。

容版图,更新故事的讲法才是出路。换言之,网络剧创作者们要努力成为讲故事的引领者,而不是跟随者。

可以看到,那些真正经得起市场、社会、专业影评人等检验的精品网络剧往往是某一题材、类型的开创者。《开端》开创了国产网络剧“无限流”叙事的先河,表面上看它是一个讲述时间循环的科幻故事,然而奇幻的外衣之下显露出来的实则是一幕幕人间辛酸与温情,奇幻与现实在一部剧作中融合得熨熨帖帖。《三悦有了新工作》则一扫国产职业题材网络剧的悬浮与虚假,展现了职业叙事的新可能,它以“95 后”“丧系”青年为视角展现了殡葬行业的现状、问题、困境,不但以此为切入口展演了性别歧视、职业歧视、原生家庭影响、中年困境、求职压力等社会现实,而且还借此探讨了生与死的沉重话题。以扫黑除恶、刀刃向内为主要表达旨趣的《狂飙》之所以能成为 2022 年年末、2023 年年初的爆款剧,就在于它跳出了以往反面人物塑造的窠臼,不吝笔墨地展现了一个普通人如何变成“贼”的过程。《爱很美味》之所能在扎堆出现的“她剧集”中脱颖而出,就在于它不再只深陷情爱的叙事泥淖,不再单纯地、歇斯底里地罗列女性的血泪史,不再以工具化的人物形象吸引眼球、引爆话题,而是以喜剧的风格轻盈地展演了女性的琐屑日常。由之,网络剧要“讲好”一个“好故事”,影视技艺的不断更新、视听语言的持续升级等固然重要,但保持不断创新、勇于突破的创作观念才是内核。

上面列举的网络剧无一不以新鲜的、丰盈的故事完成了其在网络剧市场中的突围,而这些丰盈的故事大多都是借由短小精悍的篇幅完成讲述的。《开端》只有 15 集,哔哩哔哩出品的《三悦有了新工作》只有 13 集,而兼具口碑和市场影响力的《我是余欢水》《隐秘的角落》《沉默的真相》《我在他乡挺好的》《爱很美味》等也大都只有 12 集的体量,最多不超过 24 集。实际上,在网络剧的初创期,篇幅的短小、体量的轻盈,以及随之生成的叙事节奏的紧凑本就是网络剧有别于传统影视的形式特征。然而受按集数计价的市场交易模式的影响,也为了扩展剧集的广告承载空间,以便获得更好的经济效益,一些网络剧越拍越长,甚至出现了许多不顾剧情逻辑和艺术整体性的任意“注水”。为了规范网络剧创作,一系列的政策相继出台。2020 年 2 月,《关于进一步加强电视剧网络剧创作生产管理有关工作的通知》第一次明确提出“反对内容‘注水’,规范集数长度”,提倡网络剧拍摄不超过 40 集,并积极鼓励短剧创作。在此政策导引下,爱奇艺、优酷、腾讯视频联合正午阳光、华策影视等六家影视制作公司发布倡议,反对人为“注水”,推动影视剧创作生产从规模数量扩大向整体质量提升转变,并承诺将积极投入精品短剧集创作。而爱奇艺“迷雾剧场”推出的《隐秘的角落》等短剧相继火爆更引领了短剧创作风潮，“集数 12 集以内的短剧在 2020 年上线网络剧中已占到三成以上”[①]，创作短剧已成为行业共识和发展趋势。因此，网络剧要走精品化路径，就应放弃短期利益，不断凝练叙事，优化表达，通过创作出更适合 5G 时代和网生代观看习惯的作品，强化受众黏性。

## 第三节　在台网联动中实现精品网络剧的“破圈”传播

视频网站与电视台作为剧集的接收终端与播放平台，其关系已逐渐走出竞争阶段，迈进资源共享、协作共赢的新时期。一开始，传统电视台拥有内容播出的优先选择权，一部剧集往往是在电视台播出后再上线网络视频平台，电视台是视频平台的重要内容库。受“一剧两星”行业标准的影响，一些因政策、审核机制，或因剧作本身原因不被电视台接收的积压剧、滞销剧会直接转投视频网站，如《遇见王沥川》《兰陵王妃》等，后又因较好的播出效果、市场反响而重新获得了在电视台播出的机会，形成了被动的先网后台局面。随着视频网站、新媒体传媒公司等加入网络剧制作阵营，网络剧数量和质量都有了显著提升，一些由网络平台主投并参与制作的网络剧如《他来了，请闭眼》等开始反哺电视台甚至一线卫视，一些网络剧如《如果蜗牛有爱情》《老九门》《九州天空城》等则采用了网台同步的播出模式，自此，先网后台由被动转向了主动。其后，在《关于加快推进媒体深度融合发展的意见》等相关政策的鼓励下，“全媒体传播格局”，“多屏互动、矩阵传播”在成为行业共识的同时，也进一步催生了台网联动的新型格局。而《关于进一步加强网络视听节目创作播出管理的通知》提出的“一个标准，一把尺子”原则，以及《网络剧片发行许可证》的发行等进一步加快了台网联动的步伐。自此，视频网站和传统电视台已不再只是先播或后播的关系，发挥彼此优长，相互借力，深度融合，共同致力于精品网络剧的制作与播出成为可能。

已有诸多网络剧在台网联动的两栖化发展中收获了“1＋1＞2”的制播效果。除借由电视台进一步扩大网络剧的覆盖受众和影响力外，台网联合更将“倒逼”网络剧创作质量的提升。一方面，受线上线下审查标准的统一的影响，网络剧进一步摒弃了“唯效益论”的创作观念和粗制滥造、盲目跟风的浮躁而自觉地以兼具思想与艺术价值为创作追求。由此出现了《长安十

① 中国电视剧制作产业协会、首都广播电视节目制作业协会编著:《2020 中国电视剧(网络剧)产业调查报告》,中国广播影视出版社 2021 年版,第 10 页。

二时辰》《约定》《启航：当风起时》《在希望的田野上》等较早期网络剧艺术更精良、思想更精深的剧作。另一方面，传统电视剧的制作经验借此延伸至网络剧行业，两种经验的融合覆盖了从选题、策划、拍摄、播出等整个流程，继而从源头上与过程中保障了内容的高质量输出。如中央电视台与爱奇艺联合出品、同步播出的《破冰行动》《警察荣誉》等既摒弃了职业题材网络剧悬浮、虚假，重私人叙事轻职业展演的创作症候，又跳出了传统职业剧一贯的宏大叙事视角，从年轻警察、基层民警等的低视点出发，以轻喜剧、日常化的风格完成了提升民众认同感的文化使命。此外，湖南卫视与芒果TV共同打造了国内首个台网联动的周播剧场“季风剧场”。“在制播机制上，它是湖南广电内容制作上最高层次的战略协同，建立了从项目评估、优化、拍摄、宣传、播出全流程的双平台高效合作机制。在传播机制上，开启了最强力度的台网融媒传播，联合宣推、联合播出，创造空前规模的传播声量与舆论能量。在商业经营上，购剧成本明显下降，广告营销全面融合，通过大小屏资源的统一售卖，商业价值实现了‘1＋1＞2’的溢价增值。”[①]得益于此运营模式，“季风剧场”已经推出了《我在他乡挺好的》《江照黎明》《婆婆的镯子》《消失的孩子》等精品短剧。

可以说，“电视剧、网络剧之间的界限开始模糊”[②]且将持续模糊。随着网民所占比重的逐年攀升，任何剧集，即使是只通过电视台播放的剧集的宣发营销都不可能脱离互联网平台，若剧集想抵达更多受众，同时赢得好口碑，就不能简单地将网络视为播放终端与宣传管道，还要适应网络传播特征及时更新题材选择、美学风格、内容表达、言说方式、视觉呈现、叙事节奏等，即网感已逐步成为当下热门影视剧所共享的特征。由此，在互联网迅猛发展和台网深度融合的背景下，电视剧与网络剧边界的模糊非但不意味着网络剧主体性的必然失落，反而为网络剧的创新性发展指示了新的可能。因而，网络剧制播应该搭上台网联动的快车，在对多种经验、多种资源的有效融合与调度中打造精品网络剧。

---

① 郑华平、胡盈盈：《台网联动效应下精品短剧的破圈传播——以“芒果季风”剧场为例》，《中国电视》2021年第12期。

② 杨慧、尹鸿：《跨入两栖时代：2016年中国电视剧观察》，《电视研究》2017年第3期。

# 第四章　分众化视域下山东精品网络剧的内容建构战略

网络剧行业已完成了从“流量至上”向“内容为王”的回归，而作为网络剧内核的内容，尤其是一剧之本的网络剧剧本的质量更是决定网络剧内容质量的关键因素。因此，打造精品网络剧首先就要打造一流的内容、一流的剧本。以罗兰·巴特为代表的结构主义叙事学认为，叙事文本包括两个层面：一是故事层面，它主要讨论故事是怎样的，即叙述了什么，包括情节、人物、背景等问题；一是话语层面，它主要讨论故事是怎么样被叙述的，即叙述的方法与形式。基于此，本章将结合山东实际，从故事层面和话语层面综合探讨网络剧的内容提升策略。

1985年，日本博报堂生活综合研究所出版的《分众的诞生》认为，“以‘划一性’为基础的‘大众’社会正在分崩成为个别化、差异化的小型群体，这是一种‘被分割了的大众’的现象”。[①] 如今，网络剧所面向的正是更为细化的分众化市场。受众群体不再是铁板一块，而是成长背景、兴趣喜好、需求欲望都有所差异的个体以相似或相近的偏好为“流通货币”建构起来的多个小型群体。而互联网的普及与发展又赋予了受众无限的自主选择权，因之，分众化时代，自由地选择满足其个性化使用需求的影视作品不仅是可能的，而且是便宜的。在此背景下，不断创新故事表达，拓展类型边界，是山东打造精品网络剧的应有之义，也是提升山东精品网络剧竞争力的核心策略。

---

① 转引自文然、安珊珊：《社会视域中的媒介分众现象分析》，《当代电视》2005年第8期。

## 第一节　润物细无声：主旋律故事的落地表达

韩炳哲指出，“娱乐就是叙事。它具有叙事的紧张感。讲故事，且让故事扣人心弦的方法，比强制和义务更有效”[①]，“道德的娱乐媒介不仅带来了单纯的快乐，还以微妙的方法实现了不可低估的社会功能”[②]。因而，以娱乐叙事实现阿尔都塞所说的“招呼或质询”，将个体变为国家、民族、时代所需要的主体历来备受主流意识形态重视。近年来，网络剧因其逐渐扩大的大众影响力而逐步被视作重要的询唤载体。在相关政策的导引下，在优质资本和专业制作团队的积极参与下，讲述契合时代发展需求的主旋律故事，塑造主流价值观，传播正能量，书写民族向心力既是网络剧必须肩负的时代使命，也是网络剧实现精品化发展的新机遇。《山海情》《觉醒年代》《功勋》《我们这十年》《约定》《冰雨火》《启航：当风起时》《我们的新时代》等近来出现的较为优质的主旋律剧集证明了此一创作方向的可能性与价值。然而，需要承认的是此一市场还存在着很大的需求缺口，真正的精品仍在少数，更多的主旋律题材网络剧要么只是披着主旋律外衣的娱乐故事，要么只是一味地注重道德说教而忽略了网络剧本身的生产机制和受众的观影期待，即是说，其并未实现现实感与网感的有效融合。最终不但限制了主流价值观的有效传播，而且也搅乱了网络剧自身的发展规律。鉴于此，本节力图从以下几个方面探讨山东网络剧讲好主旋律故事的可能路径。

### 一、“宏大叙事”的微观展演

法国思想家让-弗朗索瓦·利奥塔在《后现代状况：关于知识的报告》中提出了“宏大叙事”（Grand Narrative）的概念。其可以理解为“科学知识通过在一个层面上对叙事的压抑和排斥，因而在另一个更高的层面上依靠一种使之获得正当性的叙事。换言之，宏大叙事是一种文化或群体通过对微小叙事的压抑和排斥来获得合理性的主要方式”，此外，它还指以“一种以历史事件、社会实践为主要叙述对象，以相关的历史意识和社会意识为叙事目的的叙事规范”[③]。这种叙事模式往往强调意识形态，追求结构的完整、主体

---

① ［德］韩炳哲：《娱乐何为》，关玉红译，中信出版社 2019 年版，第 94 页。

② ［德］韩炳哲：《娱乐何为》，关玉红译，中信出版社 2019 年版，第 88 页。

③ 汪民安主编：《文化研究关键词》，江苏人民出版社 2019 年版，第 120 页。

的统一和题材的宏大,以输出宏观理论、书写普遍共识为主要创作旨归。因其与主流意识形态"招呼或质询"个体之欲求的高度契合,宏大叙事历来是包括传统电视剧与当代文学在内的中国当代文艺创作的主流模式,其史诗性的审美品格和对社会产生的推动作用都有重要的价值和意义。然而,此一创作范式在渐趋成熟的同时也走向了单一和僵化,逐渐成为图解一元论政治思想的工具,继而过于显豁的教化意味不但损害了文艺作品的艺术完整性,而且妨碍了主流价值观在受众心理中的真正落地和消化。基于此,本研究认为从中国现当代小说对宏大叙事的拆解与重构中汲取经验,即以个人化的日常经验替代集体性经验,将宏大主题嵌入微观细节不失为一种有效的探索路径。

家国同构叙事是新时期小说拆解、重组宏大叙事重要的情节营构方法。20 世纪 30 年代,李劼人即已借鉴法国大河小说的叙事经验创作了聚焦天回镇蔡大嫂个人命运的小说《死水微澜》,不同于传统的史传文学,《死水微澜》不拘泥于对重大历史事件的直接描述,反而着眼于描写历史背景下的日常生活,使历史在对普通人的生存状态的描绘中完成了自然的显影。及至 20 世纪 80 年代,《红高粱》《白鹿原》《平凡的世界》等小说重启了这种以小见大,以家庭故事折射时代风云,以个人命运展演社会变迁的叙事结构,当代小说由此完成了转型也赢得了更多的读者。以展现改革开放成就的剧集《大江大河》正是借鉴此种叙事结构,它并没有直接图解改革开放政策,而是将叙事焦点放置于化工厂技术人员宋运辉、农民雷东宝、个体户杨巡等三个人的人生进路,以不同的个人命运反映了国有经济、集体经济和个人经济等三种经济形态的艰难发展,进而完成了对波澜壮阔的时代变革的展演。《我们这十年》是旨在迎接党的二十大,全面展现中国社会十年巨变的剧集,它同样选择从烟火氤氲中洞悉社会发展内动力,以小切口展演大时代的创作路径。该剧共有十一个单元,借由郑州歌舞剧院的女演员、去新疆乡村任教的体育教师、抱着梦想到深圳打拼的创业者等家国建设者的故事,全方位立体化地展现了十年间我国经济、政治、文化、社会、生态文明五位一体的中国特色社会主义事业的总体布局。同样颇受好评的聚焦扶贫的《山海情》也放弃了以重大事件和重要人物为主要切入口,而是以吊庄移民过程中遇到的浇水难、通电难、种菇难、卖菇难等实际波折为主要的表现内容,同时借由马得福、马得宝、马得花三兄妹在政治、经济、文化等不同领域的摸索折射反映国家的发展与变迁。可以看到,《山海情》《大江大河》等主旋律剧集中都有对当代文学叙事经验的跨文本移植,通过转换叙事角度、放低叙事姿态,通过对普通人命运的关切,对微观细节的真实再现,主旋律故事以更柔性的方式拉近了和受众之间的距离,完成了其和受众之间的情感共振,主流价值观继而获得了真正有效的传递。

## 二、依托生活逻辑,裸呈人物的丰腴

传统的主旋律电视剧通常追求的是主流意识形态的显豁传达,不管是情节、环境还是人物都更多的是作为意蕴的载体和观念的化身出现在叙事文本中。而现实和日常生活的枝蔓、人的复杂往往因为其对主题表达的干预而被裁剪掉了。即传统主旋律电视剧多是以政治理性作为营构情节、塑造人物的尺度,继而主流意识形态的彰显经常是以真实性的缺位和艺术性的流失为代价的。这也是传统主旋律电视剧受众相对有限,且难以触及受众心灵的重要原因。因之,发挥网络剧关注日常、关注普通人的本体特质,突破政治理性主义的创作观念,以真实为尺度,在允许的范围内尽量保留现实生活的无序性、粗粝感和人物的丰腴亦应是打造精品化主旋律网络剧的努力方向。

第一,以生活流的叙事方式将被传统主旋律电视剧裁剪掉的日常情节、生活场景、时代风物,甚至庸常碎片、一地鸡毛重新纳入取景器,还原故事所依托的时空背景,继而纠偏概念化、悬浮化的弊病。生活流叙事指的就是一种生活化、日常性的叙事方式,“包括具体的情境和事件之流以及它们通过情绪、含义和思想暗示出来的一切东西。生活流主要是一种物质的而不是精神的连续。尽管从定义上来说,它也延伸到精神的领域”①。《山海情》《大江大河》等剧作证明了对生活流叙事的有效启用可以营构一种真实、亲切,甚至在地的观影体验,通过对艺术真实与生活真实的黏合引发受众的情感共鸣。作为一部脱贫攻坚剧,《山海情》首先要展演的便是西海固的贫穷,这是故事成立的根基。而它的呈现并非通过画外音等外在叙述完成,而是借由生活流叙事完成了一种自我叙述。除了村民分食用来扶贫的养殖鸡,水花父亲为了一口水窖、一只炉、两笼鸡、两只羊将水花嫁给永富的情节外,《山海情》更以贫瘠延绵的山坡、破败不堪的瓦房、漫天飞舞的黄沙、会议现场的条凳、出逃的孩子们、蹲在村头的农民群像等展现了一种原始而真实的贫穷继而使剧作立住了脚跟。与此同时,《山海情》的政治叙事是相对俭省的,如通电问题是靠水花一家的到来解决的,在凸显政策之重要性的同时也没有和生活逻辑脱嵌。日常叙事同样如此,并没有为了推演情节发展,贴合主题表达刻意制造戏剧冲突。比如,水花和得福、麦苗和得宝的情感关系就

---

① [德]齐格弗里德·克拉考尔:《电影的本性》,邵牧君译,江苏教育出版社2006年版,第98页。

跳出了传统爱情叙事的方程式，不狗血，不激烈，却反而因为真实不套路而打动了无数受众。

第二，将人还原为人，不回避，不矫饰人性的复杂。受社会主义现实主义创作传统的影响，传统主旋律电视剧中的人物往往是脸谱化的，主角有时甚至是“高大全”的英雄，如同观念化身的存在。这一人物塑造方法可以帮助观众快速分辨角色，梳理人物关系，把握主旨意趣，却也会降低剧情的可看性和真实感。与之相比，网络剧从发展之初就表征出较为明显的反崇高性和平民化立场，由此，融合主旋律故事和网络剧双方的创作经验与优势，在保留人物之主流价值观内涵的同时又尽量将其还原为人，呈现其作为普通人的一面或许是一种行之有效的创作策略。比如《在希望的田野上》聚焦新时代背景下的山乡巨变，不但凸显了对生态危机、留守儿童、教育公平、乡村伦理、赡养老人等多元农村命题的深层思考，而且全景式地展示了乡村振兴战略下的社会主义新农村的面貌。剧作围绕硕士毕业后返乡担任工作队队长的张楠展开。不同于传统农村题材中经常出现的“高大全”的农村干部，张楠是一个因矛盾、复杂而更显真实立体的干部形象。“穷怕了”的成长经历、杀人犯儿子的童年身份以及因此遭受的屈辱等使他迫切想要拥抱城市、逃离故乡。面对铜江市教育局局长李世涛的回乡邀请，张楠一开始是拒绝的。然而当他真正回到故乡，与家乡天然的血脉关联，乡村人性人情的美好，乡村振兴工作赋予他的成就与价值，童年创伤的逐渐愈合等使他重新建构起与家乡的情感关联，最终张楠和女友选择一起留在乡村。青年的个人成长与乡村时代的宏观发展完成了统一。再如，《功勋》的第二个单元讲述了“中国氢弹之父”于敏投身国家安全事业的故事，剧作力图在多个维度上塑造立体化的人物形象，一方面是于敏在科研工作中的奋进乃至痴狂，另一方面是妻子孙玉芹独自生产、独立抚养孩子长大的艰辛与心酸，继而于敏不再是一个完美无瑕的英雄，孙玉芹也不是只知道奉献的牺牲者，在亏欠、矛盾的人物关系中，每一个人物都鲜活起来。此外，《约定》《我们的新时代》等都放弃了对单向度的、符号化的英雄人物的塑造。但需要指出的是，这并不意味着要将主旋律故事中的人物无限度地拖拽向草根和平民群体，而只是还原其作为正面人物本身即具有的人性的丰腴，继而观众才能在感受到亲切、建立情感共鸣的同时又借由他们建构起对主流价值观的认同。

### 三、融入年轻化、青春化元素

《第50次中国互联网络发展状况统计报告》显示，网络剧以网民为主要目标受众，而50岁以下网民所占的比重为74.2%，即网络剧受众具有年轻化、青春化、网生代的群体特征。主旋律故事因其重大、严肃、厚重性，本就与网络剧大部分的受众之间存在一定的审美隔膜。由之，打造精品化的主旋律网络剧，实现主流价值观在网络空间中的畅快传播与轻盈落地，就必须在创作之初将受众的审美习惯、期待视野等纳入考量范畴，在捍卫主旋律故事的表达旨归的同时，也应该尽量融入年轻化、青春化的元素以贴合多数年轻受众的情感结构与审美需求。

第一，以年轻人为原点书写主旋律故事，折射时代影像。相较而言，网生代受众更强调观剧时的代入感，而以年轻人为主角，以年轻人的现实处境为切入口展开故事即是创设代入情境的重要策略。《我们这十年》中的每一个单元剧中都有一个年轻主角，所聚焦的都是青年一代的选择与困惑：《唐宫夜宴》中的舞蹈演员林蓓蓓所面对的是委身于现实和奋不顾身地追逐梦想之间的选择，《热爱》中的大学毕业生张雷面对的是个人的安逸生活和成就他人梦想之间的选择，《心之所向》中的李心遥所面对的是留在城市和还是回归乡村建设乡村的选择……剧作在塑造上述年轻角色时并不回避矛盾，而是真实地裸呈了其间的挣扎与欲望，如林蓓蓓希望通过嫁给富二代过上更好的生活，张雷之所以去新疆只是为了获得编制等。他们的处境是当下多数年轻人的处境，而他们的犹疑并不减损角色魅力，反而搭建起其与受众之间的情感链接。唯有如此，当他们挣扎过后没有走向妥协反而坚定地选择后者的时候，剧情才是真实感人的，受众才能真正建构起对主流价值观的情感认同。

第二，增加喜感、轻松、戏剧性冲突、情感叙事等青年文化元素，以此与受众实现审美对接。主旋律网络剧固然以主流价值观的有效传达、渗透和建构为叙事旨归，但正如康德所说，“向孩子们展示高尚、大度并可嘉的典范情节，意在通过慢慢灌输对这种情节的热情来引起孩子们的好感，只能适得其反”[①]。因之，适当揉入当下年轻人喜欢的幽默元素，寓教于乐或许是更行之有效的策略。《启航：当风起时》既是改革开放背景下青年一代蜕变为商业奇才的故事，又是20世纪末中国经济快速发展的记录。主人公萧闯有别于其他改革题材剧集中的改革英雄，是一个意气风发、桀骜不驯又诙谐幽默的青年，而他与谢航、裴庆华与谭媛等穿插于故事主线中的多组爱情叙事不但引起了受众的观看欲望，也增加了剧集的情感浓度和人文关怀。同样的，《山海情》中得宝与麦苗、得福与水花或美满或遗憾的情感叙事引发了受众的讨论，同时马喊水、李大有等诸多丰满鲜活的农民形象产生的笑点也为严

① 转引自[德]韩炳哲：《娱乐何为》，关玉红译，中信集团出版社2019年版，第87页。

肃主题注入了活力。然而,需要注意的是,这不意味着简单粗糙地将严肃与风趣两种元素嫁接在一起,也不是要给严肃的主题表达裹上娱乐化的糖衣,而是应该让故事自发香甜之味。例如《山海情》第一集就出现了诸如“一年一场风,从春刮到冬,大风三六九,小风天天有”,“我一回来就吐酸水,吐得到现在都好不了,喉咙芯子都快吐出来了,都吃了两副药了,连药都吐了”等幽默风趣的台词,这不但快速地吸引了受众,还调动了受众二度创作的热情。通过剪辑、配乐等技术手段,观众将诸如《涌泉村第一男子天团》等幽默风趣的片段合集上传至哔哩哔哩等视频平台,继而极大地扩大了剧集的覆盖范围。然而这种幽默并非突兀地嫁接,而是始终贴合于主题,其在一开始就立住了故事的根基,即使观众看到了西海固的贫穷。由此,融合青年文化元素,一定要注意从故事出发,要警惕悬浮元素的过度加入继而造成过度娱乐化,引发价值观危机。

主旋律历来是山东电视剧重要的叙事传统,在网络视频平台越来越成为重要传播平台的当下,在国家、省级影视政策的积极导引下,山东应在依托多年来积累的丰厚叙事经验的基础上,结合网络剧发展规律,积极摸索主流价值观在网络空间中轻盈且切实落地的新路径,打造“网络鲁剧”的新招牌。

## 第二节　开一扇“东窗”:探索“她剧集”的新可能

女性既是国产影视剧中颇为精彩的叙事风景,也是其重要的参与主体。近年来,随着女性意识的逐渐觉醒和女性在消费市场上主体地位的显著提升[①],以女性为主要目标受众的“她剧集”的市场份额也在逐年攀升。骨朵数据发布的《2020 年网络剧集产业发展研究白皮书》显示,2020 年以女性主要目标受众的纯网络剧占比率高达 63%,远高于 2019 年的 50%。与数量一起上涨的,还有其所引发的热度。骨朵数据的调查报告显示在 2020 年平均热度 TOP50 榜单中,上榜剧集半数以上都是以女性为目标受众的网剧。近年来出现的《延禧攻略》《三十而已》《二十不惑》《怪你过分美丽》《传闻中的陈芊芊》《摩天大楼》《爱很美味》《我在他乡挺好的》《不完美的她》《下一站是幸福》等“她剧集”更是在引发了极大的话题讨论度的同时实现了可观的商业

---

① 德塔文发布的《2020～2021 年电视剧市场分析报告》显示,2021 年女性观众在全市场中的占比为 61.7%,高于 2018 年的 57%,与 2019 年、2020 年的 62%基本持平。

变现。可以说,“她经济”已成为网络剧产业中不容忽视的现象之一。然而在“她剧集”持续火爆的表象之下,我们看到的经常恰是真正的女性表达的缺位以及对女性真实处境的涂抹式呈现,一些剧集在对部分女性受众之情感幻想的过度迎合中走上了或泛甜宠化或彻底驱赶女性的叙事歧路,一些剧集着意塑造极具争议性的女性形象并借此吸引大众眼球,一些剧集消费女性苦难并借此炒作话题……继而,此类“她剧集”非但无益于推动社会性别秩序的重构和女性处境的切实改善,反而还会进一步异化两性关系,挑起性别对立。与此同时,传统的山东影视剧集中虽然浮现出诸多熠熠生辉的女性形象,然而在钟情于大题材、主旋律的传统鲁剧中,女性更多的还是作为配角出现,且多表征出牺牲奉献、隐忍善良、顾全大局、温良恭俭等较为类型化、雷同化的形象特征。由之,探讨打造精品化“她剧集”的叙事策略,无论是对寻求突破的山东网络剧来说,还是之于国产网络剧的整体发展而言都大有裨益。

## 一、在“女性向”叙事之外

目前网络剧市场中的“她剧集”更多的还是基于“女性向”创作立场生成的。“女性向”一词来源于日本,意为“面向女性的”“针对女性的”,“指的是以女性为受众群体和消费主体的文学和文艺作品分类;进入互联网时代后,中国女性有了自己的独立空间,女性向开始与互联网舆论场中的女性主义文化相结合,是女性逃离男性目光后,以满足女性的欲望和意志为目的,用女性自身话语进行创作的一种写作趋势”①。“女性向”文艺作品的创作主体大多是女性,她们是在男性世界里一直努力以符合菲勒斯中心主义的价值标准自我约束,却总是难以得到认可的他者,由此她们意欲在互联网世界中找到“一间自己的房间”并借此跳出男性凝视,以推倒一切男权话语的方式书写女性欲望,建构合乎女性需求的性别秩序。与此同时,受众则在对“女性向”文艺产品的消费中获得颠覆男权话语、现实性别秩序,以及从现实困境中突围的快感——自然是以一种想象的、代入的方式。进而,“女性向”叙事文本形成了一个从女性到女性的闭环。自网络剧诞生以来,网文的IP改编即是最常见的生产模式,继而“女性向”作为重要的创作遗产也被继承过来,并最终在网络剧框架中形成以下关于女性的叙事景观。

首先是聚焦女性情感,着意满足女性对亲密关系之美好想象的言情题材网络剧。渴望甜蜜优质的亲密关系是人类的集体无意识,在阿兰·罗迪

① 邵燕君主编:《破壁书:网络文化关键词》,生活·读书·新知三联书店2018年版,第166页。

欧所说的爱情这个“最小的共产主义单位”①中,人获得来自他者的无限的最高的承认,进而建构起对自身的认同,获得某种超越性。然而,对于多数网生代女性而言,这通常成了一个较难实现的梦。由之,不断叠加的恋爱成本、理想爱情在现实面前的屡次碰壁和破灭更催生了她们对民主化亲密关系的迫切渴望。继而,为女性编织没有矛盾,没有伤害算计,只有“单纯”“暖暖”“甜甜”的“美丽新世界”的言情题材网络剧集束性出场,它们接过“女性向”网文的接力棒又在表面上改写了早期霸道总裁文中不平等的性别权力结构,将霸道的男主置换成或傲娇、或忠犬、或温柔、或多金,甚或集所有美好于一身的男主,在对男性之于女性的无限宠爱的反复渲染与铺排中,网络剧为逭避于现实世界的网生代女性建构起了爱情的乌托邦。《双世宠妃》《致我们暖暖的小时光》《我只喜欢》《奈何BOSS要娶我》《完美先生与差不多小姐》《良辰美景知几何》《你是我的荣耀》等即因与部分女性情感结构的契合而备受欢迎。

其次是以女性成长为故事主线的“大女主”和“女尊”题材网络剧。在女权主义,尤其是网络女性主义蓬勃发展的背景下,部分女性沮丧地认为所谓爱情神话终究只是大梦一场,由此她们不再将建构民主化的亲密关系视作个人理想,转而积极谋求个人发展。在网络这一虚拟空间中,她们渴望跳出传统性别秩序的藩篱,通过架空和玩设定等方式搭建起有别于现实世界的第二世界,在那个新创设的时空中,她们想象自己拥有绝对的主导权力,不管是在爱情这一私人关系中,还是在公共空间中。在此背景下,通过借鉴“女尊”网文、“大女主”网文的叙事经验,一系列意欲张扬女性主体性的网络剧相继出现。如《传闻中的陈芊芊》就颠覆了“男尊女卑”的传统性别秩序,创设了一个“女尊男卑”的花垣城,现实世界里一切加诸女性的枷锁与责任,如重贞操、无才便是德、地位低下、生儿育女等全部被转交给了男性,而女性则可以像传统男性一样登上权力之巅、三妻四妾。画面上飘过去的“太爽了”“太真实了”“绝妙讽刺”等弹幕表明,通过观看,女性受众被压抑的欲望实现了替代性满足,长久以来积累的怨气获得了宣泄的渠道。近年来,也出现了诸如《玫瑰之战》《那年花开月正圆》《延禧攻略》等展现“她力量”的偏向现实主义的女性题材网络剧。这些剧作虽并不以架空、设定的虚构手法完成性别秩序的翻转,但故事里的大女主更多的仍是在创作者的“金手指”下实现女性主体性之确立的。

---

① [法]阿兰·巴迪欧:《爱的多重奏》,邓刚译,华东师范大学出版社2012年版,第4页。

最后是将女性置于凝视主体位置的耽改网络剧。如《镇魂》《陈情令》《山河令》《光渊》等。在传统文艺作品中，女性通常是男性欲望投射的对象，是劳拉·穆尔所说的男性凝视的客体，是可读可写性的。而耽改剧及其底本耽美小说则意在彻底颠覆这一“看”与“被看”的性别秩序，以女性在爱情关系中的彻底抽离为代价走上凝视主体的位置，在对男性恋爱的凝视中，“以‘窥探者’与‘观察者’的双重身份在幻想中体验到男性气质所带来的权利和地位，从而带来身份置换的愉悦，实现长久以来被男权制所压制的女性欲望的表达，使女性获得审美的主体性身份”①。

可以看到，以上“女性向”网络剧虽各有不同但又分享了相同的叙事基点，即通常以对女性实际问题的悬置，在对矛盾的想象性解决中返还给女性观看爽感与快感。我们并不否认“女性向”叙事的重要意义，尤其是对女性被压抑之欲望和诉求的大胆裸呈。然而，上述“女性向”网络剧也呈现出诸多问题，如女性在耽改剧中的彻底隐匿与退场，如多数言情网络剧所迎合的实际上还是女性被异化的白日梦，而“大女主”剧和耽改剧所依托的依然是男权制遗留下来的文化资源，就像阿Q所向往的革命只是爷孙位置的颠倒，这些网络剧所彰显的也通常是一个男权制度的翻版，并没有跳出传统框架想象，更无从想象另一种更为理想和谐的两性关系。而如果受众果真耽溺“女性向”网络剧所建构的避难所，所精心制作的消费主义糖果，那么就会有让渡现实中突围权力的危险。此外，“女性向”叙事所形成的从女性到女性的闭环也在某种程度上无益于女性现实处境的改善。因之，在“女性向”叙事之外，走下塔楼，切实地走入时代与现实或是打造精品化“她剧集”的有效策略。

## 二、在“爱情”与“热点”之外

打造精品化“她剧集”就不能只以为女性提供欲望投射的载体和情感宣泄的渠道为主要创作旨归，如若一味迎合女性的白日梦想象，“她剧集”就难免会偏离女性自我呈现与自我表达的初衷，成为消费社会中被操控的景观。由此，我们认为是时候从白日梦中出走了。网络剧应用现实主义的眼光关注历史和现实等不同时间维度中女性的命运，展现女性的多样化生存困境，并借此叩问性别制度与文化，呈示社会结构性问题，进而尝试为女性探索出路之一种。

① 李昊、吴玉杰：《女性文学异托邦建构的可能性——以“耽美文学”为例》，《当代文坛》2018年第6期。

《三十而已》《二十不惑》《爱很美味》《梦华录》《都挺好》《我在他乡挺好的》等“她剧集”即在此向度上作出了诸多有益的探索与尝试。然而需要注意的是,这些剧集分享的还是相当类型化的叙事模式,即基本上都将女性置放于一段戏剧性的爱情关系中加以呈现,其所揭示的大体上还只是情感问题。当然,作为人最重要的情感形式之一,爱情书写本就应该在文艺作品中占据相当的篇幅。然而,当所有的“她剧集”都在市场的导向下围绕且只能围绕爱情这一原点展开,这不但会强化社会关于性别的刻板印象,而且还会妨碍女性题材剧对其他主题的探索表达。网络剧《梦华录》的部分篇章改编自关汉卿的杂剧《赵盼儿风月救风尘》,原作讲述的是风月出身,却重情义、有谋略的赵盼儿巧用风月手段救出好姐妹宋引章的故事。可以看到,《梦华录》延续了原作的部分主旨,在以女性之间的相互扶持彰显女性情谊、女性力量的同时,还有意凸显强化赵盼儿之独立女性的身份,以此完成与当下女性主义思潮的链接。此外,《梦华录》又加入原作中没有的爱情叙事,然而赵盼儿与增加的男主角顾千帆的情爱关系不但无益于更立体的女性形象的塑造,反而对前一主旨的表达造成了挤压。关键问题的解决不再是靠赵盼儿的智慧、能言善辩,而是靠情爱主体男性的施予和救赎。这在赵盼儿、宋引章和周舍对簿公堂的情节中表现得尤为突出,赵盼儿的智慧在顾千帆所象征的绝对权力面前显得那么微不足道,最终女性与男性之关系又返回到被拯救者与拯救者、承受者与施予者的位置。如是改写显然与市场对梦幻爱情的期许、创作者对女性故事的刻板想象有关,但其付出的代价是值得警惕的:如果说关汉卿的杂剧意在以底层女性的特殊智慧撬动性别权力结构乃至阶层结构并且显示了其被颠覆的可能,那么《梦华录》则再次使性别权力秩序回到了原点,更重要的是,它被包裹在爱情柔美的面纱中,不但不明显,反而更显“美好”。

需要再次指出的是,我们并不认为,爱情叙事必然会妨碍女性表达。然而,好的女性题材剧却不应只到爱情为止,而应该让我们在爱情叙事之中窥探出女性的情爱困境。台剧《我可能不会爱你》讲述了程又青在30岁的人生关卡上所遇到的诸多现实问题,同时剧作还设置了她与李大仁、丁立威的三角情爱关系。程又青和丁立威曾因后者对感情不够忠诚而分手,然而时隔多年再相遇,程又青仍不能摆脱对丁立威的迷恋,尽管她非常清楚地知道丁立威的问题,如霸道、自私、以自我为中心、花心、占有欲强等。吊诡的是,亲密关系之外的程又青明明具备一切独立女性所拥有的特性,她理性又感性,有路见不平的天然正义感,勇于反抗权威,热心帮助包括女性在内的一切弱势群体,有原则,经济独立,不愿依附任何人。然而面对丁立威,程又青又会时常放弃原则、主见和自我，甚至任人驯化和改造。实际上，借由这一矛盾情节的设置，剧作真正想要呈现的是独立女性自我认同的矛盾。丁立威代表的其实就是一个被流行文化赋予了女性浪漫情结的标准男性，抑或说，他是传统性别秩序异化并施予女性的理想爱人。程又青为代表的女性已在女性主义思潮的启蒙之下慢慢拥有了女性意识，建构起对自我主体性的认同，然而一旦进入更为私密的亲密关系，那种难以与之脱嵌的爱情审美观又会占据上风。剧作其实是以对程又青与丁立威爱情关系温吞、拖沓的展演，细致地剖析了处于价值夹缝中的女性一代艰难地走出错误的自我认同，成为一个真正拥有独立人格的人的过程："她们身披浪漫爱意识形态的余香，带着男权的伤痕，捧着老一辈交到她们手中的尊严，还有自己决定自身价值的自由，但她们一样都舍不得抛弃，值得东奔西走，手足无措。"[①]爱情叙事不应止于爱情叙事，以此为跳板抵达揭批女性生命困境的叙事意图，也是在"爱情"之外的指涉。

此外，诸多"她剧集"还表现出过多杂糅社会热点问题，甚至网络段子的症候，这一方面导致了情节的雷同化、碎片化与人物的标签化，另一方面也使真正有价值的探讨淹没于意气用事的舆论喧嚣中，进而中断了对女性命运的深层追问。《卿卿日常》就不顾情节发展生硬地将"网络女性主义"的大段宣言植入故事，网络剧播出后，这些片段被剪辑成短视频风靡于网络，但其是以情节的突兀乃至断裂为代价的，除了让受众大呼一声"爽"外，并无助于女性困境的探讨。《欢乐颂》播出期间，"吸血鬼"母亲、"吸血鬼"哥哥等词条多次登上微博热搜，它以樊胜美这一人物形象的塑造直击大众痛点，引发了社会大众对原生家庭、重男轻女等问题的关注。而《理想之城》中的吴红玫、《安家》中的房似锦、《都挺好》中的苏明玉等其实都是樊胜美式的女性，为了制造爆点，后续剧作还在樊胜美的基础上层层加码，以对女性苦难的消费换取话题讨论度和剧集热度。我们并不否认现实中有无数个"樊胜美"的存在，但如果编剧只停留在对"樊胜美"们苦难的铺排和形象的重复生产上，最后再大笔一挥或用爱或用经济层面上的巨大成功将其从苦难的泥淖中拔出，那么观众也只会在满怀愤怒和掬着一把辛酸泪的"看"后，在大呼一声"爽"后，将"樊胜美"们视作文化工业流水线上的一个产品，缺乏相应的反思。此外《三十而已》《没有工作的一年》等都植入了"手撕小三"等社会热点，无论是前者中的林有有，还是后者中的唐蕊，都很难说是有合理行为动

---

① [日]上野千鹤子、[日]铃木凉美：《始于极限：女性主义往复书》，新星出版社 2022 年版，第 127 页。

机的理性人，而更多的只是撩拨大众敏感神经、激化戏剧冲突、制造热点的工具。最终这些旨在观照女性困境的剧作只是诱导着观众将批判、咒骂的矛头指向了女性自己，而女性之间冲突何以产生的原因则一次次被悬置。

因此，打造精品化“她剧集”还要扭转追逐热度与热点的创作方法，从既有的叙事套路中挣脱出来，不断探索拓宽观照视野与表达范畴。同时，不再只让女性拘囿于“家庭”与“办公室”的狭小空间，在观照女性个体命运的同时，也将其与时代变迁、社会发展的宏阔背景联系起来，这亦是提升女性题材剧的精神高度和文化内涵的可行路径。

## 三、探索“她＋”叙事，革新形式美学

当下多数女性题材剧的受众是以女性为主的。[①] 这自然与女性在网络剧整体受众中相对较高的占比和多数“她剧集”仍以“女性向”叙事为主有关。然而，如果我们相信“媒介可以被视为一种建构社会性别的(社会)技术”[②]，相信网络剧可以以微妙的方式实现不可低估的社会功能，那么打破“她剧集”从女性到女性的传播接受闭环，突破圈层限制吸引更多的男性受众，进而依托剧集打开两性沟通的渠道，共同寻找打破性别藩篱的可能或是打造精品化“她剧集”需要思考的问题，是我们现在要做的事情。我们认为探索“她＋”叙事或是可行的方法之一，即实现“她”元素向其他类型的网络剧的流动。目前，在“她”元素与悬疑剧和刑侦剧的融合上，已有一些较为成功的尝试。腾讯视频独家上线的台剧《想见你》是一部采用了“莫比乌斯环”式无限循环结构的烧脑悬疑剧，播出期间，其复杂时间线、神秘的时空穿梭媒介、时间旅行主体的不确定性等引发了受众强烈的解密冲动。此外，黄雨萱、李子维超越时空限制的纯粹的灵魂之爱更是在真爱逐渐稀缺的当下感动了无数受众。然而，随着故事的逐渐铺展，我们才发现，过去那个时空中的陈韵如或许才是这部剧真正的主角，才是揭示故事内核的真正主体。和阳光、开朗的黄雨萱不同，陈韵如似乎永远只能是青春故事的配角，她敏感、内向、自卑，被家人、同学、喜欢的人否定，最终被自己否定。在黄雨萱的灵魂穿越到她的身体以后，她找到了被世界悦纳以及得到爱情的方法：戴上黄雨萱式的面具，扮演一个非自我。在短暂地得到又被拆穿而失去后，陈韵如选择了死亡。借由一个悬疑剧、青春偶像剧的外壳，《想见你》让我们倾听到

---

① 在《三十而已》的受众中，男性占比 21.6%，女性占比 78.4%(数据来源骨朵网络影视：《女性话题之作〈三十而已〉爆了吗?》，2020 年 8 月 6 日，https://m.thepaper.cn/baijiahao_8595575)。

② [荷]凡・祖伦：《女性主义媒介研究》，曹晋、曹茂译，广西师范大学出版社 2007 年版，第 55 页。

无数个边缘女性的残酷青春物语。不止如此，当黄雨萱决定牺牲爱情拯救陈韵如时，我们更看到了一场女性互助的奇幻表达。而莫俊杰给予陈韵如的沉默的爱也证明了被爱没有所谓标准，女性也没有固化的性别特征。在悬疑、青春偶像剧的外衣之下，《想见你》还观照了青春期边缘女性的迷茫、困惑以及随之而来的自我认同危机，反思了女性的被爱是否有标准的问题。此外，刑侦剧《猎罪图鉴》以单元剧的形式再现了容貌焦虑、家庭暴力、性别歧视等多种女性生存困境，《沉默的真相》在对社会体系、政治体系可能存在的弊病的反思中揭批了女性于权力结构中更加艰难的处境。而主旋律剧《山海情》于宏阔的时代背景下对表现出"弱德之美"的水花形象的真实塑造同样是一次良好的示范。需要注意的是，探索"她＋"叙事并不意味着"她题材"与其他题材网络剧的生猛嫁接，在更广阔的时空中多维度地展现女性命运才是更重要的叙事目的。

此外，适应内容表达的需要，革新女性题材剧的形式美学也是必要的。和传统影视剧相比，以面向年轻受众为主的网络剧更需要及时更新视听语言，以更富有新意的叙事手法、剪辑技巧、镜头运动带给受众陌生化的审美体验。或许这也是吸引男性受众驻足观影的方法之一。网飞出品的华语网络剧《她和她的她》里的女主角林晨曦在车祸失意后仿佛穿越到一个平行时空，那是一个家人、朋友、爱人都给予她无限的爱与包容的美好世界。然而随着故事的展开，我们发现这一平行时空只是林晨曦的幻想。在那座她自己建构的"幻城"中，她悬置了包括性侵、背叛、人性冷漠等作为女性的她在现实中遭遇的一切伤害，而"幻城"越美好越反衬出她在现实困境中的难以突围。剧作用林晨曦遭遇数次性暴力后所患上的解离症创造出类似平行时空的叙事空间，这不但带给受众更新颖独特的观看体验，也借此更细腻、全面地展现了性暴力对女性造成的难以疗愈的心理创伤。而女性独白剧《听见她说》更在丰富"她剧集"形式类型方面做了有益尝试和示范。该网络剧并没有故事情节，而是通过女性的喃喃自语讲述原生家庭、容貌焦虑、中年危机、全职主妇、家庭暴力、重男轻女、大龄单身、物化女性等女性生存的痛点，尽管剧作招致了诸如说教意味过浓、枯燥乏味、留白太少等批评，但这一形式美学的创新带有某种革命性意义，那就是女性摆脱了被代言的处境，她直接站出来作了"我讲述我自己"的宣言。

导演黄蜀芹认为，所谓女性电影就是在窗子永远坐南朝北的房间另开一扇“东窗”,它要带我们看到不一样的风景。[①] 这一对女性电影的感性界定对女性题材网络剧的发展很有借鉴意义。如前所述,女性题材剧繁荣的表面背后还有诸如雷同、极端、悬浮等隐忧。在此背景下,山东要打造精品化“她剧集”,就要从表现内容、叙事方法、叙事范式等多个维度上寻找“东窗”视角,从而借由此类剧集的创作考察、再现、剖析女性命运,进而参与更和谐的两性关系的建构。

## 第三节 “新农村”的网络显影:打造乡土网络剧的可能与路径

得益于相对宽松的创作环境和有别于传统的制作模式、传播渠道等,近年来网络剧题材的多元和类型化格局初显。网络剧不断探索着言说的疆域和题材的边界,现实和想象、过去和未来、严肃和荒诞等都在网络空间的影像故事中得以展演。然而,在如此繁复多彩的影像景观中,“乡土中国”的身影和声音却越来越模糊、微弱,在2021年2月备案的网络剧中,农村题材已彻底“消失”[②]。然而与之形成鲜明对比的却是庞大的市场需求和网民对乡土故事的浓厚兴趣。《第50次中国互联网络发展状况统计报告》显示,截至2022年6月,我国农村网民规模为2.93亿,占网民整体的27.9%。与此同时,“张同学”“李子柒”“华农兄弟”等乡村自媒体的喷发,综艺节目《向往的生活》的火爆,“广场往事”等乡土题材短剧等在抖音、哔哩哔哩等平台上的芜多,以及《乡村爱情》系列剧的持续火热表明,新媒介时代的农村非但不是沉默无声、拒绝被言说的领地,更是值得被挖掘、被讲述的富矿。而山东作为我国的农业大省,其农村既有地域特色,又和“乡土中国”分享了某些共性。基于此,本节将在梳理“互联网+”背景下讲述乡土故事,传达民间声音的可能性、必要性与价值的基础上,结合山东实际着重探讨“互联网+”背景下打造精品乡土网络剧的路径与方法。

---

① 参见黄蜀芹:《女性电影——一个独特的视角》,王人殷主编:《东边光影独好·黄蜀芹研究文集》,中国电影出版社2002年版,第156页。

② 参见《网络剧2月备案:数量是电视剧2倍,农村剧彻底“消失”》,2021年4月13日,https://www.jiemian.com/article/5944111.html。

## 一、建构“新农村”网络影像的可能与价值

费孝通指出，“从基层上看去，中国社会是乡土性的”[①]，因之，乡土书写、农村题材素为中国现当代文学重要的叙事传统。20世纪初，鲁迅最早给乡土文学下了定义：“凡在北京用笔写出他的胸臆的人们，无论他自称用主观或客观，其实往往是乡土文学，从北京这方面说，则是侨寓文学的作者。但这又非如勃兰兑斯所说的‘侨民文学’，侨寓的只是作者自己，却不是这作者所写的文章，因此也只见隐现着乡愁，很难有异域情调来拓展读者的心胸，或者炫耀他的眼界。”[②]鲁迅不仅是乡土小说最早的命名者，还是最早的乡土文学创作者，在其影响下，又出现了以王鲁彦、彭家煌等为代表的乡土写实派小说，而他们的创作共同代表着乡土书写中的启蒙主义传统。一方面，受现代思想、新文化观念的影响，鲁迅和乡土作家群往往站在现代的立场上揭批农村的凋敝、农民的愚昧和麻木；另一方面，与故乡的距离又使故乡越来越成为他们记忆中的原风景，成为不断召唤他们回望的精神原乡，因而他们的乡土书写又时常流露出浓郁的眷恋情绪。由此，他们的乡土书写往往交织着批判与眷恋的悖反情绪，最终乡土在他们的文字中显影为一个模糊多义的影像。在启蒙主义书写传统之外，还有沈从文所开创的田园牧歌式的再现范式。在诸如《边城》《萧萧》《长河》等小说中，出于对现代都市文明的反思和失望，沈从文有意悬置了乡土社会的凋敝而着意表现乡村的诗情画意，有意过滤掉人性中的恶而着意凸显人性与人情的美好，通过对化外空间的纸上建构，沈从文反思了中国现代化进程，与此同时也找到了疗愈都市文明病的方法之一种。及至20世纪50～70年代，现代乡土书写中的左翼传统进一步发展成为社会主义现实主义文学传统，遵循意识形态观念再现中国乡村在新的权力体系中的生活情状，塑造符合时代需要的农民形象成为这一时代文学创作的主流。而到了1980年，以寻根文学和知青文学为代表的乡土书写在接续“五四”等现代乡土小说创作传统的同时，又将对乡土的观照更多地纳入现代文化的背景下，仔细挑拣其中隐含的传统文化的精华和糟粕，或批判，或颂扬，不遗余力地寻找“文化的根”。20世纪90年代末到21世纪以来，急剧变化的乡土现实对以往的书写范式构成了挑战，“不能像鲁

① 费孝通：《乡土中国》，上海人民出版社2019年版，第1页。

② 鲁迅：《中国新文学大系·小说二集·导言》，赵家璧主编：《中国新文学大系》，上海文艺出版社1935年版，第9页。

迅那样书写乡村了”①成为时代共识，继而阎连科、莫言、格非、贾平凹、张炜等作家都意欲在借鉴以往乡土书写经验的基础上，发展出书写农村的新可能。可以看到，中国乡土文学已经走过了百余年的发展历程，其一方面证明了乡土书写的持续生命力，提供了有益的借鉴和丰富的书写经验，另一方面也质询了新媒介背景下的当代文艺：到底应该如何认识、理解和记录当下发展尚不平衡又充满差异性的中国乡村？

同样的，农村题材是中国影视剧，亦是山东影视剧的重镇。“农村题材电视剧就是表现农村的基本现状和农民的生活、思想、经历，反映农村经济发展及其对农民生存状态和思想变迁予以影像写照的电视剧。”②一般认为，1958 年在北京电视台播出的《一口菜饼子》是我国第一部农村题材电视剧。同中国现当代乡土文学创作一样，农村题材电视剧的发展也经历了数次变迁。20 世纪 80 年代，因“文化大革命”被迫停滞的农村题材电视剧重新浮出地表。《今夜有暴风雪》再现了农村建设初期的山乡巨变。《结婚现场会》《翻身》《春回桃花债》《牛主任回家》等剧着意于批判旧的农村生产体制，它们以较为简单的叙述视角呈现广大农民对新政策的期待与肯定，表现党的十一届三中全会后，受益于新政策的农村所表现出的翻天覆地的变化。这些剧作中的农民往往是聪明能干、充满活力、淳朴善良的，虽然偶尔也会因社会变迁而迷茫、矛盾，但他们总能依靠自己的智慧迎来美好的结局。可以看到，这一时期的农村题材电视剧一方面延续了以赵树理、柳青等为代表的现实主义文学传统，另一方面又与改革开放的时代背景相结合，构成了兼有乡土气息和时代风貌的农村叙事景观。但大多数的剧作多具有较为明显的宣传性与政治性，塑造的人物多是概念化、符号化的扁平人物，其对乡村问题的挖掘也大多浮于表面。20 世纪 90 年代，渐次兴起的消费主义和娱乐主义浪潮将农村题材剧推向了边缘化位置。但这一时代仍出现了一些致力于呈现时代变迁洪流中农民的挣扎与矛盾、愿望与欲求的作品。如以《篱笆·女人和狗》为代表的农村三部曲等展现了城镇化冲击下的山乡巨变，以及农民为美好生活而展开的艰苦奋斗。以《华西村的故事》为代表的剧集则真实演绎了农民希望摆脱贫困、发家致富的故事。与前一阶段相比，创作们更能以真实为尺度，记录农村与农民的境况，并深入挖掘农村社会的文化基因，解析农民的文化心理。21 世纪以来，农村叙事的面貌更趋多元，有《庄稼院里的年轻人》《党员二愣妈》等以表现农村致富能手、乡村干部等乡村精英为

① 梁鸿：《不能像鲁迅那样书写乡村了》，《领导决策信息》2017 年第 5 期。

② 吴素玲主编：《电视剧艺术类型论》，中国传媒大学出版社 2008 年版，第 128 页。

主的剧集，有反映《希望的田野》《好爹好娘》等关注"三农"问题的电视剧，有《马向阳下乡记》《大村官》《黄土高天》等既有宏大观照视角又着重关注人的道德问题的剧作，还有《刘老根》《乡村爱情》轻喜剧剧集，等等。可以看到，不同阶段的政策理念、历史进程等构成了乡土影像叙事建构的参照体系，进而使每一阶段的乡土影像展演都呈现出不同的叙事风景，而这些乡土影像又记录了当代中国农村乃至社会变革的时代特征。

互联网的迅速发展及其带来的媒介秩序重构、社会话语权的下放等又催生了"乡土中国"在短视频中的显影。一直作为被再现者的农民与乡村获得了部分媒介主导权一跃成为言说主体，继而参与媒介实践成为可能。检视现有的乡村短视频可发现，展现乡村风景与风俗，记录乡间日常生活，传播乡村文化是主要的媒介再现内容。但是不同的再现主体往往又有不同的创作取向与诉求，这大致可分为四类。一是李子柒、野居青年、巫托邦、满叔的院子等返乡青年的乡村乌托邦叙事。他们做饭、打扫、洗衣、与人交友，甚至耕种、手作，一切都在柔和或轻松的音乐、清新自然的滤镜、文艺的字幕和独白等技术因素的烘托下显影为或愉悦或浪漫的存在。这类影像叙事不但记录了乡村，更以对乡村乌托邦的建构将受众从"非日常生活"中解救出来进而进入"自由王国"。二是以张同学为代表的竭力呈现乡村原生态的短视频再现主体。其再现内容与第一类并无太大差别，同样是展演乡村日常生活，但它的风格通常是反精致化的，着意以返璞归真、原汁原味、质朴感性的风格引发受众的怀旧情绪，并实现与受众的情感共振。三是以张猋等为代表的剧情类短视频再现主体，其视频往往追求趣味性，在啼笑皆非中展现乡村日常情境。四是二哥、搬砖小伟等发布的以恶搞、自虐、扮丑、低俗段子等吸引眼球的土味短视频。这些短视频的再现主体多为乡镇青年，通过对受众猎奇心态的迎合，再现主体们在评论、播放、收藏数字的攀升中获得虚拟的自我认同与经济收益等。可以看到，一方面这一乡村的自我再现在某种程度上实现了对传统媒介所建构的乡村印象的解构，完成了某种祛魅；另一方面他们借由让镜头对准自己形塑出新的媒介印象，在实现自我形象建构，获得身份确认的同时或又造成了新的遮蔽。但其重要性在于丰富了我们对乡村的观照视角。

农业、农村和农民是关系党和人民事业发展的全局性和根本性问题，重视农业、农村、农民问题历来是中国共产党一贯战略的思想。2022 年，党的二十大再次强调要"全面推进乡村振兴……坚持农业农村优先发展……加快建设农业强调,扎实推动乡村产业、人才、文化、生态、组织振兴"[①]。在这一背景下,作为当下受众覆盖率最广,影响力最大的大众文艺形式之一,网络剧必须在继承既有创作经验的基础上,立足于时代不断实现自我革命,自觉担负起表现、想象"新农村"这一时代使命。

## 二、建构"新农村"网络影像的可行路径

### (一)丰富乡土网络剧的类型与观照视角

在当下已有的为数不多的乡土网络剧中,以《在希望的田野上》《山海情》《经山历海》《幸福到万家》等为代表的献礼剧、主旋律剧集占据绝对的主流地位。相比于多数传统农村题材电视剧,这些剧作在情节处理上并不是一味乐观、浪漫的,而是采取了不回避、直面矛盾的处理方式。可以说,这类剧集多以为人民讴歌、为时代画像为己任,既全景式地呈现乡村振兴过程,助力乡村发展,又适应网生代受众的审美偏好及时革新叙事策略与人物塑造方法等,因而代表着乡土网络剧的艺术水准。然而,在承认已有创作实绩的同时,还应该承认乡土网络剧还存在诸多叙事空缺。从之前对中国现当代文艺中乡土书写的梳理中可以看出,启蒙主义、民间、浪漫主义等是最重要的几个叙事传统。如果说《在希望的田野上》等主旋律剧集自觉接续了文艺传统,那么打造精品化乡土网络剧或可尝试在其他几个叙事向度上有所开掘。

经济的迅速发展,工业化、城镇化、现代化进程的加快使越来越多的农村人口流动到都市,他们在城市学习、工作乃至定居,然而过快的生活节奏、过高的生活成本、巨大的生活压力等又使他们难以真正融入都市,甚至对都市产生了厌倦情绪和逃离冲动。随之,故乡过滤掉其粗鄙、落后的一面浮出记忆表层,乡村缓慢的生活节奏、清新的自然风物、温暖的人情社会等对都市里的漫游者们构成了极具吸引力的召唤。正如段义孚所说,"恋地情结是关联着特定地方的一种情感"[②],"一旦人类社会变得复杂与精致起来,人们就开始关注和欣赏相对朴质的大自然了"[③],"对故乡的依恋是人类的一种共同情感。它的力量在不同文化中和不同时期有所不同。联系越多,情感纽

---

① 习近平:《高举中国特色社会主义伟大旗帜　为全面建设社会主义现代化国家而团结奋斗——在中国共产党第二十次全国代表大会上的报告》,人民出版社2022年版,第30～31页。

② [美]段义孚:《恋地情结:环境感知、态度和价值观研究》,志丞、刘苏译,商务印书馆2019年版,第173页。

③ [美]段义孚:《恋地情结:环境感知、态度和价值观研究》,志丞、刘苏译,商务印书馆2019年版,第156页。

带就越紧密”[①]。然而，真正收拾行囊与城市切割是困难的，通过观看实现一场精神还乡不但更切实际，而且可以使其在短暂的疗愈后继续在都市里乘风破浪、披荆斩棘。以“李子柒”为代表的乡村乌托邦短视频的集束性出现即在一定程度上导源于此，它们的火爆也证明了市场对这类具有疗愈功能剧集的需求。现代化进程快于中国的日本就曾推出了诸多展现返乡生活的影视作品。电影《小森林》讲述了无法融入浮躁都市的市子回到了故乡小森村。她每天耕作、采集、劳动，按照母亲留下的菜谱做各种各样的美食。在对母亲的回忆中，在好友纪子、裕太陪伴下，市子平静又幸福地度过了一日三餐、春夏秋冬。在日剧《凪的新生活》中，被都市、被恋爱异化，背叛了自我的女主角辞去工作后搬到东京郊外，通过与周围人的交往、通过对日常生活的重新发现，女主角重新找到并接纳了自我。这类剧集通常没有跌宕起伏的情节，然而其对乡村日常生活的诗意叙述，对人性美好的展演和刻画同样具有巨大的吸引力。在谈到《边城》等小说的创作初衷时，沈从文说到他的本意是“创造一点纯粹的诗，与生活不相粘贴的诗”[②]，“主意不在领导读者去桃源旅行”，“我只想造希腊小庙……这庙供奉的是‘人性’。……我要表现的本是一种‘人生的形式’，一种‘优美，健康而又不悖乎人性的人生形式’”[③]，“我的读者应是有理性，而这点理性便基于对中国现代社会变动有所关心，认识这个民族的过去伟大处与目前堕落处，各在那里很寂寞的从事于民族复兴大业的人”[④]。沈从文实际上意在以化外之地边城的建构为现实提供一个对照，以此引导读者重新审视反思城市化、现代化进程，引导读者在对自然美、风俗美、人性美的欣赏中找到抵抗人性异化的路径与力量，并最终建构起更理想的“民族品德”。因此，正如沈从文的田园牧歌小说并不单纯指向虚幻的美一样，我们提出打造接续浪漫主义叙事传统的乡土网络剧也并不只为了给在现实生活中摸爬滚打的网生代青年打一剂“镇痛药”，其对于反思现代化历史进程同样不可或缺。

网飞出品的韩剧《我的解放日志》表面上看起来是一部很“丧”的剧作，但豆瓣网友的评论“我的灵魂瞒着我出演了这部戏”表明，这种“丧”的气质恰恰是其与都市中打拼的青年一代建立起情感共鸣的有效“货币”。实际

① [美]段义孚：《空间与地方——经验的视角》，王志标译，中国人民大学出版社 2017 年版，第 130 页。

② 沈从文：《水云》，《沈从文全集》第 10 卷，花城出版社 1984 年版，第 279 页。

③ 沈从文：《〈从文小说习作选〉代序》，《沈从文文集》第 11 卷，湖南人民出版社 2013 年版，第 41 页。

④ 沈从文：《〈边城〉题记》，《沈从文全集》第 8 卷，北岳文艺出版社 2009 年版，第 59 页。

上，这部剧作的价值不止于此。一方面，与《小森林》等浪漫主义的乡土叙事类似，《我的解放日志》同样呈现了都市对人性的异化，并将回归农村或精神返乡视为抵抗异化的有效路径。故事的主角是在韩国京畿道农村长大的姐弟三人，毕业后进入都市首尔工作。然而大姐虽在事业上小有成就，却在首尔迟迟找不到可以发展为婚姻的爱情；二弟因“无房无车”，感情生活坎坷，加上工作上晋升困难，整日压力重重，常常发出“如果能在首尔出生就好了”的感叹；三妹在设计公司工作，性格内向，难以融入都市社交文化，终日感到乏累疲惫。剧作以现实主义手法揭批了都市异化下青年的生存困境——正如三妹所说“我不至于不幸，但也不快乐”——孤独、麻木虚无、价值感丧尽。神秘男子具氏因厌倦都市商界的尔虞我诈而来到乡村，他对都市的出逃恰恰映射出对乡村文明的肯定，而正是在具氏的启发下，三姐弟在乡村找到了逐步走出现实与精神的双重困境。另一方面，《我的解放日志》的意义还在于它打破了城乡叙事的边界，深化了对城乡关系的思考。由于无法承担首尔高昂的房租，姐弟三人需每天乘坐公共交通往返奔波于首尔与乡村，而正是借由主人公在城与乡之间的无数次往返，剧作拓展了表现空间，更在故事层面打通了城市与故乡在地理层面和社会层面上多重边界，通过对城乡发展间隙的更多素材的打捞，更细腻地建立起与受众的情感关联。由之，相比于真正浪漫主义的乡土叙事，《我的解放日志》或许更有现实针对性。这对我国乡土网络剧的打造颇具启示意义。

此外，近年来引发了诸多关注的知识者的“返乡笔记”，以及包括莫言、张炜、魏思孝等山东作家在内的纯文学作家的乡土小说创作或为接续启蒙主义、民间主义叙事传统的乡土网络剧的打造提供一些有益借鉴。当下网络剧常因思想深度的相对欠缺、过度娱乐化等备受指摘，如若能将改编视域从与其同宗同源的网络文学扩展至纯文学，可以在故事的创作上实现“跨文本经典情节的移植”，可以巧妙实现纸上故事的影像化，或许不失为有效提升网络剧艺术水准的策略之一种。回顾山东文学的发展历程，不同历史阶段都出现了观照、映射当下乡村图景的经典作品。近年来，淄博作家魏思孝的“乡村三部曲”(《余事勿取》《都是人民群众》《王能好》)均放弃了政治叙事的宏大视角，以“始终在场”的姿态为社会转型、时代变迁中的普通农村人立传。他仿佛拿着一个手持摄像机，不但将乡间民俗、乡土风景、伦理人情、利益网络、道德舆论、权力结构等一并纳入取景框，而且还细致剖析了现代化进程中王能好等农民渺小、自卑、恐惧的微妙心理，通过对一个真实村庄的纸上还原，魏思孝试图以辛留庄为切口探究中国农村面临的现实问题。作为一位“85后”作家，魏思孝也是在互联网迅猛发展的背景下成长起来的，虽然他一直坚持纯文学的创作姿态，但相比于前辈，魏思孝对现实与乡村的触摸更显轻逸。极度压缩的叙事时间，外节奏与内节奏之间的微妙张力，荒诞、反讽、幽默的语言等显示了其影视化改编的可能。需要注意的是，无论是20世纪20年代以鲁迅为代表的乡土写实派小说，还是20世纪80年代以来以莫言、阎连科等为代表的民间乡土小说，抑或以王光磊《一个博士生的返乡笔记》、黄灯《一个农村儿媳妇眼中的乡村图景》等为代表的“返乡书写”都或隐或显地存在一种启蒙姿态，不论创作者多么努力地贴近民间，多么努力地想要淡化其精英视角，其所接受的知识教育，其所身处其中的现代文明都决定了他们的观察视角。这多少限制了他们对中国农村更为深刻地把握。然而，我们认为，这一启蒙主义视域下的乡村观照仍是不可或缺的，只有“揭开病疮”才能“引起疗救的注意”，只有毫不遮掩地呈现“新农村”的复杂现实问题，才能更好参与“新农村”的建设。当然，在打造此类乡土网络剧时，更要时刻警惕为了批评而批评，甚至刻意丑化、抹黑、污名化农民与农村的非现实主义创作方法。

**（二）丰富视听表达，呈现“新农村”的场景美学**

精品化乡土网络剧不但要以故事的讲述彰显精深的思想内涵和文化意蕴，还要借助先进的视听技术带给观众最直观的乡村审美体验，这不但可以实现对“新农村”的具象展演，而且也是乡土文艺本就应具备的审美之维。在界定乡土文学的概念时，鲁迅就认为“地方色彩”“异域情调”是其重要的审美特征，周作人也强调了“土气息”“泥滋味”的重要性。而赫姆林·加兰更指出：“艺术的地方色彩是文学生命的源泉，是文学一向独特的特点。地方色彩可以比作一个无穷地、不断地涌现出来的魅力。我们首先对差别发生兴趣；雷同从来不能吸引我们，不能像差别那样有刺激性，那样令人鼓舞。”[①]在大力提倡坚守中华文化立场，加快构建中国话语、中国叙事体系，讲好中国故事，传播中国声音，展现可信、可爱、可敬中国形象的文化背景下，突出乡土网络剧的地方色彩，是彰显民族魅力和中国气派的重要艺术手段。为此，我们认为，乡土网络剧地方色彩的生成离不开对风景画、风俗画、风情画等“三画”的着力呈现。

首先是风景画。一方面要有对自然风景的呈现，即展现乡土存在的自然形象。有别于文学等其他艺术形式，网络剧首先是视觉的艺术，能否给受众以视觉冲击与享受，是网络剧能否吸引受众驻足的重要因素。而对于剧

① ［美］赫姆林·加兰：《破碎的偶像》，《美国作家论文学》，刘保瑞等译，生活·读书·新知三联书店1984年版，第84～85页。

作的内容表达而言,风景画亦是画面叙事的主要时空载体,是故事生成的重要背景依托和地域特征标识。《在希望的田野上》开篇即展现了白果村的自然风貌,颇具地域特色的红石林一开始就指示了故事主体空间的地域方位(见图 4-1)。而《山海情》一开始即借马得福回乡和麦苗、得宝等孩子的出逃等情节呈现了延绵起伏的山川、漫天飞舞的黄沙、干涸贫瘠的土地等自然特征,瞬间将观众带入故事发生的苦瘠甲天下的西海固(见图 4-2)。

图 4-1 《在希望的田野上》第 1 集截图

图 4-2 《山海情》第 1 集截图

另一方面风景画又不止于物化的自然,它是进入乡土叙事的风景,在被展示被撷取时必定会融入创作主体复杂的主观情愫,在标识事件场景、为审美效果赋值、烘托人物心境之外,它还可以从一种移情对象转化为隐喻和象征的符号,从而承担起更多的叙事功能。如《在希望的田野上》开篇展示的高大的山岭和红石林等不但揭示了白果村的地理交通的闭塞,更象征着地域文化隐含的精神结构,即山区人民思想观念的封闭与落后,而后者更是白果村贫穷落后的原因,也是乡村振兴工作开展的突破口。而在《山海情》的结尾,20 年后的西海固一改苍莽大地的枯黄景观,呈现出青山绿水、郁郁葱葱的新颜(见图 4-3)。在两种风景画的直观对比中,西海固在扶贫工作开展后发生的从“昔日戈壁滩”到“今日金沙滩”的翻天覆地的变化得到了最具象化的呈现。因此,山东在打造精品化乡土网络剧的过程中,应将风景画视作着力呈现的重点,从自然形相和文体形相两个层面呈现山东平原、农田、海洋、山岭、山村等风景,在凸显地方色彩的同时,参与内容叙事与主题表达。

图 4-3 《山海情》第 23 集截图

其次是风俗画。风俗是“创造于民间，流传于民间的具有世代相袭的传承性事象（包括思想与行为）”[①]，是特定社会文化地域内历时历代人们需要遵守的行为模式，一般来说，自然条件的差异造成的行为规则的不同即是“风”，社会文化的差异造成的行为规范的区别就是“俗”。俗话说“百里不同风，千里不同俗”所指的就是风俗因地而异的特征，因此，在乡土网络剧中展现乡风民俗及其规约下的日常生活事件亦是凸显地方色彩、异域情调、民族品格的重要艺术手法，其所释放出来的审美意蕴是不可估衡的。此外，和风景画一样，风俗画也可以承担繁多的叙事功能。由山东日照参与拍摄的《经山历海》开头即展现了鲜明的日照元素——岚山号子，它既交代了故事的渔村背景，又传递出战天斗地、不畏艰难、乐观向上、积极进取的精神力量。《幸福到万家》开篇即借女主人公何幸福的婚礼展现了万家庄的嫁娶风俗，其中不但有对迎亲、喜宴、彩礼等民俗的呈现，更细致地呈现了闹伴娘这一陈规陋习（见图 4-4）。这一极具戏剧冲突的情节场景不但快速吸引了观众，以极为俭省的篇幅交代了万家庄的基层权力结构，塑造了性格鲜明的人物——勇敢正义的女主角何幸福，畏惧权势、欺软怕硬的公公，老实怯懦的丈夫，只会添油加醋的媒婆，善良又软弱的婆婆，避之唯恐不及的邻居等，更构成了故事的情节主线之一。当闹婚被勒令禁止，当何幸福姐妹终于等来了迟来的道歉，观众感受到的是乡村空间中女性意识的逐渐觉醒，更是公平正义的最终归位。

图 4-4　《幸福到万家》第 1 集截图

最后是风情画。与风俗画、风景画稍有不同，风情画更带有“人事”方面的内涵，概而言之，即对具有鲜明地方色彩和民族色彩的质朴率真人性、人情之美的呈现所构成的艺术画面。从邻里乡亲的往来与嘘寒问暖到离家后的思念与惦记，从平凡又普通的劳动场景到一日三餐，都是透视人情人性，

---

① 张紫晨：《中国民俗概况》，张紫晨编：《民俗学讲演集》，书目文献出版社 1986 年版，第 222 页。

乃至乡村生存样态、精神图谱的重要载体。《山海情》中安永福和水花结婚时谎称家里有水井,结婚后,出于愧疚,也为了兑现自己的诺言,永富没日没夜地挖水井以致失去了一条腿。李大有视钱如命,自私短视,却也能在别人提议给枸杞熏硫黄时坚决拒绝。剧作之所以是感人的,首先就因为它揭示了复杂的人性,或许它并不完美,但却是以温暖温情为底色的。此外,剧作还真实还原了涌泉村村民种菇、卖菇的劳动场景,在展现劳动之艰辛的同时,也让观众体会到了诗意之美,因为在汗水的浸润下熠熠生辉的是农民勤劳、勇敢、善良、智慧的人性美。因此,乡土网络剧对风情画的展现,不但赋予生存本身以审美性的过程,而且在更深层次上激活了艺术本身所潜藏的人性力量。唯有如此,才能彰显乡土网络剧的人文性与思想意蕴。

要以风景画、风俗画、风情画增强乡土网络剧的地方色彩和审美浓度,进而更好地使之参与内容建构与主题表达,创作者就要以严肃认真的艺术态度取景、布景、造景,充分发挥服装、化妆、道具的作用。《山海情》就极其重视真实场景的搭建和细节的再现,不论是得宝种的蘑菇、瓦房土窑、通知开会的大喇叭,还是演员脸上的高原红、水花的头巾、马喊水的汗衫等,无一不透露着创作者们的用心。此外,创作者们还要注重拍摄技术、视听造型的更新与创新,如以航拍镜头实现对乡村全景式的鸟瞰,以长镜头、跟随镜头以及背景音乐的嵌入等手法立体化地表现乡风民俗,以延时摄影技术表现春夏秋冬的更迭或乡村风物的变迁等。

### (三)方言乡土网络剧的尝试及其他

顾名思义,所谓方言乡土网络剧,即以特定地域的方言为主要的语言表达形式制作而成的网络剧。自 1956 年 2 月 6 日国务院发布《关于推广普通话的指示》以来,普通话作为官方语言在全国推广普及。此后,普通话也成了包括影视剧、文学创作、话剧等多种艺术形式的主要语言表达形式。2005 年,国家广播电视总局出台的《重申电视剧使用规范语言的通知》再次强调"电视剧的语言(地方戏曲片除外)应以普通话为主,一般情况下不得使用方言和不标准的普通话","重大革命和历史题材电视剧"等一律要使用普通话。这无疑有助于通用语言的规范使用和影视剧在更大范围内的传播推广,但考虑到普通话推广已取得的成效、方言所承载的文化意涵以及其可能赋予文艺作品的艺术感染力,方言与方言艺术的逐步边缘化甚或衰颓也不失为一种遗憾。正如海德格尔所说"语言是存在之家",语言并非只是一种交流的工具与思想的载体,而更是思想本身。方言作为一种语言形式,其中所蕴含着丰富的历史文化积淀和地域文化心理,是我国非物质文化遗产的重要组成部分。自 20 世纪末以来,阎连科、莫言、陈忠实、莫言、贾平凹、韩少功、李锐、张炜、金宇澄等作家或在小说中间接性再现方言，或直接以方言为文本的表现对象，或对方言进行改造形成一种方言的氛围，这既赋予了其作品陌生化的艺术效果，又拓宽了文学的表达边界。金宇澄《繁花》以吴语成功勾勒上海地图和空间内景，展现沪上风情，及其最终斩获茅盾文学奖等，都表明方言写作或已取得比较大的成绩。同样的，近年来越来越多的电影也开始使用方言，如《隐入尘烟》《疯狂的石头》《我和我的家乡》《我的姐姐》《人生大事》《断·桥》《路边野餐》《山河故人》《小武》等。上述关乎方言的文艺实验无疑对抢救方言作出了重要贡献，与此同时也证明了方言艺术确实具有不可替代的价值与感染力，因而是有较为广泛的市场需求的。

与文学、电影等相比，网络剧受制于主观、客观等多方面原因，在方言方面的探索相对有限，不但数量上不占优势，为数不多的尝试之作或因资金短缺或因制作业余而影响力较小。而在网络剧众多的题材类型中，我们认为，乡土网络剧在方言实验上最有实现突破的可能，最有可能发挥方言的优势继而产生更好的艺术效果与文化价值。

第一，方言与乡村空间、乡土故事有天然的契合度，以方言作为乡土网络剧的语言表达形式更具真实感和感染力，更能将受众拉入故事情境。在普通话普及范围与程度越来越广、越来越深的当下，乡村在某种程度上已成为方言最后的阵地，绝大多数的农民在乡村空间中仍然以方言作为日常交际语言。对于农民而言，方言是一种镂刻在血液与灵魂深处的语言记忆，与普通话相比，方言更能传达出他们真实的声音与思想，也更能够表征他们的社会身份，因之也更让受众觉得真实可信。致力于推广白话文的胡适曾指出："方言最能表现人的神理。通俗的白话固然远胜于古文，但终不如方言的能表现说话人的神情口气。古文里的人物是死人；通俗官话里的人物是做作不再自然的活人；方言土话里的人物是自然流露的活人。"[①]方言表征着民间的纯正鲜活，表现着人本来的面貌样态。试想如若一位从未离开乡村且没有接受过太多教育的农民操着一口流利的普通话，其带给受众的必定是无法消除的割裂感。继而，网络剧整体的感染力与艺术性也就无从谈起了。此外，方言还可以较为有效地增加演员身上的质朴感与清新感，有效地弥合演员气质与乡村语法之间的裂痕。

第二，对于颇为强调地方色彩的乡土网络剧而言，方言是强化地域色彩的重要元素，也是塑造地域性人物形象的有效艺术手段。"方言"这一词语中的"方"即带有地域、区域的意思，普通话中的同一个字或词组在不同的方

---

① 胡适：《〈海上花列传〉序》，欧阳哲生编：《胡适文集（4）》，北京大学出版社1998年版，第408页。

言中往往有不同的表达方式。以爸爸为例,关中方言称为“达”,鲁方言称为“爹”,而赣方言、湘方言、客家方言等则称呼为“爷”。再以最日常的用语吃饭为例,东北话为“呛”,天津话为“sǎi”,合肥话为“切”,广东话为“食”。因之,在乡土网络剧中使用方言可以帮助受众快速定位故事的空间背景,凸显地方感。当然,方言并不单纯的是一种物理发音,其中更蕴藏着特定地域的乡风民俗、风土人情、文化传统等。“使用一种方言的人更容易形成一致的亚文化,凭借一套共同使用的言语符号进行有规律的、经常性的交往,并依靠语言使用上有意义的差异而区别于其他类似集团的人群形成一种语言集团。”[①]因此,乡土网络剧中方言的使用还可以辅助人物形象的塑造,凸显地域文化性格。比如我们可以从《乡村爱情》的东北方言中看出东北人的豪爽幽默,可以从《风犬少年的天空》的重庆方言中读出重庆人的火辣外向,从网络微短剧《广场往事》的山东方言中看出山东人的侠义与风骨等。

第三,方言本身具有的幽默感有助于增强乡土网络剧的网感,推动其在网络空间中的传播。如前所述,网络剧以年轻化的网民为主要受众,在剧作的风格上,年轻化受众表现出了对喜剧的审美偏好。而方言在语音、词汇、语法等多个方面区别于普通话,这在制造了陌生感的同时也使其具有了普通话无可比拟的幽默性,将其运用于网络剧中可以制造天然的喜剧效果。20世纪90年代以来,以赵本山、赵丽蓉等为代表的小品多次在春晚舞台上大放异彩,其成功就在很大程度上得益于对东北方言、唐山方言(包括口音)等的有效融入。“我的心呐拔凉拔凉的!”成为风行一时的大众流行语,甚至被制作成表情包至今还活跃于网络空间中。在方言小品持续成功的背景下,《乡村爱情》《武林外传》《炊事班的故事》《马大帅》等电视剧也开始或多或少地使用方言。比如《武林外传》中佟湘玉的西安方言口头禅“鹅滴神啊!”“鹅错咧,鹅真滴错咧,鹅从一开始就不应该嫁过来……”不但使观众快速知晓了人物生平,记住了人物,还制造了让人忍俊不禁的艺术效果。近年来最成功的乡土题材剧《山海情》在播放之初即推出了方言和普通话两个版本,但观众明显更喜欢方言版。除了更贴合内容表达,更具真实感外,方言版自带的喜剧效果亦是非常重要的原因。出于喜爱,受众还自发剪辑了方言合集等视频片段上传至哔哩哔哩等视频平台,这些二度创作对该剧在网络空间中的宣传推广作出了重要贡献。

此外,方言在乡土网络剧中或还可以承担起更多的叙事功能。仍以方言版本的《山海情》为例。剧作中,以马得福为代表的西海固人使用的是关

① 韩鸿:《方言影视的文化解析》,《新闻与传播研究》2003年第1期。

中方言，以陈金山为代表的扶贫干部使用的福建方言，一开始因为方言的隔阂而不能有效沟通，剧作也借此制造了诸多喜剧效果。而在《山海情》的结尾，扶贫工作取得了阶段性胜利，陈金山离开前和马得福交换了方言，并用对方的方言作别。这一关乎方言的场景象征了《山海情》的影像政治：即便我们的语言各异，但同处一片黄土地上的我们拥有共同的文化认同和情感关联，这份山海情足够将我们带进更美好的时代。在这里，方言不再只是装载主题的器皿，它更参与了主题的表达。

实现方言与乡土网络剧的有效融合可以提升后者的艺术和文化水准，但也要注意以下问题。首先，要避免为了方言而使用方言的滥用倾向。一些乡土题材的网络剧虽然也使用了方言，但其与内容表达之间是割裂的、不兼容的，即方言并没有起到凸显地域色彩、地方风貌的叙事功能，而仅仅是博人眼球、引人发笑的艺术技法。因之，创作者要深度挖掘方言背后的文化底蕴与地方特色，以此更好地服务于故事内核，为剧作的艺术性赋值。其次，要实践方言融入乡土网络剧的多种可能与路径。可以像《山海情》那样，无论是画外音，还是人物对话通篇都使用方言，也可以像《白鹿原》那样在普通话的基础上融入一些带有明显地域特色的方言词汇，还可以实现多种方言的杂糅共存。再次，要警惕方言使用上的庸俗、低俗、媚俗倾向。方言是普通农民在日常生活中使用的交际语言，其中必定会夹杂一些脏话或传达愤怒等相对过激情感的语言，如其与内容表达是贴合的，那么将其融入乡土故事的讲述是无可厚非的，也是真实的。但不能为了单纯的喜剧效果或博人眼球而批量融入低俗乃至恶俗的方言表达、段子等，这不仅是对乡村的污名化，也会产生不良的社会影响。最后，在剧本创作过程中，要注意保持台词与方言语法之间的一致性，切勿为了哲理性“金句”的输出而牺牲农民自身的表达习惯。电影《隐入尘烟》是 2022 年中国院线电影市场的一个奇迹，它呈现了西北农村一对夫妻相互扶持、相互取暖，艰难也温馨的日常生活，其对张掖方言的使用既贴合空间背景、人物身份，也使女主演更贴近于人物。然而，或许是太过执着于输出“金句”，影片中的诸多台词处理得有些生硬不日常，其在短视频平台上的传播以及由此带来的热度是以牺牲影片的艺术完整性为代价的。例如马有铁的一段台词：“对镰刀，麦子它能说个啥；对啄它的麻雀儿，麦子它能说个啥；对磨，麦子它能说个啥；被当成种子，麦子它又能说个啥。”这显然是编剧兼导演的李睿珺在借人物之口输出自己的生命观，然而却给人以不无刻意的观感。我们并不是说农民无法说出如此充满哲理的句子，但问题在于这一充满哲理的句子是以排比的、极度凝练的句式被说出来的，它显然不是随口闲聊的产物，而是被精心提炼以后放入农民马有铁口中的承载着特定叙事目的的符号。因而,使用方言不只是对词汇、口音的使用,更要注意语法及其背后所承载的农民的思维模式与意识形态等。

山东方言是汉民族共同语的基础方言,具有汉语官话方言的基本特点。和大部分方言,尤其是南方方言相比,山东方言和国家通用语言在词汇上的差异较少,发音上也相对接近。以山东方言打造精品化乡土网络剧既可以带给受众新鲜、陌生的审美体验,增强地方色彩,又不会造成过大的隔阂。此前,山东影视制作股份有限公司出品的反映当下农村现状的《温暖的村庄》即尝试了以融入部分山东方言的方式凸显山东式幽默的创作方法。今后,山东应该在这方面持续开掘,但是需要再次强调的是,这并不意味着只将接受范围限定在山东省内部,在尝试以语言实验更新乡土网络剧形式美学的同时,更应该进一步通过题材边界的拓展、思想内涵的深化等,扩大山东方言乡土网络剧的接受范畴。

在内容层面建构精品化乡土网络剧无疑是一个系统化工程,除丰富题材类型,以“三画”凸显“新农村”的场景美学,探索方言乡土网络剧的可能外,山东还应该在继承鲁剧乡土叙事传统的基础上锐意创新,塑造复杂的个体农民形象和鲜活的农民群像,继而再现乡村现实的同时完成与主流价值的同声合唱。山东打造的乡土网络剧,既要面向本土受众,又要积极走出去,进而以极具地方“指纹”和色彩的故事传达具有普适性的思考与价值,最终建构起更积极、正面的山东形象。

在分众化格局越来越显豁的当下,山东要打造精品网络剧,就必须加强类型创新、注重多元发展,通过内容建构策略的及时调整提升作品的精神内涵与艺术水准,继而成为当下网络视听文艺大繁荣格局中有自觉担当意识的文化生力军。

# 第五章　山东打造精品网络剧的制播与评价战略

与其他文艺作品相似，网络剧也包括制作、传播与接受三个生产流程。因此，要打造精品网络剧，就应该将精品意识贯穿融入各个阶段与流程。上一章我们主要探讨了精品网络剧的内容建构策略，这是网络剧制作生产的核心阶段，但除此以外，网络剧的制作生产还受到其他诸多要素的影响，如制作理念、制作主体等。如前所述，精品网络剧不仅要有文化价值、艺术价值，还要有传播价值，要能创造一定的经济价值。而在当下的市场环境和文化消费语境中，一部思想精深、艺术精湛、制作优良的网络剧生产完成后，实现更大范围的传播、产生更大的市场影响力，就必须借助科学合理的营销传播策略。而网络剧接受阶段的评价反馈不但可以反哺网络剧的制作，而且还是创设行业标准、激励精品打造的重要手段。基于此，本章将逐一探讨打造探讨精品网络剧除内容建构外的其他制作战略、传播战略与评价体系建构策略。

## 第一节　精品网络剧的制作策略研究

为打造精品网络剧，山东在坚持传统鲁剧成熟的制作理念的同时，也要适应当下网络剧市场的革新。同时，也要通过丰富制作机构、加强网络剧制作人才队伍等措施持续优化制作格局。

### 一、守正创新：网络剧制作的理念新塑

如前所述，山东在影视剧制作方面起步较早，经验比较丰富，在相继推出了一系列兼具口碑与市场影响力的优质影视剧后，山东逐渐形成了以人

民为中心,以"温暖现实主义"为主要创作原则,以自觉传承传统文化、与时代共振为重要使命的影视制作传统与理念。而在步入网络剧发展阶段后,受媒介环境、受众特性、时代语境等变化的影响,山东若想在网络剧制作领域延续传统与辉煌,就必须在有所坚守的同时适时革新制作理念。基于此,我们提出了如下新塑策略。

在宣传使命与市场化之间找到一个平衡点,加快推进网络剧产业结构的完善与成熟。20 世纪末,在地域文化、政策导引、评奖机制、时代使命、奖金刺激等多重因素的影响下,山东拍摄的影视剧以主旋律剧集居多。21 世纪以来,以山东影视传媒集团为代表的影视制作主体强调对此一叙事传统的坚守,这一时期推出的《闯关东》《沂蒙》《南下》《战火摇篮》《大染坊》《乔家大院》《大宅门》等无论是在题材、样式、风格等宏观方面,还是在人物塑造、情节营构、镜头语言等微观把控上,都显示出与前一历史阶段的关联性与延续性。可以说,依托悠久的齐鲁文化、根植儒家文化厚土,以对峥嵘历史、红色岁月的再现书写民族向心力,以对当下现实的映射展现时代变迁、凸显政策的正确性,以对仁人志士侠义传奇的描画返归传统道德是山东影视剧的主要制作路径,大气宏伟、厚重崇高、朴实无华、粗犷有力等则是其主要的美学追求。这一制作理念与制作传统固然极大地推进了鲁剧品牌的打造,起到了宣传主流文化与思想的作用,引发了深远的社会影响,形塑了山东的地域形象与气质,但也在某种程度上带来了单一化、模式化的制作症候,进而阻碍了山东影视剧市场效益的提升。尤其是进入互联网快速发展的阶段,信息的丰盈与传递的快捷更赋予了受众极大的文本选择的自主权,相比于传统受众,网生代受众更趋向于选择贴近自身,内容上更有新意,形式上更加新奇的文本。在这一背景下,山东打造的网络剧若想在延续与时代共振的创作传统的同时,又能创造相当的经济效益,就需要走出单靠政府主导、政策扶持的制作观念,在深入了解受众的多元需求的基础上,完成向市场化自我发展、自我生存的过渡。从制作内容上来说,除适应网络传播特征、更新主旋律故事的讲法以延续网络剧的宣传使命外,山东还应该以网络剧题材类型的多样化探索突破圈层限制,打开更广阔的市场。可以通过对"她剧集"的探索实现与网络剧主要消费主体女性的情感链接,可以在深入挖掘传统志怪文化的基础上提升玄幻剧艺术水准进而满足大众的想象,可以以对青春故事的再叙事满足大众的怀旧心理等。从制作样态上来说,除继续制作精品化的长剧集外,在 5G 时代到来、短视频受众越来越广的背景下,山东还可以积极尝试打造微短剧、竖屏剧等制作成本低、制作周期短、灵活性更高的新剧集,这不但能够满足受众移动、碎片化、快节奏的观看习惯,而且还可以以较低的资金投入获得较为理想的经济回报。从制作形式上来说，在坚持原创性占主导的基础上，山东还可以在一定程度上提高 IP 改编剧的所占比重，这一方面是拓展题材多样性的有效手段，另一方面也可以利用原 IP 自身的影响力在一定程度上降低经济风险，创造更大的经济价值。此外，还可以通过节制合理的“创意中插”提升网络剧的经济效益。

在相当长的一段时间里坚持“制播分离”理念也是推进网络剧精品化发展和产业结构更趋合理化的重要举措。“制播分离”即制作方与播放平台的分离，它起源于英国，后来在世界各国推广，进而成了一种制作理念与潮流，相比于“制播一体”，前者更有助于推进影视制作的市场化和专业化。20 世纪 90 年代起，在政府政策的推动下，中国开始了一些“制播分离”的尝试，并逐渐催生了影视剧制作业和剧集产业的繁荣。2008 年以来，腾讯、优酷、芒果 TV、爱奇艺等头部视频平台为了强化自身对内容资源的掌控力而开始了网络剧自制，并投资设立了大量制作公司。近年来，“制播一体”的网络自制剧所占的比重越来越高，2019 年更是达到了 65%，超过了版权剧。但是一系列问题也随之浮现出来。随着视频平台对制作内容、资源配置等的深度介入和把控，制播合作过程中市场化对接力量的减弱是极易形成垄断进而影响行业生态的，而秉持独立创作精神的制作机构的话语权的减弱也必定会影响剧集的艺术质量。相比而言，“制播分离”有利于形成更加干净、纯粹的合作关系，在这一模式下，大家可以将眼光聚焦于业务层面，发挥各自的专业优势，更好地打造精品化网络剧。

在传承制作经验的基础上，更要正确认识大数据体系的利弊，使之更好地服务于网络剧制作。受反馈方式单一、信息传输延迟、传播工具固定等多种因素的影响，传统的影视剧制作通常是依托于经验的，这导致传统影视剧的制作市场因对受众偏好把握的偏离、对市场风向转变的滞后获取等而遭受重创。大数据时代的降临为这一问题的改善带来了机遇。顾名思义，大数据即大量信息与数据。在广泛收集分布在各种平台上的各种类型的数据的基础上，采用多种科学化的手段进行分析与评估，即所谓的大数据分析。将大数据分析运用于网络剧制作过程可以使后者摆脱对经验的过分依赖，在对受众需求、市场发展方向的有效调查的基础上进行更科学高效的决策。作为目前世界上最成功的流媒体平台之一，网飞早在 21 世纪初就颠覆了传统制作理念，通过大数据建立一套崭新的影视内容制作模式，2013 年基于大数据生成的“品味集群”打造的原创剧《纸牌屋》风靡全球。近年来，国内网络剧也开始将大数据分析纳入制作决策过程。2020 年由优酷、阿里巴巴影业出品的网络剧《重生》是继《白夜追凶》后又一部出色的刑侦悬疑剧，它讲述了“714 枪案”的幸存者西关副支队队长秦驰在受伤失忆后通过不断的抗争，最终破解疑案、查明真相的故事。饰演秦驰的演员张译完美地演出了秦驰的困惑、自我怀疑、痛苦与迷离。但张译的出演并不是导演制片等选择的结果，而是优酷大数据预测系统“北斗星”筛选出来的。这一预测系统中有两百多万名演员的数据，既包括演员当前的热度、商业价值、外形条件等，又包括演员历史作品的相关表现，如演过的角色及作品得分、评分、票房、收视率等。把《重生》的故事脚本输入后，系统就可以自动提炼人物特征标签，继而在数据库中找到与之最为贴合的演员。与之类似，《长安十二时辰》中饰演张小敬的雷佳音和饰演李必的易烊千玺、《最好的我们》中饰演余淮的刘昊然、《泡沫之夏》中饰演尹夏沫的张雪迎、《媚者无疆》中饰演晚媚的李一桐等都是基于大数据选角系统给出的反馈信息挑选出来的演员。若以结果为导向，可以说，上述演员无论是在与角色的匹配度上，还是演技的完成度上都在某种程度上佐证了大数据分析的科学性与合理性。此外，大数据分析还可以用于确定导演、筛选剧本、评估 IP 价值、调整叙事内容与艺术形式、预测网络剧的市场效果与商业价值等网络剧制作的多个环节，制作完成后，还可以帮助确定目标观众群体，选择投放平台与播出策略，实现精准投放，择取更合适、更有针对性和个性的宣发方式与渠道等。可以说，大数据分析技术在很大程度上改变了以往影视剧制作的定式思维，网络剧制作借此完成了从经验到市场的转变。

然而，融大数据分析技术于决策过程在为网络剧制作带来诸多正面影响的同时，也带来了诸多风险和挑战。一方面，目前，多数大数据体系所收集的数据尚不充分，数据处理能力尚不稳定，分析结果的准确性与真实性也尚不能保证，如网络剧制作过度依赖大数据体系，可能会因错误预估了受众需求和市场发展现状而造成巨大的损失。需要意识到的是，对大数据的运用是一个漫长而复杂的过程。因此，应将大数据体系的进一步建设与完善视作科技与影视未来融合发展的重点路径，通过科技创新不断扩大数据搜集范畴与覆盖面，提升科学处理数据的能力，培养具有精准数据分析能力的专业人才，使之更好地为网络剧制作服务。另一方面，过度依赖信任大数据体系或许可以极大地降低网络剧投入市场后可能面对的风险，带来较高的经济收益，但是也会导致网络剧对市场价值的片面追求，在对受众与市场的过度迎合中忽视了网络剧本身的制作规律，磨损了网络剧的艺术价值。满足受众的精神需求固然是网络剧的重要追求，但作为一种文艺形式，它也应该是创作者创作诉求与艺术追求的重要体现，某种程度上还应该自觉承担起引导大众审美、思想的文化使命。与此同时，网络剧作为一种精神文化产品，更多地应该靠情感而非冷冰冰的数据建立起与受众的链接，它应该以情动人，以真善美的挖掘与呈现触摸抚慰受众的灵魂。大数据固然能提炼、总结、归纳出多数受众的审美偏好，但单纯据此生成的网络剧不但很容易陷入同质化、雷同化的窠臼，而且会在数次的重复生产后磨损掉网络剧的人文性与艺术魅性，降低触发受众情感共鸣的可能性。因此，大数据体系只能作为一种辅助决策的手段，网络剧制作更应该仰仗于人的参与、人的主观能动性。

## 二、网络剧制作主体格局的调整与优化

在悠久的影视制作史中，山东涌现出以山东影视传媒集团有限公司为代表的较为成熟的制作机构，以孔笙、周游、侯鸿亮、李雪等为代表的优秀导演，以王海鸰、赵冬苓等为代表的优秀导演，以李雪健、夏雨、靳东、黄渤、金晨、李一桐等为代表的老中青三代优秀演员，以及其他影视制作各个环节的其他人才。这既是山东传统影视剧在行业内立足的保障，也是制作精品网络剧的重要资源依托。然而，不可否认的是，山东影视剧制作主体布局其实尚存在诸多不完备之处，而互联网带来的媒介生态变革，网络剧有别于传统影视剧的艺术特质、传播方式、接受样态等更对既有的制作主体提出了新的挑战。基于此，本部分将在分析既有制作主体之不足的基础上，提出优化、调整的对策。

### （一）网络剧制作主体的现状与不足

一方面，制作机构类型较为单一，多样性不足。目前，国有影视企业山东影视制作股份有限公司（以下简称“山影”）是山东省内网络剧制作的主要力量。得益于政策支持、资金充足、经验丰富等优势，近年来山影积极踏足网络剧制作领域，推出了《他来了，请闭眼》等“先网后台”的网络剧和《欢乐颂》《琅琊榜》《伪装者》等“台网融合”背景下的优秀剧作。然而深厚的历史积淀和丰富的制作经验可能是优势，也可能会形成一些桎梏。综观山影所参与制作的网络剧，真正叫好又叫座的通常仍是主旋律剧、献礼剧和表征出史诗品格、正剧品质的历史剧集。当山影尝试跳出过往的叙事舒适区，试图以向其他题材类型的开掘、以对多元形式美学的尝试打开更广阔的市场时，有时就会显得力不从心，甚至水土不服。如 2015 年的《他来了，请闭眼》、2016 年的《欢乐颂》、2020 年的《如果岁月可回头》等播出后，山影都受到了“拍不好女性群像戏和都市爱情题材”的质疑。三部剧集的豆瓣评分分别是 6.6 分、7.5 分和 3.4 分，和山影此前参与制作的《父母爱情》（豆瓣评分 9.5 分）、《战长沙》（豆瓣评分 9.1 分）、《北平无战事》（豆瓣评分 9.0 分）等差距较

大。作为一个国有影视企业,山影在普遍相对浮躁、偏重经济效益的网络剧市场中表现出了难能可贵的坚守意识,不盲目追逐热点迎合消费主义倾向,不粗制滥造,杜绝网络剧的同质化、低俗化倾向,始终坚持以"温暖现实主义"的创作手法深耕现实生活、直面人生困境的题材。然而,在媒介环境迅猛变化的当下,山影若想继续保持其在国内影视行业的品牌效应,就必须在继承传统的基础上锐意创新,继而深化主体机构的改革。与之相比,山东民营影视企业无论是在数量上,还是在制作实力、业内影响力上都显得较为不足。仅有和山影关系密切的东阳正午阳光影视有限公司致力于持续向网络剧市场输出。自2011年以来,正午阳光交出了《山海情》《我是余欢水》《大江大河》等优秀答卷,然而上述剧集实则仍是山影所擅长的叙事类型。虽然正午阳光致力于组建年轻的制作队伍,积极探索叙事边界与类型,但从结果上来看,很难说它已找到与网络剧市场实现完美对接的路径。《清平乐》《欢迎光临》《欢乐颂3》等剧作的口碑与点击率都不甚理想。而其他山东民营影视企业都基本还处于"小作坊"式经营阶段,资金、经验的欠缺,专业人员的缺位等都限制着它们的发展。制作主体机构类型的单一和民营影视企业发展的不足必定会对山东网络剧的锐意进取、开拓创新形成桎梏。

另一方面,网络剧制作人才数量不足,人才能力相对匮乏,人才结构不合理。打造精品网络剧要有一流的剧本,而要有一流的剧本就要有一流的编剧,此外还要有一流的导演、演员、制作人等。网络剧作为一种文化创意产品,其竞争关键是人才竞争,优势核心是人才优势。当前,在山东网络剧市场上还没有形成独立成熟的人才自我培养机制和系统,缺乏体系内自我造血的功能。在网络剧制作的决策和环节,缺乏兼具创新意识、市场敏感度和艺术追求的复合型综合性人才,在具体的制作过程中,专业性强、能够达到标准的技术人员队伍也亟须扩充,网络剧行业的领军人才更是少之又少。现有的网络剧制作人才数量与能量远不能满足网络剧生产制作的需求,供给和需求的大缺口无疑会阻碍山东网络剧核心竞争力的提升。与此同时,目前山东网络剧的人才结构也不够合理。从专业整体素养上看,网络剧制作队伍人员专业素养参差不齐,制作团队的专业化技能和艺术素养等均有待提高。一些网络剧制作团队中,导演、编剧、演员等相关制作主体的专业水平令人担忧,很多环节的制作水准不够专业,甚至出现低级错误。现有人才队伍中,高学历和高层次人才所占比例较低,行业准入门槛较低,招聘时无固定学历要求,无法保证制作主体的工作能力的稳定性和长期性。从专业结构上看,网络剧制作的人才以艺术、计算机、中文等专业为主。既懂创作又懂技术,还能分析市场,善于与各大视频平台沟通的复合型人才少之又少，远不能满足行业需求。从年龄结构上看，虽然近年来积极组建了更多年轻的网络剧制作团队，吸引了更多的网生代制作人才，但是有发展潜力的年轻人才队伍建设仍未取得重大突破。

（二）网络剧制作主体格局的优化策略

在网络剧制作机构方面，一方面要持续深化山东国有影视企业的体制改革，大力培养发展民营影视制作机构，实现山东网络剧制作主体的进一步多元化，激活山东网络剧制作的活力与潜力；另一方面要打破区域壁垒和平台壁垒，既要积极吸引国内外优秀影视制作机构落户山东，又要与各大头部网络视频平台展开深度合作。在这一过程中，政府政策的支持尤为重要。《山东省人民政府关于印发山东省影视产业发展规划(2018～2022 年)的通知》指出要“大力支持山东影视传媒集团有限公司做大做强，整合资源，放大优势，发展成为主业突出、实力雄厚、核心竞争力强、在全国有较大影响力的大型国有骨干影视企业”，重点扶持、持续推进其他国有影视企业布局的优化调整，此外，还要积极“鼓励支持社会资本进入影视行业”，支持民营影视企业发展，提升民营影视企业核心竞争力，建设小微文化企业孵化器，打造新兴业态企业集群，以资金引导、政策吸引、配套服务等方法吸引外来影视制作机构。得益于一系列的政策支撑，山影已率先积极推动机构改革与转型，不但与搜狐、优酷、腾讯等视频平台实现了深度绑定，开发出定制剧与分账剧等合作模式，而且还在企业人才流失后，积极组建更加年轻化、专业化的制作团队，力图通过持续修炼“内功”，在竞争激烈的网络剧市场中逐渐站住脚跟。[①] 与之相比，山东民营网络剧制作机构的建设和完善还有更长的路要走。为支持民营网络剧制作机构，政府可以借鉴台湾地区的“国片辅导金”制度，建立山东省网络剧创作辅导金制度，缓解民营网络剧制作机构的资金压力，继而更好地参与到网络剧的制作中。

网络剧制作人才队伍建设要从以下三个方面有所突破。

第一，制定网络剧制作人才队伍建设目标与管理规范。行业标准数量少、定位低是目前网络剧制作主体格局不成熟、制作水平业余化的重要原因。因此，应在充分分析把握网络剧发展现状的基础上尽快联合网络剧从业者、网络剧研究者等多方主体，建设人才标准。数字化时代需要的网络剧制作人才不但应该有深厚的文化底蕴和完整的知识结构，而且应该是复合型的制作人才，既要懂艺术又要有技术，既要懂制作还要能分析市场、把握

① 参见张颖：《专访山影制作总经理吴雪松：依托“鲁剧”文化品牌，全面拓展多样剧集业态》，《电视指南》2020 年第 6 期。

热点题材,既要能把控制作过程又要具备上下游思维、有成本意识。即当下需要的网络剧制作人才要有把握网络剧从制作到传播、接受的整体过程意识,并以此统筹每一个制作环节。

第二,形成多层次全方位的网络剧制作人才培养、培训模式,增加人才总量,提升人才能力,优化人才结构。山东作为一个人口大省和文化大省,有山东大学、山东师范大学、山东艺术学院诸多高等教育学府,要充分发挥本省教育资源和人力资源方面的优势,大力培养导演、编剧、演员、剪辑等不同环节上的网络剧制作人才。这首先需要政府相关部门的高度重视与大力支持。通过展开与高校的积极对话,政府一方面可以引导高校制定更能符合网络剧制作需求的人才培养目标,另一方面积极搭建课题研究、学术交流平台,促成高校相关专业与网络剧制作主体之间的深度融合。而山东省内各高校也要将教学培养与网络剧产业市场紧密结合。在网络剧制作人才培养过程中,要强调多学科的交叉与融合,让学生在掌握专业技能的同时,尽可能多层面地了解网络剧生产的各个环节。除专业人才培养外,还应该重视对现有网络剧制作参与者进行定期、集中、专业的培训。互联网时代,信息更迭迅速,网络剧市场瞬息万变,只有及时学习才能有效地链接当下网络剧市场的需求,才能保障网络剧制作水准的提升。这既需要政府部门的牵头、出资以及从各个环节的宏观把控,也需要社会培训机构充分利用资金、人才、灵活度、敏锐度等方面的优势积极参与,还需要各大国有、民营影视制作公司的高度重视、积极配合。

第三,要健全网络剧制作人才吸引和激励机制。在积极培养本省制作人才之外,还要以政府为主导部门竭力打破人才身份、地域等诸多局限,建立完善相关的人才保障和激励机制,吸引省内外各个制作环节的人才共同致力于山东精品网络剧的制作。剧本是一剧之本,是网络剧内容精品化的重要根基,因此,需要尽快建成一支能讲好中国故事、弘扬中国精神的优质编剧队伍。为此,可以面向全国实施编剧签约计划,每年在省内外遴选优秀剧本,并借此挖掘各个区域、各个年龄段的优秀编剧,聘请国内外优秀编剧、评论家等对遴选出来的编剧进行一对一辅导培训,最终向省内各个网络剧制作机构推介优秀编剧与剧本,继而形成一个完整的闭环,留住编剧人才。同时也应该注重吸引、挖掘诸如导演、演员等其他制作环节的人才,为他们提供平台与机会。可以继续举办山东省青年微电影大赛,挖掘吸引新生代导演、编剧、演员等人才;可以出台相关的优惠政策,为山东籍网络剧制作人才返乡、交流提供便利;可以建立完善专门服务于包括网络剧在内的影视人才的相关机构,为其在山东的生活与工作提供制度保障;等等。

## 第二节　精品网络剧的营销传播策略研究

如前所述,精品网络剧不只要有优质的内容,要有社会、文化、思想价值等,还要有一流的市场点击率,要能创造较为理想的经济价值。当然,前者是后者的先决条件和重要保障,但在市场化背景下,网络剧要想真正实现对更多受众的覆盖,除继续重视"内功"的修炼外,也要注重传播观念的更新、传播平台的建设以及传播渠道的拓展等,最终实现制作内容的有效触达。

### 一、以受众为锚地:营销传播观念与意识的更新

所谓营销传播策略,就是对网络剧进行宣传和推广,使之在更大程度上为受众所接受。网络时代,视听信息的受众(audience)正在由接收者(receiver)向使用者(User)转变。[①] 他们是搜集者(seeker)、咨询者(consultant)、浏览者(browser)、反馈者(respondent)、对话者(interlocutor)与交谈者(conversationalist)。[②] 与传统电视剧的受众相比,网络剧受众拥有更大的自主性与选择权。这意味着网络剧要想在供大于求的网络剧市场中脱颖而出,被受众选择点击,那么就不能再对受众需求置若罔闻,而应该形成以受众为锚地的传播意识。如我们一直所强调的,打造精品网络剧是一个系统性工程,这种对受众需求的调研与重视应该渗入网络剧生产的每一个环节。此前,我们已经在分众化视域下探讨了不同题材类型的网络剧在建构内容时基于网生代受众的审美偏好所应作出的调整,本节将在剖析受众观剧行为、观剧习惯的基础上,提出更为行之有效的宣传、推广策略。

从观剧渠道上来看,以手机为代表的移动终端已经取代电脑成为受众最倾向于选择的观看设备(见图 5-1)。[③] 莫利认为,现代人之所以会如此依赖手机是因为其满足了人们"随时随地"与外界联系的需求。[④] 我们认为"随

---

① 参见周勇、黄雅兰:《从"受众"到"使用者":网络环境下视听信息接收者的变迁》,《国际新闻界》2013 年第 2 期。

② 参见[英]丹尼斯·麦奎尔:《受众分析》,刘燕南、李颖、杨振荣译,中国人民大学出版社 2006 年版,第 158 页。

③ 本节所使用的数据皆来源于笔者的问卷调查(见本书上篇附录)。问卷调查集中在 2022 年 3～5 月进行,累计发放调查问卷 500 份,回收有效调查问卷 446 份。

④ 参见[英]戴维·莫利:《传媒、现代性和科技——"新"的地理学》,郭大为等译,中国传媒大学出版社 2010 年版,第 309 页。

时随地”同样解释了网生代受众更倾向于选择手机作为主要观看媒介的原因。相比于电脑和体积相对庞大的可移动的平板电脑,手机更具有便携性。小巧轻便的特质决定了手机可以被随身携带,而上网的简易性、5G网络的普及与推广、公共空间中无线网络的大范围开放等则使手机可以在更多场合、场景中被用来作为观看网络剧的设备。用户可以在通勤或旅行的路上,在居家休闲时,在办公室、教室的午休时间等任何时空中,以站着、躺着、坐着等任何自己喜欢的姿势观看网络剧,这是其他设备所不具备的优势。此外,手机成为受众首选的网络剧观看设备还和受众日常的媒介使用习惯有关。《第50次中国互联网络发展状况统计报告》显示,截至2022年6月,我国网民规模为10.51亿,其中,手机网民规模为10.47亿。即手机已不只是通信工具,也是受众获取网络信息、娱乐消遣的工具,它已经成为麦克卢汉所说的作为“人的延伸”的媒介,即受众对手机的日益依赖使其更倾向于用手机观看网络剧。

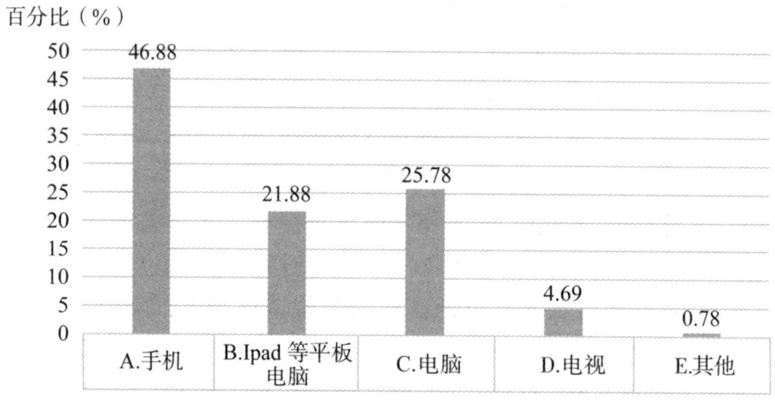


图 5-1　网络剧受众观看设备选择分布

从触发观剧欲望的渠道上看,受众对网络剧播放信息的获取方式是多元化的(见图5-2)。除朋友等熟人的线下推荐外,大多数受众都是通过互联网知晓某一部网络剧继而涌起观看欲望的,其中以微博、微信为代表的社交媒体平台(包括明星的微博个人主页与广场、微博热搜、微博超话、公众号等),以抖音、快手等为代表的短视频平台,以小红书为代表的生活社区平台,以哔哩哔哩为代表的文化社区和视频平台,以腾讯视频、爱奇艺等为代表的头部视频平台等是最普遍的网络平台。而包括主演在内的官方发布的预告片与其他宣传信息、带有互动性和参与感的营销话题与词条、受众二度创作的剪辑视频与其他文本、公众号的推介文章、视频平台首页的推送等则是用户点开某部网络剧的主要诱因(见图5-3)。

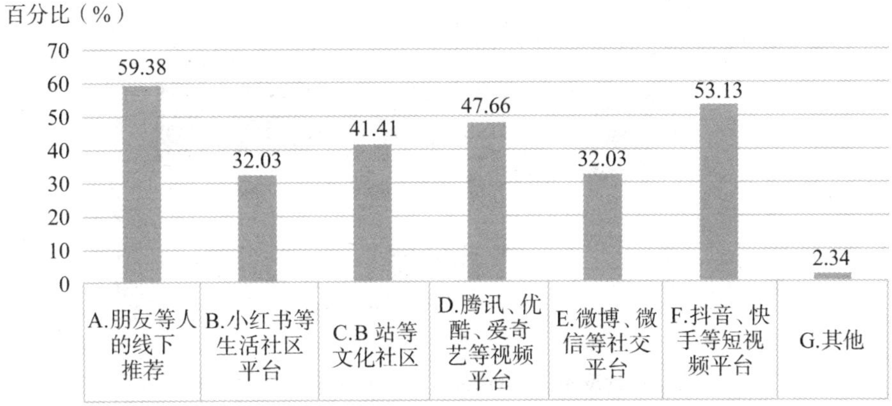


图 5-2 网络剧受众获取网络剧播放信息的渠道分布

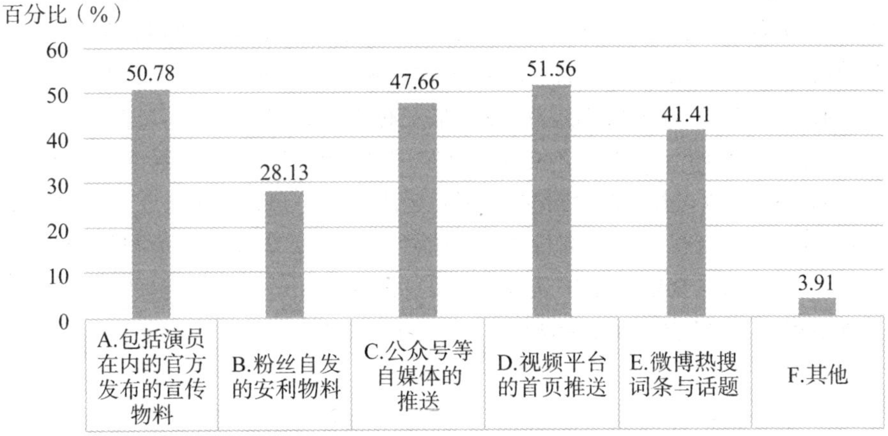


图 5-3 网络剧倾向于接受的宣传方式分布

从观剧模式上看，55%的受众表示会选择使用视频平台所提供的“倍速播放”“只看 TA”“拖拽播放”等功能。这主要是为了节约观剧的时间成本，通过使用上述功能既可以在有限的时间里快速获取大量剧集信息，多快好省地“追剧”，还可以实现对某部分尤其喜欢的内容的反复观看。当然，部分网络剧冗长的剧情、拖沓的节奏、无节制的注水等也是重要的原因（见图 5-4）。倍速播放等播放功能的出现是新的时代语境下受众占据主导权、生产与消费关系转型的重要表征之一，但是其对网络剧的健康发展有重要影响，45%的受众认为这不但造成了受众审美体验的残缺，更极大地破坏了网络剧自身的叙事节奏，损害了网络剧整体的艺术质感。

图 5-4 受众选择或拒绝“倍速播放”“只看 TA”等功能的原因词云

从网络剧的排播模式和付费机制上看，受众的偏好和诉求受多种因素的影响，呈现出较为明显的多样性。接近 42%的受众更喜欢一次性释出全集的排播模式，原因是“这样看起来比较爽”，也能保证流畅的观剧体验。与此同时，多数受众也比较能接受传统电视剧通常采用的日更(通常是日更两集)的模式，但是不喜欢周更，特别是“播三休四”或“播五休二”(即一周里三天或五天更新，四天或两天不更新)的方式，原因是这会打乱网络剧的叙事节奏和观看节奏，过长的追剧时间甚至会让人遗忘剧情(见图 5-5)。此外，接近 61%的受众曾为网络剧付费，其中约 45%的受众选择成为视频网站的会员，约 6%的受众曾使用了超前点播的功能(见图 5-6)。付费的主要目的是提前解锁更多剧情，也有部分受众是为了跳过广告。

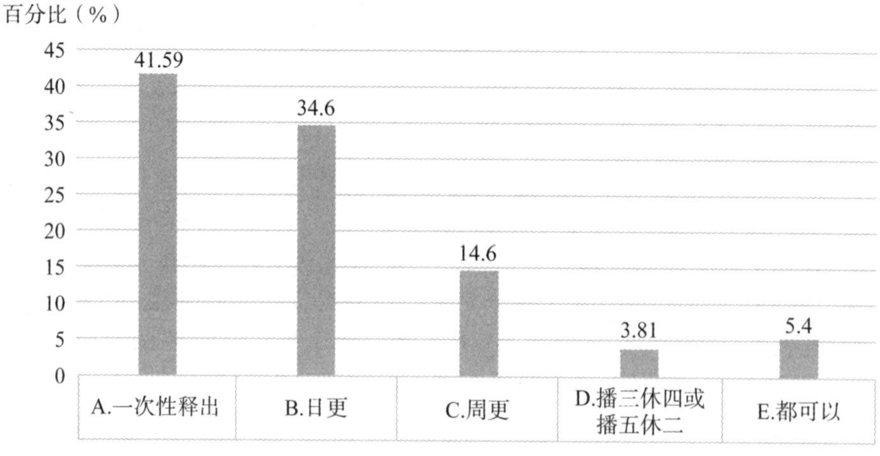


图 5-5 网络剧排播模式喜好分布

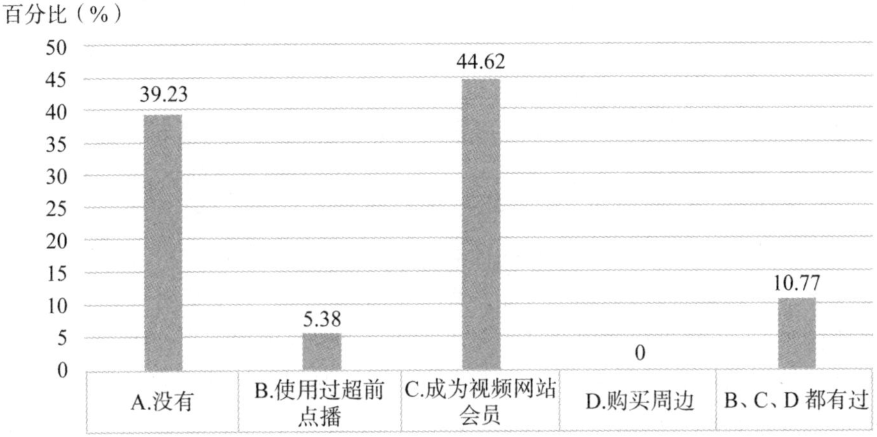


图 5-6　网络剧受众付费观剧情况分布

从观剧体验上看，多数受众更加强调观剧的参与感与互动性。这一需求是通过多种路径获得满足的。首先是弹幕。弹幕原为军事术语，即火炮密集射击时炮弹像是在天空中张开一张幕布的景象。2006 年，日本视频分享网站 Niconico 首先开发出弹幕功能，2012 年，中国的动画网站 AcFun、哔哩哔哩进行借鉴，此后该功能逐渐被国内各大视频网站所应用。弹幕在视频网站上是指"那些横向飘过视频画框或悬停在视频画面上的文字评论"①。80%以上的受众表示，他们会在观剧过程中打开或发布弹幕。在这个过程中，他们可以实时发表个人对网络剧情节、角色、服装布景以及整体的最直观的感受与观点，实现个人与网络剧本身的互动。更重要的是，受众还可以查看他人的弹幕，甚至就某一细节与他者展开交流与对话。多数受众认为，打开弹幕即可获得一种虚拟的共同观看体验与陪伴感，通过查看他人的弹幕，受众可以预知前方剧情，可以从不同的观点中获得新的启示，从相同的观点中建构起自我认同等，继而在某种程度上消除孤独感。此外，"有趣"也是受众选择使用弹幕功能的重要原因。90%以上的受众表示观看网络剧是为了娱乐休闲，因之他们更倾向于选择带有喜剧、轻松因子的剧集。而来自他者的有趣的弹幕不但可以增加剧集的趣味性，甚至可以生成原来作品中所不具备的幽默风趣，由此受众获得了一种参与式的狂欢。可以说，借由弹幕，现实与剧集的壁垒在一定程度上被打破，受众通过网络剧本身、其他受众的共同在场获得了参与感与互动性。其次是虚拟社区。霍华德·莱恩格

① 邵燕君主编：《破壁书：网络文化关键词》，生活·读书·新知三联书店 2018 年版，第 59 页。

尔德(Howard Rheingold)在其1993年出版的《虚拟社区:电子边疆的家园》中提出了“虚拟社区”(virtual community)的概念。[①] 它是指互联网上出现的,由相互联系相对紧密的人们所组成的虚拟生活共同体,他们常常讨论共同感兴趣的话题,实现信息交流、相互支持,获得团体归属感与社会认同感。严格说来,网络视频平台上的弹幕、观剧评论区也是虚拟社区的一种形式,此外还有微博、微信、贴吧、小红书、豆瓣等第三方平台。72%以上的受众表示会在观看完网络剧后去虚拟社区观看他人的观剧体验,50%以上的受众表示自己会在虚拟社区发帖。在那里,受众之间不但可以就网络剧发表、交换各种观点,甚至可以与制播方、演出人员、小说原作者展开对话,在对网络剧制播的干预中获得强烈的参与感。最后是二度创作。接近30%的受众表示他们曾为喜欢的网络剧进行过二度创作,他们是亨利·詹金斯所说的“文本盗猎者”[②],在对原网络剧的积极“盗取”、挪用、重读后进行诸如小视频、漫画、图片、原创音乐、同人文等个人创作,这不但对网络剧起到了很好的宣传作用,而且使这些受众在虚拟社群中获得了更高阶的身份确认,继而获得互动参与感与自我认同感。

在网民拥有更多主导权的新媒介环境中,网络剧不能再像传统影视剧那样采用单一、陈旧的宣传、推广模式,而应该以受众的需求、偏好为锚地,结合网络剧自身的实际情况打造全新的营销传播策略。以上,笔者从多个角度分析了网络剧受众的观看习惯与行为,可以看到趣味、便捷、互动、高效、性价比高等是受众普遍的观剧期待,接下来,笔者将在此基础上结合4I营销理论和已有的成功案例提出网络剧营销传播的可行策略。

## 二、网络剧营销传播的可行策略

20世纪末,美国营销管理学教授唐·舒尔茨提出了以受众为中心的4I营销理论,其核心内容包括四个方面。(1)利益原则(interests)。利益原则是4I营销理论所倡导的营销主体建设原则。在利益原则指导下,卖方可充分集聚各类型营销主体的优势力量,持续提升市场营销供给能力。(2)趣味原则(interesting)。趣味原则是4I营销理论所倡导的营销内容建设原则。营销主体应设计兼具吸睛性与增值性的营销内容,实现对客户的精准引流。(3)个性原则(individuality)。个性原则是4I营销理论所倡导的营销方法建

---

① Howard Rheingold, *The Virtual Community: Homesteading On the Electronic Frontier*, Reading, MA: Addison-Wesley, 1993: 76.

② [美]亨利·詹金斯:《文本盗猎者:电视粉丝与参与式文化》,郑熙青译,北京大学出版社2016年版,第22页。

设原则。营销需在构建用户画像的基础上，采取人性化、定制化、个性化的营销手段直击用户需求痛点。(4)互动原则(interaction)。互动原则是4I营销理论所倡导的营销渠道建设原则。为增强市场营销的影响力与辐射力，营销主体应依托多元立体的营销渠道打通买卖双方的互动通路。[①] 可以看到，4I理论与当下多数网络剧受众的接受需求和观剧期待是一致的，为此，我们提出下列营销传播策略，以期为山东精品网络剧实现在更大范围里的传播提供有益借鉴。

(一)基于利益原则的整合跨界营销传播策略

网络剧营销传播的根本目的是利益，为了获取更大的利益，就需要尽可能充分地调度多类型营销主体的优势，通过资源整合实现网络剧对更多受众的覆盖。通常来说，网络剧的营销主体一般包括直接参与网络剧生产流程的制片方、出品方、网络视频平台、演职人员等，而实际上，凡是拥有较为固定用户流量的各大平台都具有参与网络剧营销传播的资格，但前提是在这一过程中每一个营销主体都可以获益。因此，可以基于利益原则，互惠互利，大胆地打开思路，突破平台与圈层限制，全方位地联合各大营销主体，最大限度地吸引聚集每一主体所对应的用户。

从问卷调查的结果可以看出，以腾讯、优酷、爱奇艺、芒果TV等为代表的头部视频平台不仅是网络剧播放的渠道，也在各个层面上深刻影响着受众对某部网络剧的选择与接受。因此，山东应通过对多元合作模式的积极探索，实现与网络视频平台的深度绑定。目前，影视制作机构与视频平台的合作模式主要有版权剧、定制剧与分账剧。当制作方与平台在某部网络剧的内容质量上达成一致，即都认为该网络剧具有头部内容时，双方通常会采取一次性买断版权的合作方式，版权原来的持有者、制作方在议价过程中拥有更大的话语权和博弈资本。当平台对网络剧的评价与出价较低，则一般会采用分账模式，即在网络剧上线后，平台根据网络剧实际的观看情况，在规则框架内从会员费中抽取资金分账给制作方。相比而言，在分账模式中，制作机构的话语权较低，需要承担更多的风险，甚至无异于一场赌博，因此，这往往是无奈之举。定制剧指的是由视频网站出资、由影视公司制作的模式，从风险和收益的角度而言，定制模式介于一次性版权买断和点击分账之间。随着版权剧价格的逐年攀升，视频平台的逐渐崛起，近年来版权剧所占比重逐渐走低，定制剧和分账剧成为主流的合作模式已是行业共识。而山东若想在这两种合作模式中掌握更多的话语权，继而获得更好的收益回报，

① 参见谢潘佳:《4I营销理论视域下公共图书馆代际阅读推广创新策略研究》,《图书馆工作与研究》2022年第10期。

就必须先保证网络剧的内容质量，以精品网络剧的打造助力视频平台的品牌建设，稳固其在行业内的品牌形象。

而视频平台也应该及时作出调整，与制作方一起为用户提供更有效的信息获取方式和更优质的观剧体验。首先，拓展宣传路径，优化宣传效果。66.67%的受众会被视频网站的首页推送吸引继而点开一部网络剧，由此可以和网络视频平台展开深度合作，将主推的某部网络剧送上首页，作为“重磅推荐”的板块，通过巧妙合理的海报设计、文案定制等吸引受众。可以和视频平台合作推出与剧集相关的专栏，如《梦华录》播出期间，腾讯视频就同步播出了《赵冬梅讲〈梦华录〉背后的宋史细节》节目，还在剧集中设置了《“宋”你一点小知识》的观看入口，在影视与知识的联动中，既拓展了网络剧的价值外延，又吸引了更多受众。在多数视频网站都采取剧场化策略的背景下，还可以利用剧场自身的品牌效应将网络剧推向大众视野。其次，创新网络剧排播模式。为了维持网络剧的热度，继而吸纳更多用户并延长其平台使用期，多数视频网站不会采用一次性释出全集的排播模式。如该网络剧为台网同步播出，视频平台往往会采用日播两集的模式，或者是前期日播，后期“播三休四”或“播二休五”。如优酷播出的《点燃我，温暖你》《两个人的小森林》，腾讯播出的《鬼吹灯之昆仑神宫》等。然而，问卷调查结果显示，78%以上的受众对目前多数网络剧的排播模式表示不满。混乱、复杂的播放节奏，超长的播放周期在肢解了网络剧的叙事内容的同时也消耗尽了受众的观剧热情。因此笔者认为，视频平台应该通过更多的市场调研，因剧而异，创新排播模式。如对于悬疑类等叙事节奏紧凑的短剧，应采取受众普遍期待的一次性播出全集的模式。对于戏剧性相对和缓的长剧则可以尽量采用日播的形式。再次，优化、提升弹幕、评论等互动体验，营造良好的观剧环境。多数受众表示，在观剧时喜欢打开弹幕以增加参与感与互动性，但是弹幕中飘过的谩骂、吵架等不文明言论和混乱密集的弹幕极大地影响了观剧心情与体验。因此，视频网站一方面应进行有效的监管与过滤，另一方面也要不断优化“弹幕穿人”等技术，让用户在使用弹幕的同时也能流畅地观看影视内容。最后，升级倍速播放等功能。“倍速播放”“只看 TA”等功能在很大程度上打乱了网络剧的叙事节奏，削弱了网络剧自身的艺术感染力。当然，要避免这一情况主要还是靠网络剧自身质量的提升，但视频网站也应该作出相应调整，不能为了利益一味迎合受众需求，不断提升倍速等级。

除视频平台外，还要以互惠互利原则聚拢起其他社交类、音乐类、生活类、购物类等各大平台。网络剧《白夜追凶》在播出期间就联合购物平台淘宝发起了“千万别上淘宝搜白夜追凶”的话题，利用观众的好奇心和逆反心理，这一跨平台合作既为淘宝带去了新的消费主体，又为《白夜追凶》吸纳了更多的受众。《原来我很爱你》中的女主角是电台主播，据此，剧集在宣传时与音乐平台网易云合作推出了“原来我很爱你深夜电台”，由男女主演轮流担任主播，和听众分享剧集相关内容，提供追剧福利。《大宋宫词》《赘婿》等则和摄影类 App 美图秀秀合作推出了“大宋珍珠妆”“‘赘’美新娘妆”等 AR 效果的摄影滤镜，不但配合了剧集宣传，而且掀起了打造影像美化的新潮流。

此外，网络剧的整合跨界营销并不仅仅拘囿于线上。O2O(Online to Offline)模式为网络剧的整合跨界营销提供了更多可能。《梦华录》与奶茶品牌“喜茶”联动推出了“梦华茶喜·点茶”等联名茶饮，共同掀起了让中国传统茶文化照进现实的浪潮。在网络剧《长安十二时辰》热播期间，西安市文化与旅游局、陕西历史博物馆、西安博物馆等在公众号上连续推文，还在线下打造了沉浸式主街区，展现盛唐文化。这不但加深了受众对剧作时空背景的认知，而且带动了西安历史文化景点的城市消费。根据马蜂窝旅游网发布的数据，剧集播出期间，西安的旅游热度上涨了 22%。这为山东网络剧提供了可资借鉴的经验。若一部网络剧表现出较为浓郁的地域色彩，可与当地的旅游行业展开跨界合作，当游客搜索到某一旅游景点时，可在相关技术的赋能下向游客推送与之相关的网络剧信息，如具体的拍摄地点、网红打卡点、播放渠道、内容简介等。此外，还要展开多渠道的跨界合作，竭力将网络剧宣传推广融入大众工作、学习、娱乐、运动等各个场景之中。

### (二)基于趣味原则的精准化营销传播策略

美国学者凯瑟琳·海尔斯将诞生并成长于媒介爆炸年代的年轻人视为“媒介一代”，他们在认知方式上深受媒介特性的感染与规训。凯瑟琳认为媒介的这种深度影响主要体现在这代人在认知习性上所特有的“过度注意力”(hyper attention)上，特点“是其焦点在多个任务间不停跳转，偏好多重信息流动，追求强刺激水平，对单调沉闷的忍耐性极低”。[①] 这意味着在注意力稀缺、竞争激烈的新媒体环境中，传统的宣传推广策略已经很难帮助网络剧突破圈层壁垒。网络剧要想用最短的时间招来且留住受众，就必须基于对受众趣味的精准把握，以新奇、有趣且不乏味的营销传播策略吸引受众眼球。

一方面，制作有趣的宣传物料，策划新奇的宣传方式。宣传物料包括海报、文案、预告片、拍摄花絮、演员采访等各种与网络剧本身相关的影音图文资料，它们往往生成了受众对一部网络剧的第一印象和直观感受。但当下网络剧往往对上述物料的挖掘利用很不充分，愈趋同质化且无意义表达的海报，剪辑粗糙、不知所云的预告片，乏味的文案设计等都极大地阻碍了网

---

① [美]凯瑟琳·海尔斯、杨建国：《过度注意力与深度注意力：认知模式的代沟》，《文化研究》2014 年第 2 期。

络剧影响力的提升。与之相反,《隐秘的角落》则利用有趣、精妙、多元且贴合剧情内容的海报设计和金句式的文案快速建立起受众的观剧期待(见图5-7)。《鬼吹灯之怒晴湘西》以幕后制作花絮的形式,为观众详细解读了特效制作的过程,很好地宣传了在很大程度上决定剧集成败的特效。《都挺好》不仅以美食制作花絮展现制作方的用心,而且以推出剧作人物专属表情包的方式适应了网生代受众的语言表达习惯。此外,《陈情令》与网络综艺《创造101》合作掀起了由"姑苏天子笑"独家冠名赞助播出的"陈情令101"夏季限定大赛,这在与同视频平台的综艺实现联动和互惠的同时,也以极具创意的策划吸引了受众的注意力,引发了受众的参与热情。可以看到,所谓"有趣",实际上就是能够快速激发受众的好奇心,吸引受众注意,而在信息大量堆叠、日新月异的当下,保守、一成不变的宣传套路只会被受众忽略,只有不拘囿于传统、不断推陈出新才是出路。

图5-7 《隐秘的角落》的宣传海报节选

资料来源:《隐秘的角落》新浪微博官方账号"网剧隐秘的角落"

另一方面,以感性营销策略、利用"移情效应"建立起与受众的情感共振。作为精神文化产品,网络剧终究还是以情动人的,而设身处地地想象普通人的生存处境以及他们可能面对的现实问题则是建立情感链接的有效路径。网络剧在初始阶段就是草根文化的产物,而观照普通人乃至边缘人至今仍是网络剧创作的重要趋向与内容。然而许多网络剧在宣传推广时却刻意走高端、精致、大气的路子,忽视了最能触动人心的平凡内核。与此相反,古装权谋剧《庆余年》在上线之前有意开展了"庆余年土味催更大会""假如庆余年参加卖货大会"等接地气的宣传活动,不但揭示了剧作本身具有的喜剧元素,而且快速拉近了与受众的距离,激发了受众的观剧期待。《三十而已》在播出期间发起了"全职妈妈算不算独立女性""为了孩子妈妈可以有多拼”等话题的营销，以剧中顾佳所面临的现实问题引发当代妈妈的情感共鸣。《二十不惑》的营销方举办了线下沙龙，邀请关键意见领袖（KOL）一起分享“二十代困惑”，引发了观众的热议与共情。

（三）基于个性原则的垂直营销传播策略

分众化时代，作为个体的观众不再是媒介输出内容的被动承受者，而更倾向于主动选择符合个人喜好的信息。由此，与无视差异化、类似于广撒网的全覆盖营销相比，将某部网络剧直接推送给可能对之产生兴趣的分众的垂直营销显然是更具性价比的营销传播方法。这无疑需要营销主体实现对受众的个性需求的精准定位。而利用大数据分析、云计算等新技术手段收集而来的用户偏好信息不但可以有效反哺网络剧的内容制作，在源头上保障内容与受众需求的总体一致，而且还可以在营销传播阶段服务于宣传推广方法的决策，以较低的成本实现高效率的宣传推广。

首先，利用视频网站进行广告的垂直投放。从问卷调查结果可知，网络视频平台的首页推送是受众点击某部网络剧的重要影响因素。近年来，以腾讯等为代表的头部视频平台就开始利用大数据收集平台用户的观剧信息，通过对具体受众的观剧历史记录的分析生成用户观剧偏好数据，最终设置了“猜你会追”的个性推荐板块（见图 5-8）。这样，受众仅需要在符合个性需求的有限片源中择取就可以满足观剧需求，而网络剧营销的精准性和渗透率也得到了有效提升。

图 5-8 腾讯视频首页的“猜你会追”板块截图

其次，利用各类手机 App 展开个性推送。据调查问卷结果可知，手机是受众普遍倾向于选择的观剧设备，更是网生一代普遍随身携带，甚至离不开的媒介工具。可以看到，以抖音、快手等为代表的手机短视频平台早已成为各大网络剧争相迈进的宣传战场，近年来的各大网络剧如《苍兰诀》《风犬少年的天空》等纷纷入驻抖音开设官方账号，利用大数据分析将剧集片段、拍摄花絮、预告片等宣传物料垂直投放进潜在受众的视频流，以此高效地达到宣传目的。实际上,不只受众正在浏览的App是有效的宣传平台,在受众使用手机时,弹窗以及借此可以实现的多个App之间的任意切换与跳转也可以拓展出新的宣传渠道。但实际上,除少数覆盖范围极广的手机App外,多数App的用户特征是有其独特性的,因此在与某个App展开商业合作之前,要做好充分的调研。选择与网络剧目标受众相契合的App是进一步展开个性化推送、降低营销传播风险的有效策略。

最后,制定更有针对性、差异化的"投喂"策略。《全职高手》是由男频网文IP改编而成的电竞题材网络剧,其主线是顶尖游戏高手叶修被迫退役后建立公会组战队重新夺冠的故事。在甜宠、爱情题材占据主流的当下网络剧市场中,几乎不涉及爱情叙事的《全职高手》显然不占优势。为此,《全职高手》的营销方有意挑选了虎扑体育社区,虎牙、斗鱼直播平台等男性的网络聚集地为主要的宣传平台,以电竞精神、热血等宣传标签强化受众主体——对电竞感兴趣的男性对该网络剧的印象,增强此部分受众的黏性。此外,营销方还针对非原本目标受众制定了侧重点不一的营销策略,比如针对追求时尚的女性受众,发起了"电竞少女的活力穿搭""电竞女神编发"等宣传手段;针对主演杨洋的粉丝,掀起了"杨洋求加餐"的话题互动;针对看重演员颜值的受众,放出了"全职男团"的宣传物料等。通过这样差异化的宣传策略,《全职高手》满足了个性不同的受众的多样化期待,在一定程度上突破了圈层限制,实现了更多的受众覆盖。

### (四)基于互动原则的参与式营销传播策略

互动性、参与感之所以是网生代受众的普遍追求,在很大程度上是因为他们可以借此在获得自我价值认同、确认自身主体性的同时,又以此为"货币"建构起某种"情感共同体"或"情感部落",继而实现对某个群体的情感皈依,消除其作为"流动的、液态化"的现代空间中的"脱嵌者"与"游牧民"的孤独感。因此,在选择宣传方式、策划推广战略时,营销方不只是要以受众偏好为导向,还要充分将受众主体纳入营销传播链条,充分打通营销方与受众、网络剧与受众、受众之间的沟通渠道,甚或为受众提供成为营销主体的可能与契机。

一方面,打通营销主体与受众之间的互动路径,以对受众主体性和价值的确认增强受众黏性。通过开设弹幕、微信公众号、豆瓣、微博以及其专属的剧集讨论板块等沟通渠道,营销方可以及时掌握受众对网络剧或正向或负向的反馈。如果受众提出合理的意见,营销方迅速作出回应与调整,那么受众通常会因自己的建议被听取、感觉到自己被重视,而提升对营销方和网络剧本身的认同与好感。如是案例已有很多。如在网络剧《东宫》播出期间，就有受众在弹幕和豆瓣、微博等虚拟社区对"小枫跳忘川"这段剧情没有添加配乐表示不满，随后优酷平台联合《东宫》的制作方在24小时内紧急替换了背景音乐，紧接着"东宫导演宠粉"的话题登上热搜，这在收获原有粉丝好评、进一步提升了剧集知名度的同时，也使粉丝自发参与了《东宫》的宣传推广。网络剧《陈情令》播出后，有受众在微博抱怨更新速度太慢，影响观剧体验，随后腾讯视频迅速作出回应，不但每周多更新两集，而且额外增加了"造型特辑""美术特辑"等新花絮物料。此外，依托微博、抖音等线上平台，或以路演、交流会的线下形式展开演职人员与受众之间的即时互动，也是增强受众黏性的有效互动营销传播策略。

另一方面，创新互动方式，有效实现从受众到自觉的营销主体的身份转化。设置有代入感的或新奇的营销话题是许多网络剧经常使用的营销方式。此外，营销主体还应以创新的互动形式进一步向受众赋权。据调查问卷的结果可知，54.29%的受众表示会被粉丝在哔哩哔哩等平台上发布的安利物料所吸引，而30%的受众表示曾为喜欢的网络剧进行过二度创作。这意味着营销主体应鼓励并吸纳受众的二度创作，这不仅可以增强已有受众的黏性，而且可以丰富宣传物料，使受众成为新的营销主体，进一步提高网络剧突破圈层限制的可能。网络剧《镇魂》是2018年国产网络剧市场上的现象级爆款。实际上，该网络剧播出初期的宣传推广力度并不大，但是它却能凭借受众"以爱之名"的二度创作(如弹幕造梗、音视频剪辑、表情包制作等)成功破圈。随后，制作方发起的"点亮双子塔"，送"镇魂女孩"[①]C位出道的活动，更是以为受众公开命名的互动方式回馈并延续了粉丝的参与热情和创作、推广动力，继而《镇魂》引爆了全网热度。亨利·詹金斯就认为有组织有规模的粉丝"盗猎"行为超越并挑战了空间生产者们的意义生产与扩散能力，他们作为营销传播主体的潜力不容小觑。[②]

以上笔者基于4I理论提出了网络剧的四大营销传播策略。毋庸置疑，营销传播都是以获利为第一目的的，网络剧也不例外。但是作为一种特殊的精神文化产品，网络剧应始终自觉肩负起引导时代风尚、传播主流价值观的文化使命。这意味着网络剧在营销传播的过程中也应该始终坚守价值底线，不能为了利益进行虚假宣传或过度营销。对于网络剧而言，要想获得更

① 即喜欢《镇魂》的粉丝群体，她们自称是"一个擅长抠糖产粮的特殊群体"，是被"剧版《镇魂》中赵云澜、沈巍两位主角之间浓浓兄弟情所感动的女孩们"。

② 参见[美]亨利·詹金斯：《文本盗猎者：电视粉丝与参与式文化》，郑熙青译，北京大学出版社2016年版，第24页。

高的市场点击率和更高的经济回报,最重要的还是要靠自身的质量,毕竟营销传播策略再好永远也只能“锦上添花”而无法“化腐朽为神奇”。

## 第三节　精品网络剧的评价体系建构策略研究

伴随着山东网络剧制作与传播策略的重构,网络剧的评价体系也急需建构。山东网络剧要走向精品化、经典化,实现高质量发展,就必须建立科学、专业、具体、客观、多元、可操作的评价体系和批评标准。然而,与网络剧的蓬勃发展相比,山东乃至中国网络剧的评价体系都还处于不完善、不系统的状态。综而观之,尚存在三大问题。首先,评价标准单一。量化的播放量、可视化的网络热度(如主演微博粉丝的增长量、角色热度榜、登上微博热搜的频率、猫眼等影视数据监控网站的热度榜排名等)、豆瓣等平台上的评分等是目前网络剧评价的主要标准,这意味着当下的网络剧评价带有较为突出的商业化导向。一方面,这很容易反过来干预网络剧的制作、传播环节,使之出现过度迎合市场,过度追求“爆款”,磨损自身主体性的不良倾向;另一方面,频繁发生的数据造假、数据买卖、未播先评等现象更扰乱、挥霍着现有评价体系的秩序与信誉。其次,评价主体不够多元,各个评价主体之间缺乏有效沟通,未能形成整合性的评价结果。数据化为主的评价结果决定了市场无疑是当下网络剧评价的绝对主体,如是,表面上看拥有点击主动权的受众似乎掌握了网络剧的评价主控权。但一方面受众的评价缺乏稳定性,流于消费心理,无法真正成为评价体系的底盘;另一方面,受众的评价在被各大商业机构量化为单纯的数字后,不但其真实性有待商榷,其复杂性与多义性更往往被极大地剔除了,而后者或许对于网络剧而言更有建设性价值。而诸如媒体(包括自媒体)、学者、政府相关部门等主体的评价要么是相对缺位的,要么是非常边缘的。各大评价主体之间因交流平台的稀缺而无法实现有效的意见交换,又导致了整合性评价结果的缺失。最后,评价结果对网络剧生产环节的正向引导与影响较为有限,未能形成有效反哺。这意味着网络剧的生产流程未能形成有效闭环,不但造成了资源浪费,而且无法持续推进网络剧的精品化发展格局的形成。基于此,尽快建构多元主体积极参与,质化与量化、主观和客观相结合的评价标准,以有效反哺网络剧产业链各个环节的整合性评价体系至关重要。这无疑需要多个部门与主体的通力合作。

## 一、政府相关部门:审查监管、价值引领与组织服务

如果说网络剧评价体系的建构是一个系统化的复杂工程,那么政府相关文化职能部门应自觉担当起监管者、引领者与服务者的角色,既应该做好价值引领和各个阶段的监督审查工作,又必须结合自身优势统合多方评价结果,最终提升评价体系对网络剧制播的反哺效果,使精品化网络剧的生产形成有效闭环。

山东省政府相关部门应将评价监管意识贯穿于网络剧产业链的各个阶段。网络剧从备案审查、立项投拍到成片送审,再到播出上线,每一个环节都离不开政府相关部门的监督管理。

一来,广播电视主管部门应从网络剧备案审查、立项投拍层面进行预估评价。在备案审查阶段,省政府相关部门就应该参照国家广播电视总局下发的《网络视听节目内容审核通则》《关于进一步加强电视剧网络剧创作生产管理有关工作的通知》等相关政策文件制定山东省详细的网络剧备案审查制度,有意识地提高网络剧市场准入门槛。一方面,要从微观上把握,即通过对剧本认真完整地审查,从源头确保网络剧价值立意的主流性、正确性和题材上的新颖性,预估网络剧的社会效益与经济效益等;通过对集数的审核,避免剧情出现“注水”;通过对网络剧实际投资规划的审核规范网络剧市场的发展,避免演员片酬过高而挤压网络剧的制作费用等问题。另一方面,也要从宏观上进行统筹评估,如要鼓励网络剧题材的多元发展,避免大量同题材、同类型的网络剧扎堆涌入市场,在有意识提高市场准入门槛的同时也要考虑民营中小型影视制作机构的生存现状,避免出现有限的几家影视制作机构瓜分市场蛋糕,造成行业垄断的情况。

二来,省政府相关部门应加强对网络剧成片审核阶段的评估。2022 年 6 月 1 日,国家广播电视总局对网络剧片发行实行许可制度,自此网络剧“许可证时代”正式到来,“上线备案号”成为历史。这意味着广播电视主管部门在网络剧精品化发展中应该也必须担负起更大的责任。成片审查是网络剧进入市场,有资格走向受众前的关键一环,在这一过程中,相关主管部门必须在国家广播电视总局发布相关审核标准的基础上进一步细化,严格把控网络剧的政治导向、艺术审美、价值基底等,避免出现网络剧上线后又因诸多原因被紧急下架、责令整改的情况。网络剧上线后,广播电视主管部门也应及时追踪播出与市场接受情况。在针对新出现的问题(如即时监控数据是否准确等)作出及时调整的同时,也要注意通过比对实际的播出效果与预先评估的结果,不断完善备案审查与成片审查等不同阶段的评价标准。

山东省政府相关部门应该以网络剧评奖系统的建设与逐步完善为网络剧的评价标准的制定提供具象化参考。评奖是网络剧评价体系中的重要衡量指标,它应该是网络剧综合实力的体现。当一部网络剧获得了某个权威性奖项,通常也就意味着它在某一评价维度上获得了高度认可,随后便会在奖项的加持下获得更多利益,此后的网络剧生产就会自觉或不自觉地在奖项、效益等的诱惑下以此为参照标准。评奖既是对既有网络剧作品的一次整体检验,又会对此后对相当长的一段时间里的网络剧生产起到标准引导的作用,评奖结果是评价与规范尺度的具象展现。但总体来看,山东省在网络剧评奖制度建设方面还存在一些问题。目前,中国电视剧的评奖体系主要包括有代表行业认可的"白玉兰"奖、带有民间性质的"金鹰奖"、代表政府官方认可的"飞天奖"和"五个一工程奖"等。可以发现,其中起到决定性力量的主要有三种,即精英文化、大众文化与主导文化,分别对应着电视剧的三种评价标准,即精英标准、市场标准与政治标准。参照此评奖体系检视网络剧的评奖系统可以发现,网络剧的评奖系统还很不完善。以山东为例,专门的网络剧评奖尚处于缺位状态,而为数不多的可能将网络剧纳入评奖范围的奖项,如山东省原创网络视听节目大赛、泰山文艺奖、山东省优秀电视剧评奖等基本上仍是以主导文化为评选标准。在这一评奖系统中,主旋律题材之外的网络剧获奖的机会与概率实际上相对较小。为此,笔者认为可以从两个方面作出调整与改革。一方面,进一步细化、完善已有的主导文化支配下的奖项的评价标准,放开网络剧的参评渠道,甚或在其中设置网络剧门类的奖项。对此,政府相关部门可以进一步扩大评委的队伍,使其更加多元化,除业内专家、高校影视研究者、政府相关职能人员外,也可以在一定程度上开放大众参评,吸纳大众的声音。另一方面,政府通过资金扶持、项目立项等多种形式鼓励设立多种性质的网络剧评奖。如设立专门的由大众投票产生的网络剧奖项,支持省内的几家民营影视制作机构联合网络视频平台创办代表市场标准的评奖机制等。当然,在这一过程中,政府相关部门在给予其自由空间的同时,也要做好必要的监督管理工作。

山东省政府相关部门还应该为网络剧评价体系的建构提供必要的服务,搭建有利的平台。如前所述,目前网络剧各个评价主体通常都是站在各自的立场上对网络剧作出评价,彼此之间尚缺乏有效的沟通和意见交换。这无疑会造成资源的浪费,更重要的是,各个主体评价意见之间可能存在的矛盾、冲突与龃龉,还极有可能会将本就不统一的网络剧评价标准推向更加混乱的境地,使网络剧创作者们无据可依。为此,笔者认为,在有效监管、宏观把控之外,政府主管部门也应充分担当起其作为组织者、服务者的角色职能,为各大评价主体搭建沟通平台。借由政府主管部门组织的座谈会、咨询会、学术报告会等,各大评价主体可以在交流中尽可能地消除隔阂,在理性的探讨中整合出更具统一性的评价标准与结果。政府主管部门还需要充当评价主体与网络剧从业者们之间对话的桥梁,使评价结果真正反哺精品网络剧的创作生产。

## 二、商业化评估机构:统一计算度量衡,着力打造专业的口碑评价平台

目前,网络剧的商业评价机构大致可以分为三类。第一类是网络视频播放平台,主要有爱奇艺、优酷、腾讯视频、芒果 TV、搜狐视频等(具体计算方法见表 5-1)。可以看出,目前各大视频平台数据计算方法各有差异和侧重,其中芒果 TV、哔哩哔哩等的数据统计以播放量为主,而优酷、爱奇艺、腾讯视频等则先后关闭了播放量显示,采用热度值的计算方法。虽然爱奇艺、优酷、腾讯视频三个头部视频都采用了热度值计算方法,但爱奇艺更加重视用户互动,优酷更重视用户黏性,腾讯视频则相对看重剧集在全平台的知名度。

**表 5-1　主要视频平台网络剧播放数据计算方法统计**

| 视频平台 | 评价标准 | 具体算法 |
| --- | --- | --- |
| 爱奇艺 | 热度值 | 通过用户在平台内观看、互动、分享 3 个行为数据计算得出,评论、点赞、转发各算作一次互动行为 |
| 优酷 | 热度值 | 通过用户连看、收藏、拖拽、弃剧数据、近 3 日播放效果、弹幕评论等行为数据计算得出,另外参考搜索数量、艺人提及数量等因素 |
| 腾讯视频 | 热度值 | 通过用户播放行为、搜索行为、互动行为三大指标计算得出 |
| 芒果 TV | 播放量 | 主要通过用户观看行为计算,观看 15 秒以上计算一次播放量,另有计算点赞量、评论量、评分等数据 |
| 哔哩哔哩 | 播放量 | 主要通过用户观看行为计算,另有追剧数、评论数、评分、点赞量、投币量、收藏量、分享量等数据 |
| 搜狐视频 | 播放量 | 主要通过用户观看行为计算,另有评论量、评分等数据 |

注:根据各个视频平台的热度值说明、播放量说明等相关信息制成。

第二类是第三方数据平台,主要有猫眼数据、灯塔数据、Vlinkage 数据、云合数据、骨朵数据、艺恩数据、酷云数据、豆瓣等。与各自为营的视频播放平台不同,第三方平台发布的数据通常是对全平台网络剧播放数据的综合监测(具体数据发布与计算方法见表 5-2)。可以看到,第三方平台通常既统计网络剧的播放情况,又观察网络剧所引发的舆情热度,但在覆盖率和具体的计算方法等方面又有诸多不同。从数据覆盖范围上看,猫眼与骨朵的统计范围最广,除爱奇艺、优酷、腾讯视频、芒果 TV 四大主播平台外,还接入了 PPTV、哔哩哔哩、搜狐、乐视等平台上的播放数据。从数据细化程度上看,灯塔、云合将播放量和热度分开计算,艺恩和骨朵则更加细致,如艺恩在播放指数、播放市占率外还提供媒体热度、用户热度、好评度、观看度等详细信息,而骨朵除提供基本的热度排行榜外,还提供依据豆瓣评分、微博粉丝数、弹幕数、评论数、微信文章量等不同标准生成的排行榜,不过艺恩和骨朵平台上有很多数据缺失,这在一定程度上影响了专业度和公信力。

**表 5-2 主要第三方平台网络剧播放数据计算方法统计**

| 数据平台 | 评价标准 | 具体计算方法 |
|---|---|---|
| 猫眼数据 | 全网热度 | 综合主流视频平台热度(如播放数据或热度、互动数据等)、社交网络互动热度(如微博的转发、评论、热搜等数据)、媒体热度(如微信公众号等发布的相关文字、新闻、内容等数据)计算得出,体现网络剧市场表现的数据指标,每小时更新一次 |
| 灯塔数据 | 全网正片播放市占率、舆情热度 | 全网正片播放市占率是指单部网络剧播放指数、所有网络剧播放指数大盘,舆情热度通过搜索指数、社交指数等综合计算得出 |
| Vlinkage 数据 | 播放指数 | 由全网播放量、爱奇艺热度、优酷热度、社交媒体讨论、百度搜索加权计算得出 |
| 云合数据 | 云合评级、正片有效播放市场占有率、舆情热度 | 云合评级使用集均 30 天有效播放对网络剧播放表现进行评级,正片有效播放市场占有率即单部网络剧正片有效播放在所有热播网络剧的正片有效播放中所占的比例,舆情热度由全网话题度、传播度、搜索热度、反馈活跃度等数据计算得出 |

续表

| 数据平台 | 评价标准 | 具体计算方法 |
| --- | --- | --- |
| 骨朵数据 | 全网热度指数 | 依据网络剧的观众反馈、综合媒体曝光表现，以及全网受众关注、热议及互动情况，综合评估而成 |
| 艺恩数据 | 播放量指数、播放市占率等 | 播放量指数由个平台正片播放热度、播放量统一拟合成，播放市占率即网络剧比方指数在同类型网络剧播放里指数大盘的占比 |

注：根据各个数据平台的播放指数说明、热度指数说明等相关信息绘制而成。

第三类是以豆瓣网为主要代表的网络剧评分平台。严格说来，豆瓣网是集书影音、小组、市集等为一体的社区网站，仅豆瓣电影下的电视子板块提供近期播出剧集的热度排行榜，另外在单部剧集的主页发布评分、短评与剧评等数据。

统而观之，目前各大商业化评价机构对网络剧的评价主要有两方面问题。第一，偏向量化评价，基本忽略了对质的评价，权威性、专业的口碑评价更是少之又少。目前，少有的对网络剧内容、口碑的评价也都是以数字评分的形式呈现的。虽然各大视频平台都相继开放了评分系统，但不公开、不透明的打分机制影响了其作为参考依据的可靠性。豆瓣评分可信度相对较高，然而近年来频繁爆出的未播先评、恶意刷分等事件，以及平台用户的相继流失等都逐渐较低了豆瓣评分的公信力。一方面，这一质与量严重失衡的评价倾向在一定程度上造成了网络剧创作的消费主义倾向，使网络剧生产在对播放量、热度的无节制追求中放弃了自身主体性，影响了网络剧的思想与艺术质量；另一方面，越来越多的网络剧开始将热度破万当作营销重点，随后粉丝、剧方、水军等利益主体便有可能参与刷量等行为，如果数据平台计算、监测机制不能有效识别、监测这一造假行为，那么其发布的播放数据的真实性无疑也是可疑的。如若任其恶性循环，则会进一步扰乱目前的评价体系。第二，数据统计范围、计算方法不统一，难以形成统一的权威性评价。可以看到，各大视频平台因上线网络剧剧目不一，计算方法有异，基本上处于各自为营的状态，相互之间无法形成有效的监督。如此，一部被贴上“爆款”标签的网络剧经常受到质疑。同样的，第三方数据平台在热度值、播放量之间本就存在换算壁垒，而其所依托的视频平台的计量方式的差异则进一步造成了评价结果的不统一。在这种情况下，经常出现不同第三方平台同一天发布的排行榜差异过大的现象。以 2022 年 1 月 1 日，各大第三方数据平台发布的网络剧排行榜为例，可以看到，在基于热度生成的两个排行榜中，同时出现在前十名的仅有《风起洛阳》《女心理师》《谁是凶手》《觚珠夫人》等六部剧，且排名有比较大的差距。

在基于播放指数生成的四个排行榜中，同时出现在前七名的仅有《风起洛阳》，而在艺恩排行榜上排名第一的《飞虎之壮志英雄》在其他几个榜单中排名较低，甚至并未出现在云合数据榜单的前八名。这在让人质疑各大榜单可信度的同时，也增加了横向比较的难度，进而影响了评价体系的反哺效果。

基于此，笔者认为，要想使商业化评估机构在网络剧评价体系建构中发挥更科学、合理、充分的作用，山东可以积极充当各类数据平台之间的辅助线，搭建起沟通的桥梁，一方面倡议它们发布联合声明，拒绝数据造假，基于诚信原则尽可能保障所发布数据的真实性与可靠性；另一方面倡议在未来一段时间里，借助专家参与、共同商讨、科学评估、技术升级等手段摸索出更为多元、透明和有权威性的计算体系，同时持续推进统一数据计算度量衡的建设工作。除此之外，联合省内相关企业机构打造兼具质与量评价分析功能，综合评价网络剧影响力的新的数据平台，其中着力建设具有权威性、专业性的口碑评价平台更是重中之重。一方面这需要通过不断的技术升级过滤非客观评价，保障评价结果的公正性，另一方面还可以在评价主体上做更多细化处理，以更多的受众覆盖提升公信力。如在用户注册时提供更多的身份勾选，除普通观众外，更使诸如网络剧创作者、相关市场工作人员、自媒体人、专业影评人等更多元的评价主体参与到平台的口碑评价中来。

## 三、学者与粉丝：探求评价立场与批评话语融合的可能

网络剧是以网民，尤其是以网络一代的年轻粉丝为主要受众的，这就决定了粉丝通常是网络剧的第一评价主体。他们不仅以点击率、播放量等直观的数字表现各自的选择偏好，更借助业已成为各大视频网站标配的弹幕功能，以及越来越多的各类虚拟社区发表更立体、多元的评论。

综而观之，粉丝对网络剧的评价主要有三大表征。第一是即时性与交互性。和传统文艺的延时评价不同，甚至也在很大程度上有别于网络剧其他主体的评价，粉丝的评价不仅是即时的，而且通常是与观看同步进行的。通过评价，作为受众的粉丝可以介入、干扰生产流程（如前述的《东宫》事件），可以基于个人立场解释甚至消解网络剧原文本，“扭转其原有意义，建

构自己的文化和身份特征”①,即粉丝的评价结果也可以是一种新的创作,其本身也构成了解析网生一代文化心理的重要文本。第二是简短性与碎片化。除发表在豆瓣或其他虚拟社区里的长篇剧评外,多数粉丝评价在篇幅上通常不会太长,“经常是三言两语的评点,有时甚至是用几个字的简短评价或是纯粹的‘表情符号’来表达态度”②。与此同时,即时、同步的评价方式又决定了粉丝评价通常是以碎片的形式弥散于网络剧播放过程中不同的时间坐标上,而很少呈现为体系化的表达特征。第三是随意性与野生性。前两个特征决定了粉丝评价不可能像学院派研究者的理性批评那样思路清晰、逻辑严谨,其目的也不是以富有学理性的论证方式凸显个人的思想与深度,而只是感性地、直接地阐发瞬时观感。这导致粉丝评价有时只是“点到为止”,浮于表面,甚至可能“剑走偏锋”,“只吐口舌之快却不负文责”③。但与随意与感性相伴而行的往往就是非功利性所带来的真实与鲜活。与其他评价主体相比,粉丝通常并不掣肘于固有的立场,也很少拘囿于理论所框定的视域,而只是真话实说、直说,只求悦心快意。因为它是野生的,所以通常折射出网络剧给受众的第一印象,所以是可贵的。

随着网络剧的迅猛发展,网络剧研究逐渐成为“显学”,越来越多的学院派研究者逐渐步入网络剧的评价阵地。他们的知识背景,所接受的学术训练、理论熏陶等决定了学者评价通常是基于精英立场生成的,其大致表现出以下两个特征。第一是注重学理性和专业性。学者对网络剧的评价通常是以学术论文或学术专著的形式呈现的,他们具有宏阔的理论视野,善于思考且具有很强的问题意识,而学术研究要求的创新意识又使他们能力避陈言,不断拓展网络剧的评价边界与场域。与其他评价主体相比,学院派研究者更善于在当下的时代背景和媒介环境中从宏观层面上把握网络剧的发展脉络,既能在回望历史的基础上总结规律,发现问题,又能对网络剧的发展前景作出相对科学的预言,针对可能出现的问题提出应对策略,为网络剧的健康发展提供规范性、专业性的引导。第二是注重思想性与艺术性。和企业机构以点击率、播放量、话题热度等来衡量一部网络剧的价值不同,也有别于粉丝对网络剧之愉悦性、娱乐性、“爽感”等的强调,学者更多的是从思想和艺术的维度对网络剧加以检视。指出网络剧创作倾向上的泛娱乐化、游

① [美]亨利·詹金斯:《文本盗猎者:电视粉丝与参与式文化》,郑熙青译,北京大学出版社2016年版,第24页。

② 曹成竹、王兴永:《网络文艺批评特征简析》,《山东社会科学》2015年第2期。

③ 欧阳友权:《网络文学批评的困境与选择》,《中州学刊》2016年第12期。

戏化，情节上的逻辑错误，结构上的粗糙混乱，人物塑造上的扁平符号化，背景设置上的悬浮虚假，思想内容上的苍白干瘪等弊病是诸多学者的评价路径。这对于提升网络剧的思想性、艺术性，推动网络剧的精品化发展无疑大有裨益。然而，一边是学者的积极批评，一边却是网络剧生产的“我行我素”，似乎学者评价与网络剧创作之间尚处于割裂与隔膜的状态，双方之间并未形成有效的互动与交流。笔者认为，这跟学者评价的精英立场以及由此生成的话语范式有一定的关系。少部分学者在涉足网络剧评价时自觉或不自觉地带有一种“精英的傲慢”，面对海量的网络剧文本库，他们有时会在未对网络剧做较为充分的文本细读的基础上就贸然从固有的理论视野出发批评网络剧的非艺术性和浅薄性。这自然会引起网络剧从业者和受众的抵触心理。而其他一部分严肃认真的学者的评价往往极具理论色彩和逻辑思辨性，且大都封闭在既有的学术话语体系内，这一方面造成了大众阅读的障碍，降低了大众的参阅兴趣，另一方面也经常出现传统理论范式、评价话语与作为新媒介文艺的网络剧错位、无法兼容的现象。因此，学者评价虽然极具专业性和思想性，却因上述原因无法形成对网络剧精品化发展的有效引领。

从表面上看，学者评价与粉丝评价的价值基底、批评立场与诉求、话语范式等都呈现出较大的差异，然而通过上述爬梳与剖析，笔者认为实现两者之间通约和融合不仅是可能的，而且是必要的。在《融合文化——新媒体和旧媒体的冲突地带》等一系列学术研究著作中，亨利·詹金斯展现了“学者粉”这一批评姿态和范式，他指出在面对影视剧等大众流行文化时，他“既是一个学术界人士（了解一定流行文化理论，一定批评和民族志文献），也是一个粉丝（了解粉丝圈这个社群的知识和传统）”①。借由这一既弥合又有“对立的紧张感”的批评立场，詹金斯亮出了一种“自省的学术范式”，他转变了以往抽象、冷淡、超然的经典评价模式，以更为在场的姿态、更为贴近的话语方式深入到流行文化的内在肌理。笔者认为，“学者粉”这一概念或许可以探讨上述两种关乎网络剧评价融合的具体路径。首先，学者应该更深、更投入地“卷入”网络剧阵地，要摆脱“精英的傲慢”，面对海量的网络剧数据库，尽量避免未看即评的预设性的、从纯粹的理论出发的评价，而应该在成为“局内人”深入理解的基础上进行公允的评价，同时充分发掘、论证网络剧的美学特征与思想意涵。其次，学者应及时深入粉丝评论腹地。如前所述，粉

① ［美］亨利·詹金斯：《文本盗猎者：电视粉丝与参与式文化》，郑熙青译，北京大学出版社2016年版，第4～5页。

丝评价是关乎网络剧最感性、最直接、最敏锐的评价，因其野生性也常常是鲜活而真实的。与此同时，粉丝评价还是解析网生代文化心理的重要文本。因此，将粉丝评价纳入网络剧的评价研究视域，可以更直观地了解受众需求与文化心理，在借此完成更加内在化的评价的同时，对网络剧的精品化发展提出更有针对性、建设性的意见。最后，学者和粉丝要将彼此视作网络剧评价的“积极的合作者”，在互相学习中实现两种评价话语的辩证对话。如果说学者通常使用的是精英知识分子评价话语，那么作为网络“原住民”的粉丝所使用的就是一种网络土著话语。将网络土著话语引入学者评价体系可以在一定程度上降低评价错位的风险，消除大众阅读的隔膜，但是土著话语通常因其碎片化、零散性、随意性而经常无法给出系统、完整的评价。通过双向学习辩证对话，网络土著话语以其表征出来的粉丝的深刻洞察力给学者以启发，学者则以自身的学术素养将土著话语加工成严密的学术语言和评价观点，最终再将其返还给网络剧生产，有效地避免理论研究与生产实践之间的脱节现象。

近年来，越来越多的网生代学者进入网络剧研究领域。在他们成长的过程和日常生活中，网络文学等网络文艺是不可或缺的部分。对于网络文艺而言，他们本来就是“局内人”。他们的情感体验、观看经验基本上是其他代际的学者所无法习得的先天经验，在此基础上通过规范的学术训练，他们必将成为把握好学者与粉丝之间微妙平衡、将个人生命经验与激情融入网络剧批评中的研究者。

## 四、媒体：坚守媒介责任，构建正向且包容的媒体批评观

媒体评价也是网络剧评价体系中的重要组成部分，指的是“以面向大众的报刊、互联网、自媒体等为媒介的文艺批评，它是与学术期刊、专著等为载体的精英批评（或曰学院派批评）相对应的一种批评”[①]。不同于粉丝评价的简短、碎片与随意，媒体评价更具有逻辑性、完整性。但是和同样表征出逻辑性、完整性的精英相比，媒体评价的主体相对多元，既可以是学院派研究者，也可以是自由撰稿人、媒体从业者、普通网民等。此外，因媒介性质的差异，更多的面向普通大众的媒体评价并不像精英评价那样注重学理性和学术性，而更追求时效性，即注重在第一时间对时下热播的网络剧，以及由网络剧引发的现象作出回应与评价，语言往往简洁有力、通俗易懂、直击要害，由此获得广泛的关注度和影响力。我们这里所说的媒体既包括报纸、期刊、

① 李彦姝：《文艺的媒体批评之勃兴及其突围》，《文艺报》2017 年 2 月 22 日。

电视类的传统媒体,也包括普通大众所创办的自媒体。基于其不同的属性,我们认为在网络剧评价体系建构的过程中,山东各类媒体应该承担起以下相应的责任。

首先,山东电视台、《大众日报》等主流媒体在自觉承担起舆论引导责任的同时,也要积极打通官方评价与民间评价的沟通渠道。注重社会价值引导,推动网络剧实现社会价值与经济价值的平衡,既是主流媒体评价的重要特征,也是主流媒体的应尽义务。2014 年以来,网络剧生产领域内耽美、耽改之风逐年盛行,在经济效益的诱惑之下,越来越多的网络剧争相于剧里、剧外打造男男 CP,甚至不顾作品内核和剧情主线,刻意渲染男性之间的暧昧与"甜蜜",甚至有意借言语挑逗、肢体接触等诱导粉丝过度解读和想象。这一不良风气不只反映了网络剧生产行业的功利和浮躁,降解了耽美等青年亚文化可能存在的推动社会发展的积极意义和价值,更潜藏着误导大众审美、侵蚀主流价值观的危险。对此,《光明日报》、"央视热评"等主流媒体先后多次发表评论文章,强调"社会主义文艺本质上是人民的文艺","电视剧创作要始终聚焦主流受众和主流价值观念,唱响主旋律,弘扬正能量"[①]。这及时有效地遏止了消费主义主导下的耽改生产风气。在今后的网络剧评价中,《大众日报》等山东主流媒体要持续"以社会主义核心价值观为引领,牢牢把握网络文艺创作的政治导向、价值导向、审美导向,积极引领网络潮流,发挥褒优贬劣、激浊扬清的功能"[②]。此外,省内各大主流媒体还应该开设更多的网络剧评价阵地,积极发挥资源与整合优势,打开官方与民间的沟通渠道。比如山东电视台可以效仿中央电视台的《剧说很好看》,打造兼具专业性、趣味性、思想性的剧评栏目,让受众、剧评人、网络剧主创人员等在同一个平台上展开对话,在以更具统合性的视角评价网络剧继而引导受众审美的同时,也能为其他网络剧的生产提供借鉴。

其次,新媒体和其他传统媒体的网络剧评价不应止于对流量、热点的追逐,而应自觉承担起发掘经典、推广精品化网络剧的责任。有别于主流媒体,在竞争激烈的媒介环境中,其他媒体,特别是近年来井喷式出现的新媒体的生存要义是追逐热点并借此提升自身的知名度和行业影响力。因此,新媒体普遍会选择时下最热门、最有流量的网络剧进行集束式、扎堆式的评价。如在《山河令》《庆余年》等网络剧热播期间,"澎湃新闻"、《新周刊》、"看理想"等就发表了大量的评论性文章,它们或探讨上述网络剧爆火、"让人上

① 艺君:《警惕耽改剧把大众审美带入歧途》,《光明日报》2021 年 8 月 26 日。

② 向云驹:《互联网时代文艺批评何为》,《求是》2015 年第 12 期。

头”的原因，或对剧中演员展开采访，或以之为例剖示网络剧产业链存在的问题与困境，或偏向相对严肃的理性探讨[①]，或侧重于趣味性与娱乐性[②]……借由对流量快车的搭乘，相关的评论文章轻轻松松就收获了10万以上的阅读量。应该看到，上述新媒体对网络剧的评价角度多样，风格各异，且多图文并茂，生动形象，在普及热播网络剧相关知识的同时，也加深了受众对网络剧的理解与接受。但是对传播效果的过度重视，通常限制了新媒体的评价视域，对热点、流量的一味追逐，则使它们轻松卸下了发掘、品评优质、精品网络剧的媒体责任。为此我们认为，山东各级新媒体及其他传统媒体应在行业内作出相应示范，打开评价视域，以客观、公允的评价尺度发掘相对小众的网络剧，并将其推向公众视野，为网络剧产业的持续繁荣贡献力量。

最后，自媒体应强化媒体自律意识，珍视自身的媒介身份，在积极开拓可供公众讨论的公共空间的同时，积极传播客观理性的网络剧评价信息。自媒体即个人媒体，通常指私人化、平民化、普泛化、自主化的传播者通过网络向外传播信息的新媒体的总称。随着媒介权力秩序的重构、社会话语权的下放、视频制作与传播技术的普及与成熟等，近年来自媒体行业在完成原始积累后迎来了爆发式增长。因之，相比于诸多新媒体，迫于竞争与生存压力的自媒体表现出更为明显的追逐热点与流量的评价倾向。与此同时，由于自媒体传播者通常既是网络剧评价者，也是某种意义上的审核者，继而由于必要“把关人”的缺位，部分自媒体有时或在金钱的诱惑下与网络剧的营销方达成私下交易发布营销软文，或为了博人眼球故意与主流评价针锋相对，或为了迎合部分受众的偏狭心理发布与实际不符的“为了黑而黑”的评价，更有一些自媒体通过制作对网络剧进行“狗血”式“胡说”的短视频换取利益，部分自媒体就曾因断章取义、片面揣度、“为了吐槽而吐槽”、跟风式批评而多次受到质疑。根据调查问卷的结果可知，61.59%的受众表示会被公众号、UP主等自媒体的评论推送吸引。然而，如是评价乱象不但会在很大程度上影响受众对某部网络剧的判断，更会扰乱网络剧评价秩序，破坏评价生态。为此，我们认为应该在加强政府部门治理的同时，更积极呼吁山东以及国内自媒体强化媒体自律意识。“道德的基础是人类精神的自律。”[③]因

① 如“澎湃新闻”2020年1月7日在其微信公众号平台上发表了《〈庆余年〉：剧版和原著有啥不同？》一文。

② 如《新周刊》2021年3月14日在其微信公众号平台上发表了《误入〈山河令〉的直男能坚持到第几集？》一文。

③ 《马克思恩格斯全集》第1卷，人民出版社1995年版，第119页。

此，一方面自媒体行业要加强行业自律建设，明确具体的行业规范，建立健全有效的自律机制和惩治办法；另一方面自媒体从业者要充分认识到其媒介身份的价值与影响，珍视自己的发声机会，在树立职业道德观念的基础上进行自我约束，客观公允地评价网络剧，发出自己的声音。

习近平总书记指出："互联网技术和新媒体改变了文艺形态，催生了一大批新的文艺类型，也带来文艺观念和文艺实践的深刻变化。由于文字数码化、书籍图像化、阅读网络化等发展，文艺乃至社会文化面临着重大变革。要适应形势发展，抓好网络文艺创作生产，加强正面引导力度……我们要扩大工作覆盖面，延伸联系手臂，用全新的眼光看待他们，用全新的政策和方法团结、吸引他们，引导他们成为繁荣社会主义文艺的有生力量。"[①]要用全新的眼光看待包括网络剧在内的网络文艺并加强正面引导力度，就要求我们必须用及时更新的评价理论、尺度与话语范式对其作出客观公允的评价，科学预估网络剧发展的新趋向、新态势与新特征。为此，笔者认为，充分组织调动多元评价主体，尽快建构符合当下网络剧发展的评价体系已是当务之急。

① 习近平：《在文艺工作座谈会上的讲话》，人民出版社 2015 年版，第 12～13 页。

# 结 语

山东历来是我国的影视文化创作生产重镇。自1978年《人民的委托》诞生以来，“鲁剧”早已成为山东的一张文化名片。在40多年的创作历程中，山东影视人在坚持扎根璀璨肥沃的齐鲁文化土壤的同时，又能及时掌握时代风向，锐意创新，大胆突破，这是“鲁剧”始终保持生机与活力的关键。2020年以来，大力发展繁荣网络视听文艺，努力打造“网络鲁剧”新品牌多次被写进行业主管部门的文件，这既是山东紧紧拥抱互联网、抓住新风口决心的有力彰显，也是山东网络剧和影视文化产业发展不可错失的重要机遇。本研究正是在这一背景下展开的。

在为本研究所指涉的网络剧概念作出具体界定后，笔者一方面在整体视域中梳理了中国网络剧发展的历史脉络，同时揭示了当下网络剧制作中的泛甜宠化倾向所折射出的生产症候，即功利主义心态与唯市场主义投机心理，这是山东打造精品网络剧所需要格外警惕的；另一方面又在地方视域中客观分析了山东打造精品网络剧的优势与现状，笔者认为尽管近年来山东已持续输出了一批较有影响力的网络剧作品，但仍存在诸多亟须解决的问题，其中题材类型、创作范式的欠多样化与技术赋能路径的相对单一限制着山东网络剧的核心竞争力，营销传播方式的相对陈旧阻碍着山东网络剧走向更为广阔的市场，而评价体系的不完善、不系统则影响着山东网络剧生产流程有效闭环的形成。在明确了阻碍山东乃至中国网络发展的具体问题后，笔者试图通过对近年来国产优质网络剧创作图谱的仔细检视与文本细读总结提炼精品网络剧的生成逻辑和制播共性，结合相关文艺政策进一步明确山东精品网络剧的战略目标，即在内容与形式的两个维度上探寻现实感与网感之间的平衡点，持续试验讲好中国故事的多样化路径，最终在“台网联动”中实现山东精品网络剧的破圈传播。

“内容为王”已成为当下网络剧市场上的共识。因此，从上述战略目标出发,本研究着重结合山东实际,在分众化视域下探讨了时下最热门的主旋律网络剧、女性题材网络剧,以及相对欠缺的乡土题材网络剧的内容建构战略。主旋律故事的讲述一直是传统鲁剧所擅长的,但在传播渠道、接受语境和网生代受众审美偏好等诸多因素都发生变化的当下,山东讲述的主旋律故事要想真正实现在网络空间中的落地表达,就必须有所创新。为此,笔者提出了以日常生活叙事解码宏大政治内容,在政治理性之外融入生活逻辑,尽可能保留生活的"毛边",呈现人性的丰腴,以及融入年轻化、喜剧化元素的内容建构策略。与之相比,传统鲁剧中集中、专门观照女性命运的剧作相对欠缺,而在"她剧集"持续火爆的整体背景下,笔者认为山东或可在这一题材向度上有所突破。通过爬梳当下网络剧市场上的"她剧集",笔者提出了转换叙事立场、挣脱叙事套路、拓宽观照视野、革新形式美学等策略。当然,这并不意味着山东网络剧只应该追着热点走,笔者认为,山东网络剧更应该结合自身实际,发挥地域优势推动网络剧整体格局的进一步完善。故此,在检视当下网络剧市场的基础上,笔者又提出了通过接续浪漫主义、启蒙主义、左翼等乡土叙事传统,以"三画"的呈现突出地方色彩,以方言更新网络剧语言表达方式等方法打造精品化乡土网络剧,最终实现"新农村"的网络显影。

在此基础上,本研究又结合山东实际探讨了打造精品网络剧除内容建构外的其他制作策略、营销传播策略与评价体系建构策略。笔者始终认为,精品网络剧应该有一流的剧本、一流的导演、一流的演员、一流的制作、一流的市场点击率,同时还需要有一流的评价体系使网络剧的整个生产链条形成有效、合理的"善循环"。需要指出的是,所谓"一流"并非有一个一成不变的标准或模式,它更指涉的是在急景流年中也能始终站在时代之潮头、社会之尖端。因之,唯有在网络剧生产的各个环节始终保有锐意革新的勇气、能力和魄力,山东才能持续推出精品网络剧。

地域与文艺历来是双向互动之关系。地域地貌、自然气候、风土人情、文化传统、现实环境等是文艺生成的肥沃土壤,因此,文艺也是透视、管窥地域情感结构、思想意蕴和文化光谱的重要窗口与渠道,借由文艺的广泛传播,地域也表征、建构起更鲜活、更生动的地域表情与文化形象。如今,网络文艺的迅疾发展使如何借互联网之风、讲好地域故事、展现地域之美、传播地域之声成为各个地区不得不面对的新命题。而网络剧作为覆盖范围最大、受众最广的网络文艺,其之于地域文化形象建构、拉动地域经济、扩大地域影响力的意义更是不容小觑。如《人世间》在光影的变幻中打捞了20世纪下半叶时代变迁中的东北城市记忆,继而掀起了"东北风";《长安十二时辰》

以对古都长安的网络显影宣传了今日西安的城市形象，在多个领域内拉动了西安经济；《风起洛阳》既展现了洛阳盛景与华夏古城的新魅力，又助力洛阳城市IP引爆网络。由此，笔者认为，现在就是探讨山东打造精品网络剧发展战略的最好时机，这不只是定制山东网络名片、提升山东文化软实力的必要之举，更是新的时代背景下进一步在经济、人文等各个维度上扩大山东综合影响力的重要举措。

在网络剧迅猛发展、媒介环境急遽变化的总体背景下，本研究面临一系列的困难。同时，受学识、学力、时间、资源、人脉、环境等多种因素的限制，本研究不可避免地留下了诸多空白和缺憾。首先，本研究缺少与网络剧从业者的深度对话与交流，与受众的对话方式、渠道也相对单一。其次，本研究对除内容建构外其他制作策略的分析相对薄弱。再次，本研究偏向于传播学、影像叙事学、接受美学、文学与文化的研究，对课题所涉及的媒介经济学、统计学研究比较有限。最后，笔者认为题材类型多样化是决定山东网络剧核心竞争力的重要因素，但第四章只探讨了主旋律、女性和乡土三个题材网络剧的内容建构战略。实际上，山东还可以在借鉴网络文学资源的基础上，通过深度挖掘民间故事与文学、神话传说等传统志怪文化，进一步提升玄幻、仙侠题材网络剧的艺术品质；也可以在职业题材网络剧领域内有所开掘，以此改善当下普遍悬浮空洞不专业的创作现状。但囿于篇幅与笔者的精力，第四章并未在这两个题材上充分展开。上述不足固然是本研究的遗憾，但亦是笔者继续关注、深耕网络剧研究的重要动力。

# 附录　网络剧受众调查问卷

您好！

为了丰富对网络剧的了解与研究，现请您从观众的角度出发，分享您观看网络剧的相关信息。您的回答对于网络剧的研究有重要意义，感谢您的参与。

本次调查是匿名调查，所有调查结果仅用于学术研究，不会泄露您的个人信息。

## 一、受众基本资料

1.您的性别：

1.女　　B.男

2.您的年龄：

A.1～17 岁　B.18～22 岁　C.23～30 岁　D.31～35 岁

E.36 岁以上

3.您的最高学历：

A.小学及以下　B.初中　C.高中/本科　D.大专

E.本科　F.硕士及以上

4.您的职业：

A.学生　B.公务员　C.教育及科研工作者

D.个体商户　E.务农人员　F.自由职业者

5.您的月平均收入：

A.1000 元以下　B.1001～4000 元

C.4001～7000 元　D.7001～10000 元

E.10000 以上

## 二、观看网络剧的相关信息

1.您通常在哪个时间段观看网络剧？

A.8：00～12：00　　B.12：00～18：00

C.18：00～24：00　　D.24：00～8：00

E.无固定时间

2.您更倾向于选择哪种观看设备？

A.手机　　B.Ipad 等平板电脑　　C.电脑　　D.电视

E.其他：__________

3.您通常在什么地方观看网络剧？（多选）

A.宿舍　　B.教室　　C.家里

D.公交车、地铁等工具交通里　　E.咖啡馆等室内公共场所

F.户外　　G.其他：__________

4.您每次观看网络剧的时长是：

A.小于 1 小时　　B.1～3 小时　　C.3～5 小时　　D.5 小时以上

5.您通常通过何种渠道知晓一部网络剧并选择观看？（多选）

A.朋友等人的线下推荐　　B.小红书等生活社区平台

C.哔哩哔哩等文化社区　　D.腾讯、优酷、爱奇艺等视频平台

E.微博、微信等社交平台　　F.抖音、快手等短视频平台

G.其他：__________

6.您通常会被哪种宣传方式所吸引？（多选）

A.包括演员在内的官方发布的宣传物料

B.粉丝自发的安利物料　　C.公众号等自媒体的推送

D.视频平台的首页推送　　E.微博热搜词条与话题

F.其他：________________________

7.您观看网络剧的主要形式是：

A.自己看　　B.和朋友一起看

C.和家人一起看　　D.其他：________

8.您更倾向于选择哪一种网络剧排播模式？

A.一次性释出　　B.日更

C.周更　　D.播三休四或播五休二

E.都可以

9.您满意目前网络剧的排播模式吗？

A.满意　　B.不满意

10.您倾向于使用视频平台所提供的“只看 TA”“倍速播放”等功能吗?为什么?

A.会　　　　　　B.不会

原因:________________

11.您对网络剧中出现的广告的看法是什么?

A.无所谓　　　　　　B.厌恶

C.偶尔出现可以忍受　　　　　　D.可以接受

12.您曾经为了观看网络剧而付费过吗?付费的原因是什么?

A.没有　　　　　　B.使用过超前点播

C.成为视频网站会员　　　　　　D.购买周边

F.B、C、D 都有过

原因:________________

13.您观看网络剧时愿意打开弹幕吗?为什么?

A.愿意　B.不愿意

原因:________________

14.您观看网络剧时愿意发弹幕吗?为什么?

A.愿意　B.不愿意

原因:________________

15.您观看完网络剧后会去虚拟社区(豆瓣、微博与微博超话、百度贴吧、小红书等)观看他人的观剧体验吗?

A.从不　B.偶尔　C.经常

16.您观看完网络剧后会去虚拟社区(豆瓣、微博与微博超话、百度贴吧、小红书等)发表观剧体验并和他人交流吗?

A.从不　B.偶尔　C.经常

17.您曾经为所观看的网络剧进行过二度创作(视频剪辑、写同人文、画漫画等)吗?

A.有　　B.没有

18.您观看网络剧的主要目的是:

A.娱乐休闲　B.获取知识　C.学术研究　D.其他:________

19.您更喜欢哪一类型和题材的网络剧?

A.偶像言情　B.玄幻修仙　C.职场励志　D.主旋律　E.科幻

F.情景喜剧　G.悬疑惊悚　H.历史战争　I.女性　J.农村/乡土

K.其他:________

20.您觉得网络剧每集多长时间最合适？

A.10 分钟以内　B.10～30 分钟　C.30～70 分钟　D.70 分钟以上

21.您觉得网络剧的集数是多少集最合适？

A.9 集　B.10～12 集　C.13～20 集　D.21～24 集　E.25～30 集　F.31～40 集　G.无所谓

22.您喜欢某部网络剧的原因是？（多选）

A.有喜欢的明星　B.轻松搞笑　C.有代入感　D.真实，贴近生活　E.想象丰富　F.制作精良　G.有互动性　H.主角有 CP 感

I.其他：____________________

问卷结束，感谢您的参与。

# 参考文献

## 一、图书

1.曹书乐:《云端影像:中国网络视频的产制结构与文化嬗变》,华东师范大学出版社2020年版。

2.陈鹏、司若主编:《中国互联网视听行业发展报告2022》,社会科学文献出版社2022年版。

3.陈晓云主编:《新媒体语境下的影像生产与话语重构》,中国电影出版社2016年版。

4.储卉娟:《说书人与梦工厂:技术、法律与网络文学生产》,社会科学文献出版社2019年版。

5.冯宗泽:《网络剧的创作方式与传播机制研究》,中国文联出版社2016年版。

6.国家广播电视总局网络视听节目管理司、国家广播电视总局发展研究中心编著:《中国视听新媒体发展报告2021》,中国广播影视出版社2021年版。

7.李静:《更新自我:当代文化现象中的个体话语》,文化艺术出版社2021年版。

8.山东省广播电视局、山东大学新闻传播学院:《2021山东网络视听蓝皮书》,山东大学出版社2022年版。

9.邵燕君主编:《破壁书:网络文化关键词》,生活·读书·新知三联书店2018年版。

10.陶东风:《当代大众文化价值观研究　社会主义与大众文化》,辽宁教育出版社2014年版。

11.汪民安主编:《文化研究关键词》,江苏人民出版社2019年版。

12.吴素玲主编:《电视剧艺术类型论》,中国传媒大学出版社 2008 年版。

13.严前海:《影视文学批评学》,花城出版社 2016 年版。

14.杨鹏:《网络文化与青年》,清华大学出版社 2006 年版。

15.尹鸿主编:《中国电视剧 60 年大系·剧目卷》(上、下),中国广播影视出版社 2018 年版。

16.张智华:《电视剧类型》,北京师范大学出版社 2012 年版。

17.[德]韩炳哲:《娱乐何为》,关玉红译,中信出版社 2019 年版。

18.[德]韩炳哲:《在群中:数字媒体时代的大众心理学》,程巍译,中信出版社 2019 年版。

19.[德]齐格弗里德·克拉考尔:《电影的本性》,邵牧君译,江苏教育出版社 2006 年版。

20.[俄]列夫·马诺维奇:《新媒体的语言》,车琳译,贵州人民出版社 2020 年版。

21.[法]居伊·德波:《景观社会》,张新木译,南京大学出版社 2017 年版。

22.[法]让·鲍德里亚:《消费社会》,刘成富、全志钢译,南京大学出版社 2000 年版。

23.[法]西蒙娜·德·波伏娃:《第二性》,郑克鲁译,上海译文出版社 2011 年版。

24.[荷]凡·祖伦:《女性主义媒介研究》,曹晋、曹茂译,广西师范大学出版社 2007 年版。

25.[美]阿瑟·阿萨·伯杰:《媒介研究技巧》(第二版),张晶、易正林译,中国人民大学出版社 2009 年版。

26.[美]伯格:《通俗文化、媒介和日常生活中的叙事》,姚媛译,南京大学出版社 2000 年版。

27.[美]段义孚:《浪漫地理学:追寻崇高景观》,陆小璇译,译林出版社 2021 年版。

28.[美]段义孚:《恋地情结:环境感知、态度和价值观研究》,志丞、刘苏译,商务印书馆 2019 年版。

29.[美]亨利·詹金斯:《融合文化:新媒体和旧媒体的冲突地带》,杜永明译,商务印书馆 2012 年版。

30.[美]亨利·詹金斯:《文本盗猎者:电视粉丝与参与式文化》,郑熙青译,北京大学出版社 2016 年版。

31.[美]约翰·费斯克:《理解大众文化》,王晓珏、宋伟杰译,中央编译出版社 2001 年版。

32.[美]珍妮斯·A.拉德威:《阅读浪漫小说:女性、父权制和通俗文学》,胡淑陈译,译林出版社 2020 年版。

33.[英]戴维·莫利:《传媒、现代性和科技:“新”的地理学》,郭大为等译,中国传媒大学出版社 2010 年版。

34.[英]丹尼斯·麦奎尔:《受众分析》,刘燕南、李颖、杨振荣译,中国人民大学出版社 2006 年版。

35.[英]吉莉恩·罗斯:《观看的方法:如何解读视觉材料》,肖伟胜译,重庆大学出版社 2017 年版。

36.[英]尼克·史蒂文森:《认识媒介文化:社会理论与大众传播》,王文斌译,商务印书馆 2001 年版。

37.[英]齐格蒙特·鲍曼:《流动的现代性》,欧阳景根译,中国人民大学出版社 2017 年版。

38.[英]索尼娅·利文斯通:《理解电视:受众解读的心理学》,龙耘译,新华出版社 2006 年版。

**二、期刊论文**

1.本刊记者:《优化创作资源　塑造文化品格——鲁剧创作研讨会综述》,《中国电视》2011 年第 10 期。

2.曹成竹、王兴永:《网络文艺批评特征简析》,《山东社会科学》2015 年第 2 期。

3.戴清、卞天歌:《电视剧网络剧原创力的评价体系与提升策略研究》,《东岳论丛》2020 年第 10 期。

4.冯宗泽:《国内网络剧的现状与发展趋势》,《传媒》2015 年第 8 期。

5.韩鸿:《方言影视的文化解析》,《新闻与传播研究》2003 年第 1 期。

6.韩素梅:《弹幕视频与参与式文化的新特征》,《新闻界》2016 年第 22 期。

7.贺彩虹:《山东民俗与鲁剧创新》,《山东师范大学学报》(人文社会科学版)2021 年第 1 期。

8.吉保邦:《以人民为中心　根植齐鲁大地——山东影视艺术繁荣发展的轨迹探析》,《现代视听》2016 年第 1 期。

9.金民卿:《后现代精神和中国大众文化发展》,《北京大学学报》(哲学社会科学版)2001 年第 2 期。

10.李丹舟、赵梦笛:《网络剧的文化治理:审美价值、生产机制与优化路径》,《云南社会科学》2021 年第 1 期。

11.李星儒:《网络剧跨媒介叙事互文空间建构研究》,《现代传播》(中国传媒大学学报)2022 年第 8 期。

12.李掖平、刘晨瑶:《植根于儒家文化厚土的“鲁剧”之花》,《中国电视》2020 年第 9 期。

13.刘小雪:《网络剧的整合营销传播策略与优化措施》,《新媒体研究》2018 年第 3 期。

14.马立新、安楠:《爆款网络剧审美特征与机理研究》,《中国文艺评论》2021 年第 2 期。

15.欧阳文风、谭武军:《中国网络自制剧的勃兴、问题及发展思路》,《湘潭大学学报》(哲学社会科学版)2014 年第 6 期。

16.潘可武:《媒介视角中的网络剧》,《西南民族大学学报》(人文社科版)2016 年第 11 期。

17.钱珏:《“网剧”——网络与戏剧的联合》,《广东艺术》1999 年第 1 期。

18.任庭义:《论“鲁剧”品牌的开发、传播与维护》,《电影文学》2012 年第 17 期。

19.申玲玲、李炜:《中国网络文化研究综述》,《社会科学战线》2011 年第 7 期。

20.舒敏、张开扬:《中国网络剧当下发展困境与对策》,《当代电视》2019 年第 5 期。

21.王海波:《论网络剧如何抵制“三俗”以弘扬正能量》,《电视研究》2015 年第 7 期。

22.王志荣:《中国网络剧发展成因与特性探析》,《兰州交通大学学报》2013 年第 2 期。

23.吴占勇:《我国网络剧精品化发展的趋势探析》,《中国电视》2022 年第 4 期。

24.杨慧、尹鸿:《跨入两栖时代:2016 年中国电视剧观察》,《电视研究》2017 年第 3 期。

25.杨雪、刘娜:《融合与共生:网络剧精品化的发展逻辑》,《编辑学刊》2021 年第 2 期。

26.尹鸿、司若、宋欣欣:《新主流　新形态　新走向——中国电视剧、网络剧产业观察》,《传媒》2021 年第 11 期。

27.尹鸿、杨慧:《从高原走向高峰——五年来电视剧/网络剧创作分析》,《当代电视》2022 年第 2 期。

28.尹鸿:《网络剧的底线可以比电视剧低吗》,《人民论坛》2016 年第 10 期。

29.尹一伊、徐小棠:《网络视听平台的剧场化策略研究》,《当代电视》2022 年第 8 期。

30.尤达:《短视频剧情化与网络剧迷你化——网络微短剧精品化发展的迷思与探索》,《中国电视》2022 年第 3 期。

31.尤达:《精神坚守与审美接近——论现实题材网络剧的精品化创作》,《中国电视》2022 年第 8 期。

32.张智华、李金晟:《中国网络剧的编剧、拍摄与制作》,《艺术百家》2016 年第 3 期。

33.张智华:《论中国网络剧发展》,《戏剧》(中央戏剧学院学报)2020 年第 6 期。

34.郑焕钊:《从媒介融合到文化融合:网络文艺的发展路径》,《中国文艺评论》2020 年第 4 期。

35.周宪:《跨文化研究:方法论与观念》,《学术研究》2011 年第 10 期。

36.周勇、黄雅兰:《从"受众"到"使用者":网络环境下视听信息接收者的变迁》,《国际新闻界》2013 年第 2 期。

37.周云倩、常嘉轩:《网感:网剧的核心要素及其特性》,《江西社会科学》2018 年第 3 期。

38.周志平:《网络剧的发展现状及盈利模式》,《中国广播电视学刊》2016 年第 2 期。

39.朱天、文怡:《多元主体需求下网络微短剧热潮及未来突破》,《中国电视》2021 年第 11 期。

40.[美]凯瑟琳·海尔斯、杨建国:《过度注意力与深度注意力:认知模式的代沟》,《文化研究》2014 年第 2 期。

## 三、学位论文

1.郝丹青:《网络自制剧的形态及其传播研究——以爱奇艺网络自制剧为例》,南京师范大学硕士学位论文,2019 年。

2.王潇苹:《中国内地方言网络剧研究》,南京艺术学院硕士学位论文,2017 年。

3.王一博:《我国网络自制剧的营销策略研究》,天津师范大学硕士学位论文,2016 年。

4.于希:《中国网络剧的内容生产与传播机制研究》,山东大学硕士学位论文，2013 年。

5.章雄：《中国网络剧的青年亚文化解读》，浙江师范大学硕士学位论文，2015 年。

## 四、报纸文章

1.崔晓：《注重网络剧的精神引领》，《人民日报》2016 年 4 月 8 日。

2.何瑞涓：《网络文艺评论如何助力网络文艺经典化?》，《中国艺术报》2020 年 11 月 4 日。

3.李蕾、张进进：《网络剧须走精品化之路》，《光明日报》2017 年 2 月 27 日。

4.李笑萌：《技术进步为网络文艺营造多彩景观》，《光明日报》2022 年 9 月 17 日。

5.牛梦笛：《"网标"倒逼网络剧片提升质量》，《光明日报》2022 年 6 月 25 日。

6.吴月玲：《融通传统经典和网络文艺的评价体系》，《中国艺术报》2016 年 1 月 15 日。

7.杨晓：《网络剧抓住"网感"》，《中国新闻出版广电报》2016 年 4 月 6 日。

8.艺君：《警惕耽改剧把大众审美带入歧途》，《光明日报》2021 年 8 月 26 日。

9.袁欢：《"她悬疑"走红，女性向成为网剧创作新风口》，《文学报》2020 年 9 月 3 日。

10.张祯希：《网络剧步入"大剧时代"?》，《文汇报》2016 年 1 月 7 日。

# 博士后期间的学术成果

1.杨有楠:《音乐乌托邦与先锋的幽灵——格非〈月落荒寺〉与〈隐身衣〉论札》,《文艺评论》2021 年第 2 期。

2.杨有楠:《CP 经济学与网络剧的泛甜宠趋向批评》,《当代电视》2022 年第 7 期。

3.杨有楠:《论孙频历史书写的叙事调整——以〈以鸟兽之名〉等为考察中心》,《聊城大学学报》(社会科学版)2022 年第 5 期。

4.杨有楠:《论阎连科对鲁迅“文学遗产”的叛离与继承——以阎连科的乡土小说为考察中心》,《中国现代文学论丛》2022 年第 4 期。

# 下 篇

# 红色基因文化传播研究

## ——以山东为例

任晓敏

**博士后:任晓敏**

任晓敏,女,山东师范大学新闻与传媒学院副教授,中国人民大学传播学博士,山东省广播电视台与复旦大学联合培养博士后;研究方向为网络与新媒体传播、影像传播、数字出版;主持国家社科后期项目1项、山东省社科项目1项、山东师范大学青年教师科研项目1项,参与省级重点教改项目1项,参编教材两部,在《新闻大学》《编辑之友》《中国编辑》《中国出版》等权威学术期刊发表多篇学术论文。

# 第一章　红色文化研究概述

本章主要对本研究的研究背景、国内外研究现状、研究目标与思路、研究方法、创新点和意义进行概述。

## 第一节　研究背景

自2003年起，学界开启了对“红色文化”的研究。在中国知网以“红色文化”为主题词进行搜索（见图1-1），可以看到，截至2022年12月25日一共有28135篇相关研究，并且从2003年开始，关于红色文化的研究呈现出连续的上升趋势。数据显示，2003年有4篇，2004年有18篇，2005年有45篇，2006年有100篇，2013年有600多篇，2022年有6000多篇。近10年来，红色文化研究数量增长了10倍，红色文化研究进入快速增长阶段。

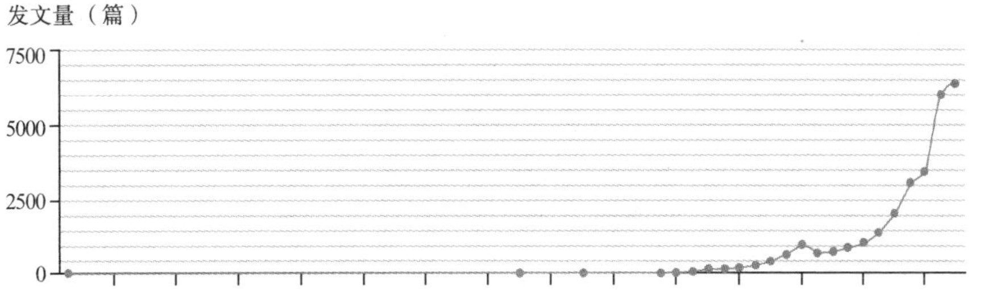


图1-1　中国知网“红色文化”主题词的搜索结果

针对“红色文化”，高等教育、文化、旅游、思想政治教育、党史党建、政治学、文化学、历史学、教育学、旅游学、新闻学与传播学、考古学、图书馆学、戏剧影视学、语言学等学科都展开了丰富的相关研究,尤其是高等教育、文化、旅游、思想政治教育这四类研究就占到了一半以上(见图 1-2)。

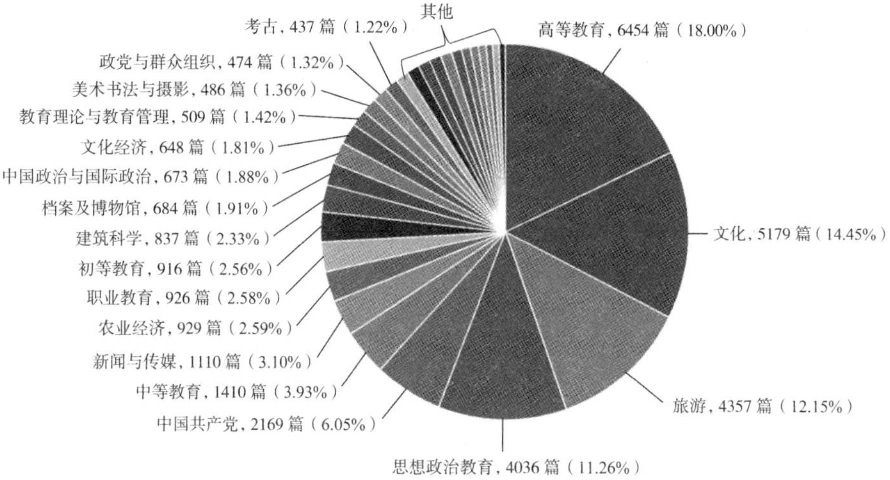


图 1-2 “红色文化”研究的学科分布情况

注:“其他”项目占比太少,不具有统计学意义,没有显示数据分析结果。

作为红色文化研究的一个重要构成,红色文化传播不仅关系着红色资源的开发与利用、红色文化产业的发展,关系着我国民众对红色文化的正确认知,而且关系着我国政治认同、社会发展与文化建设。

今天红色文化的传播面临着几个现实问题:如何充分表现或表征红色文化的核心?如何找到最契合人们需求和心理的传播渠道与传播方式,并生产有吸引力的红色文化信息或产品?红色文化传播的效果怎样?当前的红色文化传播在普通民众那里是如何接收和认知的?信息泛滥、注意力稀缺时代,可以采用哪些传播策略,从而引起人们的注意力,吸纳人们的主动参与?本研究将紧紧围绕“红色文化传播”问题,试图通过回答上述几个现实问题,探讨当前我国红色文化的生产与传播,构建我国红色文化传播理论,丰富和深化对红色文化的相关研究。

作为地域性红色文化的集中地和核心区,山东地区革命遗存的红色文化得到了社会各界的普遍关注与重视。本研究以山东红色文化为个案,将红色文化传播研究和红色资源、红色基因文化的挖掘与梳理结合起来,深入分析红色文化传播现状、效果和意义,从而提出红色文化未来传播的可行路径。本研究虽然以山东为例,但是笔者期望本研究能够为我国整体红色文化传播提出具有可借鉴的观点和结论。

## 第二节 国内外研究现状

从目前文献来看,对红色文化研究主要有以下几个方面。[①]

### 一、对红色文化内涵与价值的本体化阐释

首先是"红色文化是什么"的问题。目前对于红色文化的内涵是有争议的,主要有狭义和广义之说。从狭义的角度,"红色文化是由中国共产党在新民主主义革命时期领导创建的先进的政治文化"[②],也就是说,红色文化即抗战文化、解放区文化、新民主主义文化等,革命遗址、革命陵园、革命建筑等器物是承载红色文化的重要符号[③]。广义的红色文化则不仅仅是革命文化,而应是包括中国共产党在革命、建设和改革的不同历史时期,在具体的实践活动中创造的革命文化和社会主义先进文化。[④] 有学者认为广泛的定义容易导致"红色文化"概念的泛化和红色文化研究的"程式化"[⑤];有学者则认为对于红色文化的研究,既要顾及人们认识的历史常识,也要拓宽视野,既要从中国近代历史发展和民族复兴进程审视红色文化,也要放眼世界从国际视角讨论红色文化[⑥]。

笔者认为,在探讨红色文化传播时,我们更应该持一种广义的观点,因为红色文化传播要注重红色文化的现实性,要注意红色文化与当前社会、经济、政治、文化环境和人们信息需求的相结合,如果只是持一种狭义的观点,把红色文化等同于革命文化,可能会导致信息传播内容与受众需求、时代需求的匹配度不高。而且,当前党和国家对红色基因文化的强调,本身就是对红色文化延续性、革新性的一种突出。

其次是红色文化的价值问题。红色文化是历史性的形成,积淀了中华民族最深层的精神和传统文化最核心的精华,它能够穿越时空,在当今价值多元化、世界一体化的时代,仍然彰显出独特的价值。红色文化可以抵御历

① 由于国外学者对红色文化直接研究的数量很少,所以笔者主要梳理了国内研究现状。
② 李水弟、傅小清:《红色文化之源:中国共产党的先进性》,《求实》2008 年第 5 期。
③ 参见罗永宽、李燕:《红色文化的精神内核与当代价值》,《文化软实力研究》2017 年第 1 期。
④ 参见刘建荣:《红色文化的道德价值》,《湖南社会科学》2022 年第 3 期。
⑤ 参见罗永宽、李燕:《红色文化的精神内核与当代价值》,《文化软实力研究》2017 年第 1 期。
⑥ 参见沈成飞、连文妹:《论红色文化的内涵、特征及其当代价值》,《教学与研究》2018 年第 1 期。

史虚无主义的泛滥，增强文化自信，标注中国特色，提升国家认同。[①] 并且，红色文化承载着党的集体道德记忆，在中国共产党百年奋斗中诠释党的建党精神，夯实了党的道德力量，彰显了爱国主义的民族情怀、责任义务的家国理想、集体主义的道德情结和艰苦奋斗的革命精神，因此，红色文化还具有丰富而深刻的道德价值。[②] 红色文化蕴含着以人民为中心的价值标准和价值取向，不仅反映和表达时代精神，而且塑造和引领新的时代精神。[③]

红色文化的价值还体现在它的育人功能，红色文化不仅在思想政治教育中具有政治引导价值、精神感召价值、价值观塑造价值、道德示范价值[④]，而且红色文化是具有审美特征的文化，具有美育作用，能够培育人的完美人格、道德情操，促进德智体美的全面发展[⑤]。充分发挥红色文化的理想指导功能、价值引领功能和行为规范功能，可以铸就时代青年的“精神钙质”。[⑥]

最后是对习近平红色文化论述的研究。党的十八大以来，习近平总书记围绕红色文化、红色基因作出一系列重要论述，因而有诸多学者从多元视角对习近平总书记关于红色基因与红色文化的论述进行分析，有的学者从生成逻辑、理论意蕴、价值旨趣进行分析[⑦]；有的学者从逻辑起点、理论逻辑、实践逻辑分析了习近平总书记关于红色基因重要论述的逻辑体系[⑧]；有学者梳理了习近平总书记关于弘扬红色文化重要论述的形成条件，并概括出习近平重要论述的主要内容，凝练出习近平重要论述的鲜明理论特征和重要价值[⑨]；还有学者论述了习近平总书记关于红色文化重要论述的现实依据和理论渊源、形成过程和主要内容、实践价值和启示[⑩]。

---

① 参见沈成飞、连文妹：《论红色文化的内涵、特征及其当代价值》，《教学与研究》2018 年第 1 期。

② 参见刘建荣：《红色文化的道德价值》，《湖南社会科学》2022 年第 3 期。

③ 参见王秀苹：《论红色文化价值的生成、演化及其实践转向》，《学术探索》2021 年第 9 期。

④ 参见陈宗文、兰燕：《红色文化的特质、价值与育人实践》，《山东干部函授大学学报》(理论学习)2022 年第 5 期。

⑤ 参见张晶晶、韩文根：《红色文化的时代价值及其美育作用》，《美与时代》(下)2021 年第 1 期。

⑥ 参见孙路亮、杨立志：《红色文化铸就时代青年“精神钙质”：作用机理、基本内涵和实践路径》，《南阳师范学院学报》2022 年第 5 期。

⑦ 参见赵晓毅、康海轩：《习近平红色文化重要论述：生成逻辑 · 理论意蕴 · 价值旨趣》，《中学政治教学参考》2022 年第 32 期；赵丽：《习近平关于红色基因的重要论述研究》，中共山东省委党校硕士学位论文，2022 年。

⑧ 参见高敏君、何喜均：《习近平关于红色基因重要论述的逻辑体系》，《党史博采》(下)2021 年第 12 期。

⑨ 参见刘星星：《习近平关于弘扬红色文化重要论述研究》，大连理工大学硕士学位论文，2022 年。

⑩ 参见周婷：《习近平红色文化重要论述研究》，淮北师范大学硕士学位论文，2022 年。

## 二、对红色文化形成与演变的过程阐释

这一部分研究主要回答了“红色文化如何生成”的问题，主要有两大理论和方法视角：文化发生学与文化生态学。

文化发生学运用于红色文化研究，就是从红色文化的发生根源、发生基础、发生过程的角度，探究红色文化在革命区域是如何与当代社会文化结合，衍生出新型文化形态，并对其动态过程进行考察描述，从而获得关于红色文化的发生、发展及其演变的规律。如陈敬、魏本权以沂蒙红色文化为个案，从文化发生学角度，指出沂蒙历史文化是沂蒙红色文化的发生根源，马克思主义在沂蒙地区的传播、沂蒙地区的武装革命暴动、红色革命中沂蒙人民的觉醒是沂蒙红色文化的发生基础，抗日战争和解放战争时期沂蒙精神的形成是沂蒙红色文化的发生过程。①

有学者认为，文化发生学研究无法回答某一红色文化的特殊文化特征和文化模式与地区生态环境的关系，无法识别不同红色文化之间的个体差异性，于是提出文化生态学的学科范式与理论方法。文化生态学研究文化的生态背景、组成结构、文化间的网络关系与链接、文化的变迁。② 文化生态学视角下的红色文化生成研究，通常是对孕育生成某一红色文化的自然生态、社会生态和人文生态环境进行生态学意义上的考察和分析，从“文化与环境”的关系探讨某一红色文化的特殊文化特征和文化模式的源流。从文化生态学角度看，沂蒙红色文化的形成与沂蒙地区居山、顺河、临海的自然生态，民国以来匪患、兵祸造成的社会经济凋敝、民生艰难，抗日根据地建设以来的政治、军事、文化、经济等各项建设的社会生态，以及沂蒙历史文化和马克思主义融合的人文生态等因素紧密关联，正是这些沂蒙地区独特的生态环境，形成了沂蒙红色文化的特殊性。③

## 三、红色文化传承与传播研究

首先是从整体上探讨红色文化的传承与传播，描述红色文化传播的现状、问题、载体、策略、路径等。有学者从全媒体视域指出，全媒体是多网归

---

① 参见陈敬、魏本权：《红色文化的文化发生学考察：以沂蒙红色文化为中心》，《临沂师范学院学报》2010 年第 1 期。

② 参见汤红兵：《从文化生态学视角看湘鄂西红色文化的形成原因》，《党史文苑》（学术版）2006 年第 24 期。

③ 参见韩延明、魏本权：《沂蒙红色文化的文化生态学考究与辨析》，《山东社会科学》2010 年第 7 期。

一、多终端归一的立体化、全维度的信息传播形式，具有信息辐射大、传播速度快等特点，我们必须科学认识全媒体的传播规律，借助互联网这个最大变量实现红色文化传播的最大增量。① 实现传播主渠道向新媒体转变，巩固和优化传统媒体的主导性地位与作用，发挥其他媒体的多维度补充性作用，加强对人际传播渠道的合理利用，拓展反馈互动的有效通道。② 有学者则从融媒体的视角，指出融媒体对红色文化传播的解构与重构，造成红色文化传播思维、模式、方式和路径的嬗变。③ 还有学者从“微传播”的角度出发，指出红色文化传播要增强微传播的意识，厘清微传播的基本内容，创新微传播的基本路径，提高微传播的实效，增强红色文化在“微时代”的吸引力、感染力、生命。④

其次是结合具体的媒体形式，探讨红色文化如何利用不同媒介进行传播。有学者从红色出版物的视角，指出新时代红色出版的创新路径，即围绕国家导向，以重大时间节点为轴线，辐射红色出版业态的文化驱动；围绕地域文化特色，挖掘革命精神内涵，提高原始资料成果转化率的内容驱动；革新传统产业链，实现多模态并行生产的技术驱动；精准定位，多元开发，带动红色文化立体传播的 IP 驱动。⑤ 有学者结合动漫艺术，提出动漫以新生代为消费主体，并且是高效的教育手段、符合时代的传播方式，因此，动漫是红色文化传播的优势手段，利用动漫可以创新红色文化内容形式、打造红色动漫优势品牌、拓展红色动漫传播媒介。⑥ 有学者结合短视频平台中对红色文化经典文本的二次创作和表演指出，红色文化短视频的创作不仅是一种文本的再造和创造，短视频用户在创作过程中同时完成了红色文化粉丝身份的确认，而且是红色文化领域内的大众参与，可以实现红色文化由精英话语转向大众话语，并且能够与当下青年文化开展良性互动以保持红色文化的持久生命力。不过，红色文化的短视频创作也有娱乐化、空心化、虚无化的风险。⑦ 此外，还有一些学者结合歌谣、音乐、游戏等媒介，探讨红色文化的

---

① 参见滕慧君:《全媒体时代红色文化传承路径探析》,《人民论坛》2020 年第 22 期。

② 参见毕耕、谭圣洁:《全媒体时代红色文化传播的媒介策略》,《红旗文稿》2016 年第 5 期。

③ 参见荆立群、薛耀文:《融媒体视阈下红色文化的传播》,《编辑之友》2020 年第 3 期。

④ 参见骆郁廷、陈娜:《论红色文化的微传播》,《江淮论坛》2017 年第 3 期。

⑤ 参见李晶、梁彦:《红色出版物视角下的新时代红色文化溯源与创新传播研究》,《科技与出版》2021 年第 5 期。

⑥ 参见宋军:《动漫艺术对红色文化的传播》,《文艺争鸣》2010 年第 18 期。

⑦ 参见李磊、王冰:《红色文化短视频传播的机遇与隐忧》,《青年记者》2020 年第 32 期。

传播问题。[①]

最后，红色文化的国际传播也是重要的内容。有学者通过对延安时期红色文化国际传播的载体、主体和成效进行系统的梳理，提出对新时代国际传播的建议和启示。[②] 有学者基于对红色文化影像国际传播格局和可行性的分析，提出红色文化影像国际传播的新进路："集中＋散落"的传播主体建构策略、"长视频＋短视频"的传播模态设置、"历史＋现代"的传播内容策略以及"高新科技＋传统手段"的分众传播方式。[③] 有学者从跨文化传播的视角，立足河北红色文化跨文化传播实际，提出如何以全媒体策略对河北红色文化进行国际化传播。[④] 还有学者从文化折扣的视角指出，由于国内外民众价值观不同、文化霸权、文化误读等因素，导致红色文化对外传播时难以产生认同和共鸣，使文化产品在对外传播中效果大打折扣。[⑤]

从理论视角看，传播学、社会学、历史学、文化学、地理学、政治学等多种学科都为目前的红色文化传播研究提供了充分的理论资源。有学者从符号学的视角指出，红色文化的传承弘扬是一个符号生成、传播和交流的持续生成过程，符号发送者要通过符号的编码机制，对红色文化资源进行建设；红色文化传播要通过丰富多样的符号文本或介质进行；人民群众接收并解释红色文化符号的所指意义，以及理解红色文化符号所表征的崇高精神和价值，推动红色文化的日常生活化和传承弘扬。这些构成了红色文化的传播机制。[⑥] 有学者从叙事传播的理论视角，探究了移动智能背景下红色文化传播的叙事新路径，并指出移动智能终端游戏产品能较好地克服或规避红色文化传播的局限性，迎合全新的传播背景环境，从而彰显其强大的叙事理性。[⑦] 有学者从政治传播的角度指出，红色文化诞生与发展的历史，就是一部见证中国共产党不断开拓创新的政治传播史，政治传播赋予红色文化特

---

① 参见吴晓川：《川陕苏区红色文化的歌谣建构与传播》，《文艺争鸣》2010 年第 20 期；邹志刚：《中国梦与红色音乐文化传播研究》，《艺术百家》2014 年第 1 期；申睿、周涵晓：《红色网游的崛起之道》，《出版发行研究》2006 年第 2 期。

② 参见党争胜：《延安时期红色文化国际传播的历史经验及其当代启示》，《上海交通大学学报》(哲学社会科学版)2022 年第 4 期。

③ 参见陈峻俊、符家宁：《数字时代红色文化影像国际传播力提升的新进路》，《西华大学学报》(哲学社会科学版)2022 年第 4 期。

④ 参见张楠楠：《跨文化视野下河北红色文化的对外传播研究》，吉林大学出版社 2021 年版，第 142～163 页。

⑤ 参见粟雪晴、汪莉：《文化折扣视角下我国红色文化的对外传播》，《传媒论坛》2022 年第 3 期。

⑥ 参见焦红波：《红色文化符号及其传播系统建构》，《新闻爱好者》2022 年第 7 期。

⑦ 参见胡建斌：《叙事传播视角下红色文化主题游戏的设计》，《四川戏剧》2022 年第 6 期。

殊的传播形态和价值内涵，政治传播的媒介策略直接影响红色文化传播的广度和深度，因此要强化红色文化的政治传播力度，完善红色文化的政治传播内容，丰富红色文化的政治传播形式以及扩展红色文化的政治传播载体，实现从“信息输出”到“信息优化”的飞跃，促进从“政治符号”到“文化符号”的转化交融，推动从“物质形态”到“意识形态”的跨越，彰显从“话语建构”到“话语传播”的统一。① 还有学者从游戏化传播的理论，以“青春，为祖国歌唱”网络拉歌比赛活动为个案，归纳了其中的游戏机制，从而指出红色文化的“游戏化”传播机制创新模型，即在受众的自我决定、“心流”、参与式文化等心理效应下，借助“游戏化”驱动路径、体验模式、奖励机制、情感赋予四个元素，全方位创新传播内容、形式和运营方式。② 此外，有学者从场域理论出发，以沂蒙精神的跨场域传播为例，指出革命文化从社会(政治)场域的意识形态过渡到文化场域的资源内容过程中，必须遵循习惯培养的规律，进行适应性结构调整，完成跨场域的资本二次生成。③

总的来看，目前我国关于红色文化的研究已经非常丰富多元，除了上述直接以“红色基因”“红色文化”为标题关键词的研究外，还有诸多围绕红色经典、红色影视剧、红色文化空间、红色旅游等具体红色文化内容或产品的研究。④ 我们也可以看到，红色文化传播作为红色文化研究中的重要内容，有着不可或缺的地位。红色文化传播在红色文化传承、红色资源开发与利用、红色文化产业发展中均起着重要的作用。未来需要更多关于红色文化传播的研究。然而，目前关于红色文化传播的研究大多停留在描述性分析和宏大叙事上，一些具体实例的分析又往往聚集于一两个代表性的案例，无法把握红色文化传播的整体面貌。并且，目前对红色文化与红色文化传播的研究基本上呈割裂状态，对红色文化本身进行研究的学者通常就红色文化是什么、如何发生的、有什么价值而展开，很少谈及其传播问题；对红色文化传播进行研究的学者又往往忽视红色文化本身的内容，只是结合个别典

---

① 参见梁罡：《政治传播视角下红色文化的理论语境、意义表达及传播路径》，《理论导刊》2022年第5期。

② 参见孔清溪、许力丹：《红色文化的“游戏化”传播机制创新研究——以“青春为祖国歌唱”为例》，《现代传播》(中国传媒大学学报)2021年第10期。

③ 参见于晓风：《“场域”视野下的革命文化——以沂蒙精神的跨场域传播为例》，《山东社会科学》2018年第4期。

④ 参见李茂民：《“红色经典”的历史本体基础及其叙事规律》，《东岳论丛》2018年第12期；李掖平：《大众文化语境下的谍战影视剧论析》，《百家评论》2013年第3期；李孟舜：《红色文化空间的功能构建与创设路径》，《中州学刊》2022年第7期；尹晓颖、朱竑、甘萌雨：《红色旅游产品特点和发展模式研究》，《人文地理》2005年第2期。

型现象级传播案例论述传播的策略。能够结合某一类型红色文化或基于地域红色文化，对红色文化和红色文化传播同时展开详细的实证调查，将二者进行比对，以考察红色文化传播涉及了哪些红色文化，传播现状是什么，传播效果如何，在此基础上再去论述红色文化未来传播该如何的研究还比较缺乏。

本研究的出发点是山东红色基因文化，落脚点是其传播，通过挖掘、梳理山东红色基因文化的具体内容，系统、客观地调查山东红色文化传播的现状与传播效果，有依据地指出山东红色文化的传播特性与问题，继而结合山东民众对红色文化传播的兴趣、偏好、认知与态度，提出山东红色文化未来传播的可行路径。

## 第三节 研究目标与思路

以红色基因文化为出发点，紧扣山东本地红色文化及其传播现状与效果，有针对性地分析山东红色文化传播形成的特性、存在的问题，并提出未来传播的有效方式，是本研究的学术任务。具体来说，研究目标、研究思路、研究内容框架分别如下。

### 一、研究目标

第一，对红色基因、红色文化、红色基因文化、红色基因文化传播等概念的基本内涵和研究范畴进行辨析和界定。

第二，全面梳理当下山东红色基因文化的传播现状，概括出主要的山东红色基因文化内容，包括红色人物、事件、器物、精神等四个方面和类型，基于山东媒体的报道，客观、科学地分析山东红色基因文化传播的方式和介质及其特性，进而概括出山东红色基因文化的传播现状和传播问题。

第三，运用问卷调查方法，了解山东民众对山东红色基因文化的兴趣、接触偏好、认知与态度等情况，从而对山东红色基因文化的传播效果进行考量，详细了解山东红色基因文化传播效果如何，哪些因素对民众的不同认知与态度产生了影响，从而对红色基因文化的下一步传播作出预测并提出一定的解决办法。

第四，结合时代背景、媒介生态、技术发展和文化语境，探讨红色基因文化未来传播的可行路径和注意事项。

### 二、研究思路

本研究围绕山东红色基因文化是什么，如何传播、传播有哪些特性和不足，山东民众对山东红色基因文化持怎样的认知与态度，山东红色基因文化未来传播该怎么做等问题进行研究，综合运用质化与量化相结合的方法，以实证研究的思路对山东红色基因文化传播进行深入分析。

### 三、研究内容框架

本研究包括五个部分。

第一部分，红色基因文化研究现状与本研究概述。通过文献梳理，整理当前有关红色文化的研究内容、视角与观点，为本研究的具体施展确定研究方式、思路和具体操作路径。

第二部分，对“红色基因”“红色文化”“红色基因文化”“红色基因文化传播”等概念及其研究范畴进行界定，确定核心关键词的基本内涵、内在属性，确定本研究的范畴。

第三部分，运用实证调查的方法，对山东红色基因文化的传播现状进行客观的调研，总结山东红色基因文化传播的特性和存在的问题。

第四部分，运用问卷调查法，调查山东民众对山东红色基因文化的认知与态度，考量山东红色基因文化的传播效果。

第五部分，基于第二、三、四部分的数据与结论，结合新的时代背景和媒介生态，探讨如何改进传播内容和传播形态，有效地促进红色文化传播，为我国其他地域性红色文化传播甚至全国性红色文化的未来传播提供可参考的建议与意见。

## 第四节　研究方法、创新点与意义

相对于已有成果，本研究在研究方法、研究视角、研究内容上均有一定的创新之处，研究成果也具有深厚的理论意义和实践意义。

### 一、研究方法

#### (一)关键事件技术

关键事件技术(Critical Incident Technique，CIT)由美国匹兹堡大学心理学教授约翰·弗拉纳根(John Flanagan)于1954年提出，是研究者针对某个特定的领域或主题搜集故事或关键事件，并对其中有效或无效的行为进行分类处理和数据分析，然后得出研究结论的方法。[①]“事件”指任何可以观察的人类活动，应该发生在一种目标与意向非常清楚的意境中，具有足够的完整性，从而可以对人们的表现作出推断和预测；“关键”是指“事件”对整个活动目的而言发挥了重大作用。

为了能够全面、客观、有效地搜集到红色基因文化及其传播的现状，本研究以“建党百年”这一关键事件[②]为切入点，收集、整理了山东媒体(报纸、网站、手机客户端以及社交媒体)在2020年1月至2022年1月期间所有的新闻报道与信息发布，然后运用过滤、筛选、分类、比较等方法对数据进行深入研读和分析，获取关于山东红色基因文化及其传播真实可靠的信息。

(二)内容分析与文本分析

在对山东红色基因文化及其传播现状的数据整理与统计过程中，笔者采用量化与质化相结合的思路，综合运用了内容分析与文本分析方法，既系统、客观地对数据进行类目建构、编码与数理化统计，用数据呈现结果、说明结论；同时也深入文本中，对文本进行认真研读与比较，挖掘文本中蕴含的信息内容与价值。

(三)问卷调查

设立山东“革命先辈”“重大历史事件”“革命遗址”“红色精神”等内容系统，调研山东民众对山东红色基因文化的认知，调查人们对山东红色基因文化的兴趣、接触偏好，以及人们对山东红色文化传播中传播主体、传播方式、传播问题、传播意义等方面的态度。

## 二、创新点

首先，目前关于红色文化及其传播的研究大多是从宏观角度整体上的论述，较少基于地域红色文化、红色文化历史进行具体、深入分析；并且，现有关于山东红色文化的研究又多局限于沂蒙红色文化，缺乏对山东红色文化的全面性分析研究。本研究紧扣山东红色基因文化这一地域红色文化，

---

① 参见熊开容、刘超、甘子美：《刷抖音会上瘾吗？——短视频App用户沉浸式体验影响因素与形成机制》，《新闻记者》2021年第5期。

② 2021年恰逢建党百年，我国各级各地的政府、机构、媒体等为了庆祝建党百年，纷纷出台多种计划、策划系列活动、生产相关作品，同时，“建党百年”也成为全国人民关注和热议的话题，他们主动在社交媒体中发布经历与感想。笔者认为，对于我国红色基因文化传播来说，“建党百年”无疑是一个具有标志性意义的关键事件，考察围绕这一事件的信息传播与互动，可以窥探红色基因文化的传播情形。

对山东红色基因文化传播进行系统、全面的研究,能够提供鲜活的数据和有力的观点。从研究视角上,本研究能够弥补当前对地域红色文化研究不深入、不全面的不足。

其次,目前关于红色文化及其传播的研究大多是理论性的描述研究,缺乏扎实的、有理有据的实证调研。本研究综合运用关键事件技术、问卷调查、内容分析与文本分析等量化与质化相结合的方法,对山东红色基因文化及其传播同时展开详细的实证调查,并将二者进行比对,以考察红色基因文化传播涉及了哪些红色基因文化,传播现状是什么,传播效果如何,在此基础上再去论述红色基因文化未来传播。从研究方法上,本研究能够弥补当前研究中实证调研缺乏的不足。

最后,目前对红色文化与红色文化传播的研究基本上呈割裂状态,本研究的出发点是山东红色基因文化,落脚点是其传播,通过挖掘、梳理山东红色基因文化的具体内容,系统、客观地调查山东红色文化传播的现状与传播效果,有依据地指出山东红色文化的传播特性与问题,继而结合山东民众对红色文化传播的兴趣、偏好、认知与态度,提出山东红色文化未来传播的可行路径。从研究内容上,本研究能够在红色文化与红色文化传播两大类型研究中建立一定的连接。

## 三、研究意义

### (一)理论意义

本研究对"红色基因""红色文化""红色基因文化""红色基因文化传播"等概念及其研究范畴的界定与分析,能够丰富当前有关红色文化内涵的本体化研究。另外,本研究是对山东红色基因文化传播的实证研究,研究结果能够丰富当前有关红色文化传播的研究,补充山东红色文化的有关分析。

### (二)实践意义

本研究将从整体上研究山东红色基因文化传播的现状、问题、传播效果与可行路径,能够为政府、媒体等各级部门、各行各业的有关决策、服务、产品开发等提供重要的参考,为提升山东红色文化传播水平乃至其他地域红色文化传播实践提供可借鉴、可操作的观点和建议。

# 第二章　红色基因文化传播基本概念与研究范畴

本章主要对本研究的核心关键词，即红色基因、红色文化、红色基因文化、红色基因文化传播的概念和研究范畴进行界定。

## 第一节　红色基因

本节对“红色基因”的概念考察主要分为两部分。一方面，回到“红色基因”语言学层面，分析该词语的含义，然后通过追溯该词语作为一个整体、独立词语出现的时间与语境，确定“红色基因”的本质含义。另一方面，参考一些学者对“红色基因”论述的解释与分析，概括“红色基因”的基本内涵。

### 一、红色基因概念

红色基因，是由“红色”和“基因”组合形成的一个复合词，是我国语境特有的词汇。这里的“红色”特指我国政治领域的含义，代表着鲜血和革命，象征着中国共产党领导的革命运动以及中国共产党为了革命理想勇于牺牲、不怕艰险的革命热情。[①] 习近平总书记曾强调“共和国是红色的，不能淡化这个颜色”[②]。“基因”原本是一个生物学概念，指决定生物体基本构造与性能的遗传因子。基因能够跨越时空，保持物种的生物特性。红色基因中的“基因”是对生物学“基因”的类比引用，强调我国红色的革命、历史与文化，

① 参见赵丽：《习近平关于红色基因的重要论述研究》，中共山东省委党校硕士学位论文，2022 年。

② 《习近平总书记看望文艺界社科界委员的微镜头　“共和国是红色的”（两会现场观察）》，《人民日报》2019 年 3 月 5 日。

是影响我国社会发展变化的核心因素,也是我国未来发展的根基。所以我们强调“红色基因代代相传”。

“红色基因”一词出现在2013年2月,是习近平在兰州军区视察时首次提到的一个概念。习近平谈道:“要发扬红色资源优势,深入进行党史军史和优良传统教育,把红色基因一代代传下去。”[①]2014年4月,习近平在新疆军区某红军师考察时指出:“要把红色基因融入官兵血脉,让红色基因代代相传。”[②]2014年12月,习近平在视察南京军区机关时提出:“要把红色资源利用好,把红色传统发扬好,把红色基因传承好。”[③]

可以看出,“红色基因”是习近平总书记多次提到的一个政治词语,并且最早提出时主要针对的是党和军队建设。因此,“红色基因”开始指的是党的红色基因,是党在长期奋斗中锤炼的先进本质、思想路线、光荣传统和优良作风。[④]

红色基因也指文化基因,主要是红色文化基因。“文化基因”最早由英国学者理查德·道金斯(Richard Dawkins)在《自私的基因》中提出,指文化传承中的基因单元:“觅母”[⑤](meme)。苏珊·布莱克摩尔(Susan, Blackmore)在《谜米机器:文化之社会传递过程的“基因学”》一书中,阐释了文化基因作为一种复制因子在功能、内容、作用等多方面的性能特征。[⑥] 王东认为,文化基因是决定文化系统传承与变化的基本因子、基本要素。[⑦] 赵传海认为,可以被复制的鲜活的文化传统和可能复活的传统文化的思想因子,内在于各种文化现象中,并且具有在时间和空间上得以传承和展开能力的基本理念和基本精神。[⑧] 具有这种能力的文化表达或者表现形式的基本

---

① 《把红色基因融入血脉》,《人民日报》(国防视线)2014年11月9日。

② 《生命线在强军兴军伟大征程中闪耀——习近平主席、中央军委领导和推进新形势下军队政治工作纪实 》,《人民日报》2014年11月4日。

③ 《习近平在视察南京军区机关时强调:贯彻全军政治工作会议精神,扎实推进依法治军从严治军》,《人民日报》2014年12月16日。

④ 参见强卫:《激活红色基因 焕发生机活力——学习贯彻习近平总书记系列重要讲话精神》,《求是》2014年第18期。

⑤ 也译作“谜米”,参见[英]R.道金斯:《自私的基因》,卢允中、张岱云译,科学出版社1981年版,第268页。

⑥ 参见[英]苏珊·布莱克摩尔:《谜米机器:文化之社会传递过程的“基因学”》,高申春、吴友军、许波译,吉林人民出版社2001年版,第41～62页。

⑦ 参见王东:《中华文明的五次辉煌与文化基因中的五大核心理念》,《河北学刊》2003年第5期。

⑧ 参见赵传海:《论文化基因及其社会功能》,《河南社会科学》2008年第2期。

风格，是对民族的文化和历史发展产生过深远影响的心理底层结构和思维方式。[①] 红色基因属于一种文化基因，是中国共产党在革命建设时期形成的具有无产阶级性质的文化基因，红色基因是红色文化的遗传密码。[②]

我国红色文化指中国共产党在革命、改革和建设时期创造的革命文化和社会主义先进文化。[③] 经过一个多世纪的积累，红色文化内涵丰富，形态多样。在红色文化的诸多现象中，存在着某种内在的规定性，规定了红色文化的根本性质和发展方向，构成了中国共产党独特的文化传统和文化本质，这就是红色基因。[④] 所以红色基因强调的是红色文化的根本价值、理念、精神和思维，对红色文化的发展走向起决定性作用。

## 二、红色基因的基本内涵

参考一些学者对习近平关于红色基因论述的研究和对红色基因的文化学考察，以及中国在政治、社会与文化建设中对红色基因的论述与强调，笔者把红色基因的内涵概括为以下四个方面。

### （一）马克思主义理论

一方面，马克思主义理论是习近平关于红色基因重要论述的精神内核。红色基因贯穿于马克思历史唯物主义的全过程，贯穿于坚持人民群众主体地位的理念，贯穿于实现共产主义的宏大理想信念之中。[⑤] 中国共产党的成立和中国社会主义道路的选择，离不开马克思主义理论的推动。俄国十月革命的胜利，给中国的革命者带来了希望。我们开始向俄国学习，学习救国救民的先进理论。在反帝反封建的历史大势与思想论辩中，李大钊先生率先举起宣传马克思主义的大旗，向工人阶级宣传马克思主义；李大钊、陈独秀等人从知识分子群体中走出来，建立中国共产党，推动中国的革命，并将马克思主义确立为中国共产党的指导思想。中国共产党不断传播马克思主义，将全国革命群众的信仰树立起来，逐渐扩大中国共产党的政权，运用马克思主义引领中国人民完成了民族独立、人民解放的历史重任。

另一方面，马克思主义理论中国化的成果是习近平关于红色基因论述的源泉。以毛泽东、邓小平、江泽民、胡锦涛、习近平等同志为代表的中国共

---

① 参见毕文：《当代中国新文化基因若干问题思考提纲》，《南京政治学院学报》2001 年第 2 期；刘长林：《中国系统思维——文化基因透视》，中国社会科学出版社 2008 年版，“引言”，第 1 页。

② 参见吴娜：《红色基因的文化学考察》，《人民论坛》2015 年第 35 期。

③ 参见罗永宽、李燕：《红色文化的精神内核与当代价值》，《文化软实力研究》2017 年第 1 期。

④ 参见吴娜：《红色基因的文化学考察》，《人民论坛》2015 年第 35 期。

⑤ 参见赵丽：《习近平关于红色基因的重要论述研究》，中共山东省委党校硕士学位论文，2022 年。

产党人在领导中国革命、改革开放、社会主义建设过程中形成了毛泽东思想、邓小平理论、“三个代表”重要思想、科学发展观和习近平新时代中国特色社会主义思想等具有中国特色的马克思主义中国化的理论成果。习近平关于红色基因的论述正是对这些马克思主义中国化理论成果的历史传承。

### (二)中华民族精神

中国的革命历史诉说着中华民族的觉醒和复兴。在国难家仇、民族危亡之时,正是在一群风华正茂、踌躇满志的爱国志士的勇敢探索与追求下,中华民族在黑暗中找到了光明,实现了一百年来从站起来、富起来到强起来的伟大飞跃。对民族、对国家的爱,是中华民族觉醒的巨大的内在力量,伟大的中华民族精神是实现中华民族伟大复兴的精神之源和动力,因而也构成了红色基因的基本要素。

红色基因已经成为中华民族共有的一种价值认同,存在于一种精神当中。伟大的建党精神、“两弹一星”精神、改革开放精神、抗疫精神……这些精神是民族精神在不同历史时期和不同时代背景下的具象呈现,这些伟大精神的背后是红色基因的支撑与给养。红色基因像一个精神纽带,联结着中华民族血脉相承的民族认知,熔铸在中华民族休戚与共的命运之中,是独一无二、不可复刻的,具有鲜明的民族性。[①]

### (三)中国共产党特有的精神

红色基因源于中国共产党的百年伟大实践。中国共产党自成立以来,作为人民权利的维护者和代行者,始终代表人民攻坚克难、战无不胜。中国共产党代表着无产阶级,以共产主义理想信念为最高价值目标,以全心全意为人民服务为价值追求,以集体主义为价值原则。[②] 中国共产党在革命、建设和改革的伟大实践中孕育了以红色精神为核心的红色基因。党的百年历史进程中,红色基因显现出历史性、先进性和稳定性的鲜明特征。[③]

新时代,加强党的建设,就要传承红色基因,继承革命先辈的革命精神,坚定中国共产党员的理想信念,挺起中国共产党的精神脊梁,永葆共产党员的政治底色。[④]

---

① 参见霍自祥、王恺悦:《红色基因内涵探究与时代价值》,《邯郸职业技术学院学报》2022 年第 2 期。

② 参见吴娜:《红色基因的文化学考察》,《人民论坛》2015 年第 35 期。

③ 参见孙路亮、杨立志:《红色基因:内涵特征、时代意蕴与传承路径》,《河北工程大学学报》(社会科学版)2022 年第 1 期。

④ 参见赵丽:《习近平关于红色基因的重要论述研究》,中共山东省委党校硕士学位论文,2022 年。

（四）中华民族优秀传统文化

红色基因是中华民族传统文化基因的继承、弘扬和创新发展，中华民族的优秀传统文化基因已经成为红色基因的有机组成部分。[①] 红色基因深深植根于中华民族优秀传统文化这片沃土，从传统文化中汲取营养，不断焕发出新的生机与活力，展现出新的时代价值。[②]

## 第二节 红色基因文化

确定了“红色基因”的概念和内涵，我们需要继续界定“红色基因文化”。本节通过分析红色基因与红色文化之间的关联和区别，来确定红色基因文化的含义和特性。

### 一、红色基因与红色文化

红色基因与红色文化二者既有区别又有紧密联系。王以第认为，红色文化是在新民主主义革命时期，由中国共产党人领导，一切先进分子和人民群众共同创造的中国特色先进文化，并把红色文化划分为物质文化、制度文化与精神文化三个方面。[③] 周婷认为红色文化虽然与我国革命息息相关，但红色文化并不等同于革命文化，而是对革命文化的历史性转换。随着中国共产党时代任务和角色地位的转变，革命文化逐渐转变为改革文化和建设文化，红色文化正是革命文化、改革文化、建设文化相融合的产物。[④]

红色基因是红色文化的精神内核和内在灵魂，红色文化所包含的人物、事件、物质、制度与精神等多种遗产和资源构成了红色基因的重要传承载体。红色文化的传播要以红色基因为核心和精髓，红色基因要通过红色文化传播得以传承。

### 二、红色基因文化

借用“基因”的传承性理论，红色基因文化主要强调红色文化的传承性，包含以下三个方面。

---

① 参见吴娜：《红色基因的文化学考察》，《人民论坛》2015年第35期。

② 参见孙路亮、杨立志：《红色基因：内涵特征、时代意蕴与传承路径》，《河北工程大学学报》（社会科学版）2022年第1期。

③ 参见王以第：《“红色文化”及发生学机制》，《理论界》2007年第10期。

④ 参见周婷：《习近平红色文化重要论述研究》，淮北师范大学硕士学位论文，2022年。

(一)红色文化的继承性与革新性

继承性与革新性这两个方面相辅相成,共同构成了红色文化发展的内在动力。文化的继承性是红色文化发展的源头与前提,没有继承性,红色文化如同无源之水,失去了存在的基础;而文化的革新性又是红色文化发展的条件与支撑,没有革新性,红色文化发展就失去了动力与活力。继承性规定红色文化的性质,革新性则推动着红色文化的发展。

因此,红色基因文化的传承既要坚持红色文化的继承性,又要坚持红色文化的革新性,只有坚持这一规律,加强红色文化的传播,才能发挥红色文化“场”的积极引导作用。

(二)红色文化的历史性与现代性

革命文化是红色文化的历史性体现,是红色文化最丰富的遗产资源,革命烈士、革命志士、革命旧址、革命遗址、革命活动、历史事件、革命精神等都是红色文化丰富的内容来源。但是就其本质而言,革命文化发端于半殖民地半封建社会的旧中国,是对抗封建主义文化糟粕和帝国主义文化殖民的斗争过程中凝结的文化形态,革命文化中所蕴含的阶级斗争等概念逐渐失去其现实基础,不适应时代社会环境;并且,革命文化的发展空间局限于革命根据地、人民解放区等部分地区,传播的范围相对有限。

在中国特色社会主义新时代,红色文化要被人们接受认同还必须具有现代性。党的十九大报告明确指出:“推动中华优秀传统文化创造性转化、创新性发展,继承革命文化,发展社会主义先进文化,不忘本来、吸收外来、面向未来,更好构筑中国精神、中国价值、中国力量,为人民提供精神指引。”①红色文化是中国共产党领导人民在革命、建设和改革进程中形成的具有鲜明特色的文化样态,新时代的红色文化必须要进行创造性转化和创新性发展,因为这关涉红色文化从国家话语走向大众话语,从政治场域走向文化场域,从主流意识形态走向民众日常文化实践落地。

(三)红色文化的历时性与共时性

虽然从表面上看,红色文化的传承主要指红色文化的历时性,指穿越时空、代际的代代相传。但是红色文化的传承还需要具备共时性,因为只有在每一代人们的意识与思想中得到广泛传播,并形成认同、共鸣,继而形成集体记忆,才会在未来的回顾与回忆中得以重复和强调,才会被历史的潮流记住,甚至成为历时潮流,因而也才具备了历时性。

---

① 习近平:《决胜全面建成小康社会 夺取新时代中国特色社会主义伟大胜利——在中国共产党第十九次代表大会上的报告》,人民出版社 2017 年版,第 23 页。

## 第三节 红色基因文化传播

红色基因文化传播,顾名思义是红色基因文化的传播。为进一步界定红色基因文化传播的范畴,我们需要厘清以下四点。

(一)红色基因文化传播不等于当下传播

虽然对红色文化的研究是自2003年起出现并逐渐增多的,不过,红色基因文化传播的研究内容是红色基因文化,这就决定了我们对它的研究不能仅仅停留在对今天的红色文化信息或红色文化产品的研究上,我们还可以回到红色基因文化的诞生与发展过程中探讨红色基因文化是如何形成和发展的,也就是说红色基因文化传播也可以是历史时期的传播。如,有学者通过对延安时期红色文化国际传播的载体、主体和成效进行系统的史料综述,总结了延安时期红色文化国际传播对今天新时代国际传播的启示。[①] 相比当下的传播研究,我们需要更多历史性的研究,以及能将历史情形与当下社会、时代进行对接的研究。

(二)红色基因文化传播不等于媒体传播

目前大多数学者围绕媒体传播主要是新媒体传播进行红色基因文化传播的研究。虽然媒体尤其是主流媒体具备很高的权威性、公信力和强大的聚合能力,在红色基因文化的传播中发挥了重要的作用,但是同时我们也不能忽视红色遗址、红色旅游、城市景观、理论研讨、文艺演出等多种媒介形式的传播。

(三)红色基因文化传播研究要兼顾“应然”与“实然”

虽然现在我国已经有不少学者对红色基因文化传播展开了丰富的研究,但大多是从理论层面提出“应然”的观点,对于红色基因文化传播到底传播了哪些内容、如何传播、传播有什么特性和问题、传播效果如何等“实然”的问题缺乏系统、扎实、客观的调查与分析。没有后者作为基础,前者既缺乏生发的依据也缺乏落地的路径。红色基因文化传播研究需要更多“实然”的研究。

(四)红色基因文化的当下传播既要紧扣红色基因文化,也要紧扣传播对象

今天红色文化的传播面临着一系列现实问题:如何充分表现或表征红

---

① 参见党争胜:《延安时期红色文化国际传播的历史经验及其当代启示》,《上海交通大学学报》(哲学社会科学版)2022年第4期。

色文化的核心？如何将诞生于革命时期的红色精神与当下的社会、意识形态、文化、政治的建设和发展联系起来？如何将意识形态层面和国家层面的叙事与人们的日常生活、现实需要联系起来？因此，我们谈红色基因文化传播，一方面需要对传统红色基因文化进行复盘，包括对红色基因文化的历史性考察、回顾、激活等，另一方面也需要对当前红色基因文化进行创造性转换，使其更适应当下时空、环境与人们的认知，包括融媒体环境下的创新、针对青少年群体的话语转换以及红色基因文化的国际传播等。

# 第三章　山东红色基因文化与传播现状的数据分析

为了更全面、客观、系统地了解山东红色基因文化及其传播的现状，笔者选取“建党百年”这一关键事件，在慧科新闻数据库中搜索了 2020 年 1 月 1 日至 2022 年 1 月 1 日，山东所有媒体发布的以建党百年为主题的新闻报道，然后运用内容分析与文本分析相结合的方式，一方面提取出新闻报道中涉及的山东红色基因文化资源，完成本章第一节的内容；另一方面统计了新闻报道在媒体报道趋势、文章篇幅、报道主题、传播方向、信息呈现形式、新闻报道情感倾向等方面的特征，分析概括了山东红色基因文化传播的现状，总结了山东红色基因文化传播的特性和存在的问题，完成本章第二节的内容。

## 第一节　山东红色基因文化

基于慧科新闻数据库，以“建党百年”为主题，将媒体报道时间限定为 2020 年 1 月 1 日至 2022 年 1 月 1 日，媒体来源限定为山东，数据显示共有 6461 篇新闻报道，其中，报刊 428 篇、网站 5949 篇（包括网站新闻 3939 篇、客户端新闻 2010 篇），论坛 84 篇；合并相同和重复文章后为 3134 篇。

“建党百年”作为一个关键事件，并且是举国同庆的重要政治事件，各地政府、机构、媒体必然不遗余力地挖掘红色资源，举行各式各样的庆祝活动。为了能够客观、全面、有效地梳理山东红色基因文化的内容，笔者对收集到的 3000 多篇新闻报道全部进行细读，并从中归纳总结“建党百年”系列庆祝活动中涉及的山东红色资源与红色基因文化。

对于红色文化的分类，有学者概括为两部分：硬件和软件。“硬件”是指革命时期遗留下来的遗迹、遗址、遗物等历史遗存,以及后来修建的纪念碑、纪念馆等,而"软件"则指包括革命事迹、革命文献、革命文艺等在内的革命历史记录及蕴含其中的革命精神。[①] 有的学者将红色文化概括为三种类型:器物文化、精神文化和制度文化。器物文化主要包括纪念馆、博物馆、革命根据地、烈士陵园等革命历史遗址和纪念场所;精神文化是精神形态的文化,如西柏坡精神、井冈山精神、延安精神等;制度文化则指在中国共产党在革命、建设和改革开放时期所创建的理论、纲领、路线、方针、政策等。[②] 有的学者则将红色文化概括为四大类型:人、物、事、魂。"人"主要指在革命时期的革命志士和为革命而牺牲的革命烈士,"物"主要是革命志士或烈士所用之物以及革命旧址或遗址,"事"主要是有重大影响力的革命活动或历史事件,"魂"主要是革命时期的红色精神,是红色文化的精髓。[③]

综合上述几位学者的观点,笔者根据对3134篇新闻报道的分析,将山东红色基因文化划分为人物、事件、器物、精神四种类型。

## 一、人物

在百年党史中涌现了无数可歌可泣的英雄人物,正是无数英雄人物,才点缀出中国共产党的历史瑰丽画卷。根据《大众日报》的报道,仅以1955～1965年授衔的共和国将帅为例,10位元帅中有3位(陈毅、罗荣桓、徐向前)、10位大将中有4位、57位上将中有11位、177位中将中有63位、1360位少将中有348位,共429位开国将帅曾在齐鲁大地上喋血激战。[④]

在山东媒体的建党百年专题报道中,红色人物占有较大比重。笔者通过阅读发现,红色人物不仅包括为革命牺牲的烈士,也包括为国家作出重大贡献的老党员,还有奉献在不同岗位、不同行业,推动国家发展与前进的新时代杰出人物。从革命烈士到当代人物,写就了山东红色基因文化的传承性和革新性,体现了历史性和现代性。

### (一)革命烈士

山东媒体的建党百年专题报道涉及的革命烈士不仅有济南共产党早期组织的代表王尽美和邓恩铭、曾并肩在济南战斗的刘谦初和张文秋夫妇、菏

① 参见汤红兵:《湘鄂西红色文化的形成及开发》,华中师范大学博士学位论文,2006年。

② 刘琨:《红色文化研究》,辽宁大学博士学位论文,2015年。

③ 胡光宇:《中国共产党文化建设》,人民出版社2011年版,第16页;管仕廷:《论红色文化的内涵与特征》,《传承》2012年第13期。

④ 韩延明:《跟着共产党走——百年风华　齐鲁初心》,《大众日报》2021年7月1日。

泽革命烈士田位东、解放战争老兵王学成、抗美援朝老兵姚文亮和丁万余、威海理琪和于得水、抗日女英雄辛锐等英雄个体；还有威海马石山十勇士、乳娘、沂蒙六姐妹、沂蒙红嫂等英雄群体。

（二）党员

红色基因源于中国共产党的百年伟大实践，中国共产党代表着无产阶级，以全心全意为人民服务为价值追求。建党百年之际，中共中央于3月23日举行了首场新闻发布会，公布了建党百年庆祝活动的安排，其中有以中共中央名义，向为党作出杰出贡献、创造宝贵精神财富的党员授予“七一勋章”，评选表彰全国优秀共产党员、全国优秀党务工作者、全国先进基层党组织，向健在的、党龄达到50年、一贯表现良好的老党员颁发“光荣在党50年”纪念章，组织开展走访慰问获得党内功勋荣誉表彰的党员、生活困难党员、老党员、老干部和烈士遗属、因公殉职党员干部家属等活动。

在中央的号召下，全国各地都掀起了对优秀党员的学习和表彰。济宁综合电视台特别推出了“迎建党百年、忆入党初心”系列专题片，报道了诸多老党员的初心回忆。大众网·青岛则推出专题栏目《福地寿者·见证百年》，寻访青岛本地的百岁老人，让他们讲述革命时期的风雨人生和历史百年。在一位位老党员的回忆中，中国共产党百年的历史以及共产党员为人民服务，不怕苦、不怕死的精神都跃然纸上。

被称为“中国的保尔·柯察金”的朱彦夫则用一生写就了革命、建设和改革开放时期的传奇人生。少年时，他从军卫国，血染疆场；退伍后，他拖着重残的躯体建设家乡，带领村民致富，推动脱贫攻艰和乡村振兴。

除了老党员外，优秀共产党员和优秀党务工作者也是山东红色基因文化的重要内容。他们有用心做社区工作被称为“小巷总理”的济南甸柳街道甸北社区党委书记朱岩，有扎根农村倾情为民的济南天桥区街道先进工作者、模范村委会主任张子国，有牵头成立惠民农作物种植专业合作社、带领村民奔小康的潍坊市寒亭区一空桥村村党支部书记张萍，有青岛市市南区湛山社区最美网格员马东逸。

习近平总书记提出，“文艺工作者要讲好中国故事、传播好中国声音”①，这些党员的个人故事，就是书写中国共产党生动形象的故事。

（三）新时代人物

红色基因是红色文化的“遗传密码”，在新时代，充分发挥先进典型人物的示范带头作用，营造健康向上的社会风气，是对红色革命基因和英雄精神

① 习近平：《论党的宣传思想工作》，中央文献出版社2020年版，第105页。

的续写,既能够体现新时代精神,也体现了红色基因的传承性和现代性。媒体报道广泛关注了许多新时代人物,如聊城特战救援队总队长、退伍军人秦一杰,山东省首批援助湖北医疗队队员、抗疫全国三八红旗手王雲雲,滨州市公安局滨城分局民警、全国最美基层民警贾铭毅等,还有被称为"大棚里走出的巾帼致富带头人"的临沂市临沭县果蔬种植户张华,胜利油田"油三代"的张福君及家人。

需要说明的是,这里党员和新时代人物的划分并非彼此排斥的两种类型,二者往往会有交叉。"党员"类型涉及的人物更强调老党员、优秀党员的为人民服务精神,而"新时代人物"类型涉及的人物更强调他们为国家经济与社会发展作出的成就。

## 二、事件

山东是革命老区和红色热土,无论是在革命战争时期,还是社会主义革命和建设时期,都发生了众多有重大影响力的革命活动或历史事件,这一部分内容构成了山东红色基因的重要内容。根据事件发生时间前后,举例如下。

### (一)济南五三惨案

1928年5月3日,为阻止南京国民政府北伐,日本侵略者在山东济南向国民党军发动进攻,由于蒋介石一味妥协退让并下达不抵抗命令,大量中国军民遭到屠杀,这次惨案日寇杀死中国军民6000多人,伤1700多人。由于发端于5月3日,故又称为"五三惨案"。

### (二)台儿庄战役

台儿庄战役也称为"台儿庄大捷",由临沂大战、滕县战斗、台儿庄战斗等各种规模的战斗组成,战役由李宗仁、白崇禧、孙连仲等抗日将领指挥。1938年3月23日,中国军队为抵抗日军进攻发起台儿庄会战,至4月6日会战告捷,连同之前临沂、滕县战役共歼敌1.8万余人。[①] 台儿庄战役是抗日战争全面爆发以来,我国首次在正面战场上获胜的战役。

如今,山东省枣庄市台儿庄区的台儿庄大战旧址是全国重点文物保护单位。1993年,在台儿庄大战55周年之际,台儿庄区人民政府投资完成台儿庄大战纪念馆,依托台儿庄烈士陵园建造台儿庄战史陈列馆。这些遗址与纪念场景为人们触摸战争遗迹、回望抗战历史提供了现场教育基地。

---

① 中共山东省委党史研究院:《中国山东历史大事记(1921～2021)》,《大众日报》2021年7月1日。

（三）太和惨案等

1939 年 3 月 30 日，国民政府军事委员会别动总队第五纵队一部，在山东省博山县太和镇伏击八路军山东纵队第三支队南下受训干部及护送队，制造震惊全国的“太和惨案”。此后，山东国民党顽固派不断制造反共摩擦，先后制造“雪野事件”“淄河事件”“银厂惨案”等，杀害鲁南区党委书记赵镈等重要领导干部。

（四）定陶战役

1946 年 8 月，晋冀鲁豫野战军向驻守陇海铁路徐汴段的国民党军队发起进攻。随后，相继发起定陶战役、巨野战役、鄄城战役，并收复聊城，先后歼敌 3.5 万余人。其中，定陶战役是晋冀鲁豫野战军在鲁西南定陶地区进行的一次成功的运动战。在中央军委直接领导和晋冀鲁豫野战军司令员刘伯承、政治委员邓小平的指挥下，我军历经 5 天作战，取得歼敌 1 个整编师部、4 个旅共 1.7 万余人的重大胜利，不仅粉碎了国民党军对我晋冀鲁豫解放区的钳击进攻之势，而且扭转了解放区南方战线的被动局面。巨野战役开创了我军歼灭敌人王牌主力团的先河。

（五）莱芜战役

1947 年 2 月 20～23 日，华东野战军发起莱芜战役，连同次要方向的作战，共歼敌 7 万余人，俘获国民党第二绥靖区副司令官李仙洲等高级将领，开创歼灭敌集团军的先例，粉碎国民党南北会师侵占整个山东的“鲁南会战”计划，胶东、渤海、鲁中 3 个战略区再次连成一片。解放战争时期，莱芜战役的胜利，稳定了山东解放区大局，展现了中国人民解放军打赢大规模运动歼灭战的强大实力。

（六）孟良崮战役

1947 年 5 月 13～16 日，华东野战军发起孟良崮战役，全歼国民党“五大主力”之首的整编第七十四师等部，计 3.2 万余人，击毙该师师长张灵甫，粉碎国民党军的“鲁中决战”计划，重挫国民党军对山东解放区的重点进攻，极大地震动了国民党军队内部，有力地鼓舞了全国人民的胜利信心。

（七）济南战役

济南战役是解放战争时期，1948 年 9 月 16～24 日华东野战军对国民党军重兵守备的济南进行的大规模攻坚战。攻克济南表明，人民解放军山东兵团从胶东保卫战中掖县战役开始的攻坚战，开始转向对坚固设防的中心城市进行决战性攻坚战，从此揭开了战略决战的序幕。济南战役的胜利，吹响了解放全中国的冲锋号，拉开了辽沈、淮海、平津“三大战役”战略决战的序幕。

## 三、器物

作为革命老区，山东一方面保留了很多革命遗址和纪念馆、纪念园，另一方面修建了大量红色教育基地。根据笔者整理，在山东媒体建党百年的报道中，出现的山东红色遗址有王尽美、邓恩铭雕像纪念广场，中共山东省委领导机关旧址，中共济南市委市政府秘书处旧址，中共山东省工委旧址(刘仲莹烈士故居)，山东“小三线”工程旧址——山东人民印刷厂旧址，五三惨案纪念堂，中共青岛地方支部旧址，中共刘集支部旧址与《共产党宣言》陈列馆，莒县浮来山支部旧址(刘鹏故居)，中共中央山东分局旧址(八路军山东纵队成立旧址)，烟台市政府旧址，烟台市长岛海岛精神陈列馆，莱州市革命历史馆，胶东区党委诞生地，新四军军部旧址，徂徕山抗日武装起义旧址，渊子崖抗日烈士塔，莱芜战役指挥所旧址，莱芜战役纪念馆，鲁西南战役旧址及纪念地，济南解放阁，济南战役纪念馆，等等。除此之外，还有王尽美故居、刘谦初故居、四五烈士纪念碑、八路军抱犊崮抗日纪念园、牟平区胶东抗战第一枪群英馆、《共产党宣言》纪念馆等纪念场馆，以及济南革命烈士陵园、华东革命烈士陵园、胶东革命烈士陵园、渤海革命烈士陵园、青岛市革命烈士纪念馆、黄河口烈士陵园、冀鲁豫边区革命纪念馆、沂水革命烈士陵园、泰安抗日烈士公墓、牟平烈士陵园等烈士陵园，以及沂蒙党性教育基地、胶东(烟台)党性教育基地、胶东(威海)党性教育基地、胶东艾崮山抗日根据地综合教育实践基地、山东黄金玲珑红色教育基地、海阳市地雷战党性教育中心等山东省党史教育基地。

这些红色遗址、烈士陵园和党性教育基地，一方面构成了山东红色基因文化的丰富资源，另一方面也为各地展开党史学习教育提供了实践基地。在中共中央新闻发布会中，党史学习教育，“永远跟党走”群众性主题宣传教育活动，围绕党史重要事件、重要活动和重要遗址旧址等组织开展丰富多彩的庆祝活动构成了建党百年庆祝活动安排的重要内容。综览山东各地的庆祝活动，在红色遗址、纪念场馆举办主题活动的比比皆是。

## 四、精神

中国共产党领导中国人民在革命、建设、改革各个时期形成的伟大精神被称为红色精神。在中国共产党百年的历史中，形成了很多可歌可泣的红色精神。这些红色精神已经融入中华民族的灵魂和血液中，成为鼓舞和激励中国人民不断前进、攻坚克难的强大精神动力。在山东红色基因文化中，也凝聚了不少红色精神。

(一)沂蒙精神

2013年11月,习近平总书记视察山东时指出:“山东是革命老区,有着光荣传统,军民水乳交融、生死与共铸就的沂蒙精神,对我们今天抓党的建设仍然具有十分重要的启示作用。”①山东党政军民以“水乳交融、生死与共”为本质内涵的沂蒙精神是山东红色精神最主要的构成。沂蒙精神与延安精神、井冈山精神、西柏坡精神共同构成我国四大红色精神。

根据新闻报道,在艰苦卓绝的革命战争年代,沂蒙根据地420万人口中有120万人拥军支前,20多万人参军参战,10多万革命烈士血洒疆场,涌现出“沂蒙六姐妹”、沂蒙母亲、沂蒙红嫂等全国闻名的模范群体。她们用生命写就了“水乳交融、生死与共”的沂蒙精神。

为了发扬和传承沂蒙精神,山东不仅专门推出“弘扬沂蒙精神”红色旅游精品线路,如沂南县沂蒙红嫂纪念馆—沂南县沂蒙红色影视基地—蒙阴县、沂南县沂蒙山孟良崮战役遗址—费县沂蒙山小调活态博物馆—大青山胜利突围纪念馆—莒南县八路军一一五师司令部—沂蒙革命纪念馆(华东革命烈士陵园)—临沂市华东野战军总部旧址暨新四军军部旧址纪念馆等革命遗址线路;而且创作了大量表现和歌颂沂蒙精神的文艺作品,如歌曲联唱《沂蒙山小调》和《再唱沂蒙山》、歌剧电影《沂蒙山》、芭蕾舞剧《沂蒙》、民族歌剧《沂蒙山》、舞台剧《百年沂蒙》、大型情景组歌《你永远是灯塔》、大型交响组歌《最亮的火焰》、情景剧《永不分离》等。临沂举办了全市沂蒙精神主题书画作品创作展、红色题材全市剪纸作品、百年沂蒙主题摄影展。山东广播电视台特别推出《沂蒙精神薪火相传》建党百年专题片,《齐鲁晚报》线上平台则推出“红色力量·沂蒙故事”系列短视频,展现了一脉相承、生生不息的沂蒙精神及其在新时代的新发展。

在沂蒙革命历史和沂蒙精神中,沂蒙红嫂是非常重要的构成。1941～1942年,侵华日军对山东抗日根据地频繁进行大“扫荡”。在反“扫荡”中,沂蒙山区涌现出一批妇女英雄群体,她们送子参军、送夫支前,缝军衣、做军鞋,舍生忘死救伤员,被人们誉为“沂蒙红嫂”。建党百年新闻报道中,我们也看到不少围绕沂蒙红嫂精神的新闻报道和庆祝活动。此外,沂南沂蒙红嫂纪念馆、红嫂文化博物馆,以及话剧《沂蒙母亲》、纪录片《沂蒙扶贫六姐妹》等都紧密围绕传承和传播红嫂精神。

(二)王尽美、邓恩铭革命精神

中共一大代表、山东省党组织最早的组织者和领导者王尽美与邓恩铭

---

① 习近平:《论中国共产党历史》,中央文献出版社2021年版,第43页。

在山东齐鲁大地上留下重要的足迹。1920年,王尽美与邓恩铭等人成立“励新学会”,创办《励新》半月刊,研究和传播新思想、新文化。1921年7月,王尽美与邓恩铭代表山东共产主义小组参加了中国共产党第一次全国代表大会。1922年7月,参加完在上海召开的中国共产党第二次代表大会后,根据党的中心任务,王尽美以中国劳动组合书记部北方分部副主任的身份秘密来到山海关铁路工厂,组织铁路工人进行罢工斗争。1923年2月,王尽美被北洋政府当局逮捕。备受牢狱折磨的王尽美后经组织营救获释。出狱后,他不顾身体安危,回到济南,负责山东组织的全面恢复工作,重新投入新的战斗中。1925年8月19日,王尽美在与病魔斗争3个月后离世。弥留之际,王尽美留下政治遗嘱:全体同志要好好工作,为无产阶级和全人类的解放和共产主义的彻底实现而奋斗到底。

邓恩铭1923年到青岛,于1923年8月建立青岛第一个党组织:中共青岛组。1925年2月,邓恩铭等人领导发动四方机厂罢工,参加领导了青岛日商纱厂工人大罢工和五卅反帝斗争。1925年8月,王尽美病逝后,邓恩铭任中共山东地方执行委员会书记。1929年1月19日,由于叛徒出卖,邓恩铭等同志在中共山东省委宣传部机关不幸被捕。1931年4月5日,邓恩铭英勇就义。

在王尽美、邓恩铭曾经生活和战斗过的山东这片红色热土上,每个人都牢记着他们的感人事迹,“尽美精神”“邓恩铭精神”不仅是山东人也是全中国人要传承和弘扬的宝贵精神。2009年,王尽美被评为“100位为新中国成立作出突出贡献的英雄模范人物”。

济南五龙潭公园里中共山东省委秘书处旧址、胶济铁路博物馆等多地设有王尽美、邓恩铭雕像。王尽美的家乡潍坊诸城大北杏村保留着王尽美故居,当地社区党委以王尽美党性教育基地建设为核心,全力打造起生产美、生态美、生活美的尽美红色小镇。潍坊学院传媒学院师生精选了12个王尽美少年时期的经典故事,创作了动画片《追光少年王大耳》,以动漫形式将王尽美的形象搬上屏幕。现代吕剧《先驱·王尽美》和京剧《邓恩铭》以艺术化手法,对王尽美与邓恩铭形象进行展示。山东广播电视台拍摄制作的百集微纪录片《光耀齐鲁——100个山东优秀共产党人的故事》以王尽美、邓恩铭的故事开篇。山东广播电视台纪录片中心创作推出三集大型文献纪录片《邓恩铭》,以“志在苍生”“大潮击水”“血荐轩辕”三个部分,讲述邓恩铭用坚定的马克思主义信仰和顽强的革命斗志争取国家独立和民族解放的伟大事迹,该纪录片还在CCTV4《国家记忆》播出。

### (三)乳娘精神

1942年7月,中共胶东区党委在牟海县(今山东乳山市)组建胶东育儿所，选取乳娘哺育革命后代，分散在各村居住。在极端艰苦的条件下，300 多名乳娘和保育员用自己的乳汁哺育和抚养了 1223 名革命后代。在侵华日军的“扫荡”和多次迁徙过程中，胶东育儿所乳儿无一伤亡。1955 年，乳山县育儿所撤销。乳山市崖子镇田家村“胶东育儿所”旧址已经成为当地红色教育基地。

2021 年 6 月 15 日，《齐鲁晚报》推出特别报道《胶东乳娘：一曲红色绝唱，一份国家记忆》。记者走访威海、青岛等多个地方，寻找乳娘和乳儿，记录了胶东乳娘的感人故事。2021 年 6 月 30 日，山东卫视精心策划制作的《“百年奋进铸辉煌” 山东省庆祝中国共产党成立 100 周年文艺演出》中，包含了《红色乳娘》作品。山东广播电视台海看网络科技(山东)股份有限公司开设了“永远跟党走”建党百年 IPTV 专区，推出电视剧《乳娘》。

乳山市吕剧团演出的红色吕剧《乳娘》和山东青年政治学院舞蹈学院、济南市歌舞剧院、山东青年艺术团联合创作演出的舞剧《乳娘》，讴歌了“忠心向党、大爱无疆”的乳娘精神。

**(四)地雷战精神**

在抗日战争的艰苦岁月，胶东抗日根据地的海阳民兵开创了“地雷战”这一全民抗战的典型战例。根据作战需求，海阳民兵在不断实践中又发明和改进了“脚踏雷”“真假子母雷”“天女散花雷”“水雷”“天雷”“前踏后炸雷”等 30 多种地雷及埋设方法。从首颗地雷炸响到全境铺开，地雷战轰轰烈烈地开展着，不仅挫败了日伪军对根据地的扫荡蚕食和封锁，更保卫和巩固了根据地的建设成果，并取得毙伤日伪 1000 多人的战绩。

地雷战书写了胶东抗战史上以弱胜强、以土败洋的壮丽史诗，是抗日战争中海阳人民集体智慧的伟大创举，是中华民族不畏强敌、团结斗争的光辉典范，是一种敢于担当、舍身报国的家国情怀，是一种大胆创新、敢为人先的聪明智慧。战争硝烟虽已散尽，但海阳英雄儿女用血肉之躯铸就的“地雷战”精神却深深根植于人民的血脉之中，成为代代相传的红色基因。

1962 年 5 月，“八一”电影制片厂在海阳实景拍摄了影片《地雷战》，自此地雷战轰动全国、家喻户晓。海阳市建设了地雷战遗址、纪念馆等红色文化场馆，以地雷战党性教育基地为中心，完善“一点三线”全域红色教学主阵地，借助现代科技手段，创造性推出了海阳市地雷战党性教育中心 VR 展示；同时对地雷战精神进行挖掘和保护，全面整理地雷战有关史料，编辑出版《地雷战》一书，并以黑白老电影、电视剧、京剧以及联合烟台大学排练地雷战大型现代舞台剧等形式，不断尝试通过不同的艺术形式充分展现地雷战精神。

(五)老渤海精神

由冀鲁边区和原清河区合并而成的渤海区,是抗日战争时期山东五大战略区之一、解放战争后期山东三大战略区之一,渤海区革命斗争历程是中国革命和我党我军发展史的重要组成部分。渤海区尤其滨州市惠民县的三次战斗(沙窝战斗、夹河战斗和李茂村战斗),以少胜多,创造了平原突围战的奇迹。解放战争时期,渤海区作为山东省唯一一个没有被国民党占领的地区,成为华东战场重要的物资供应大后方,渤海人民艰苦奋斗,省吃俭用,供养了40万转移大军和转移群众。陈毅、粟裕、邓子恢、许世友、肖华、张云逸等曾在渤海区工作过,并留下许多传奇故事。

"不屈不挠、艰苦奋斗、顾全大局、无私奉献"的老渤海精神和延安精神、井冈山精神、沂蒙精神、西柏坡精神等中国革命精神一脉相承,是中国革命精神的重要组成部分。

滨州市惠民县的渤海革命老区机关旧址、渤海革命老区纪念馆中先烈的遗迹,似乎仍在诉说着渤海革命老区党员群众勇敢抗击侵略、踊跃拥军支前的英勇事迹。如今,渤海革命老区机关旧址亦是滨州市党员领导干部党性教育基地,建党百年之际,当地不少单位机构联合开展学党史、传精神、跟党走——"老渤海精神"红色文化教育活动。

《齐鲁晚报》"建党百年　初心不忘——追寻黄河岸边红色印记"主题采访活动第七站走入滨州,探访不屈不挠、艰苦奋斗的老渤海精神。

另外,渤海地区在昌邑、潍县、寿光三县北部(简称"三北"),有一条横跨3个县,东起昌邑最东部的胶莱河,西至寿光县(今寿光市)东北部的榆树园子村一带,包括40多个村庄,基本区东西长120多里、南北宽10里左右的带状地区。它两头分别伸向胶东和清河抗日根据地,一度是胶东抗日根据地与清河抗日根据地之间联系的唯一通道,时称"渤海走廊"。"渤海走廊"是我国历史上的一条重要"红色交通线",连接胶东区、原清河区和鲁中抗日根据地的重要纽带,发挥了护送过往干部、协助跨区调兵、密运战略物资的重大历史作用,为山东和全国全面抗战胜利作出了重要贡献。在这条交通线的保卫斗争中,革命前辈们前赴后继,留下的"忠于使命、勇于担当、顾全大局、无私奉献"的"渤海走廊"革命精神。

2021年,潍坊昌邑"渤海走廊"革命斗争陈列馆被命名为第四批山东省党性教育基地、潍坊市党性教育基地、潍坊市第六批爱国主义教育基地,潍坊市党员教育现场教学基地、潍坊市党性教育现场教学点、昌邑市首批党史学习教育现场教学基地。

山东人民出版社出版了《红色密道》《渤海走廊红色文化教育丛书》《"渤

海走廊”系列连环画册》等专门描写渤海走廊的著作。其中,《渤海走廊红色文化教育丛书》被教育部课程教材研究所评为中小学生优秀课外读物一等奖,被山东省文化和旅游厅列入 2021 年“农家书屋”重点推荐图书书目。

中共昌邑市委编创大型音乐剧《渤海走廊》、微电影《渤海英魂》,用艺术的方式呈现了渤海走廊的开辟、作用和抗日军民团结一心、同仇敌忾,保卫这条红色生命线的英勇事迹和铸就的渤海走廊精神。

(六)徂徕山精神

徂徕山是打响山东抗日第一枪的地方。1938 年 1 月 1 日,在中华民族生死存亡的危急关头,省委机关、流亡学生、泰安县发动的部分抗日武装,共 160 余人聚集徂徕山大寺,庄严举行起义誓师大会。时任省委书记黎玉宣布成立“八路军山东人民抗日游击队第四支队”。中共山东省委独立自主领导山东抗战的序幕自此揭开。星星之火,可以燎原。在徂徕山起义带动下,山东先后爆发了泰西、鲁东南、湖西等抗日武装起义。从徂徕山开始,山东省委领导创建了山东抗日根据地,为山东乃至全国抗日战争的胜利作出了重要贡献。

2017 年 12 月,在纪念徂徕山起义八十周年座谈会上,山东省委提出了“不畏强敌、敢于担当、矢志为民、英勇斗争”的“徂徕山精神”。

在庆祝建党百年之际,泰安市山东梆子艺术研究院特邀请山东省著名编剧赵宝利,带领市山东梆子艺术研究院部分青年艺术人员,历时半年,先后赴徂徕山、房村等地采风,收集了大量翔实的创作素材,以徂徕山抗日起义为历史背景,创作了山东梆子现代戏《徂徕儿女》。

(七)朱彦夫精神

在前文“人物”部分,笔者已经简单介绍过被称为“中国的保尔·柯察金”的朱彦夫。鉴于他的传奇人生和“朱彦夫精神”是山东红色基因文化的不可或缺的一部分,这里再多着笔墨整理一下。

朱彦夫,1933 年出生在淄博市沂源县西里镇张家泉村,虽从小生活条件贫苦,但早早养成了吃苦耐劳的品质,舞勺之年就参加了革命队伍。1949 年便正式成为一名光荣的共产党员。他先后参加了淮海战役、渡江战役和抗美援朝战争。在朝鲜战争战场上,失去四肢和一只眼睛。1956 年,朱彦夫决定退伍还乡。1957 年,在张家泉村支部八名党员一致推选下,担任了村党支部书记。朱彦夫决心改变家乡物资匮乏、生活贫苦的现状,他趴在山间,跪在地头,躺在田里,用 25 年的艰苦奋斗,带领着村民发起了棚沟造地、打井引水、高山架电的“三大战役”。在他的带领下,张家泉村从一个落后的小山村,一跃成为全县第一个有拖拉机、最早实现水浇田过半、全镇最早通上电的村,村民人均收入始终保持全镇第一。原本光秃秃的荒山野岭变成了满是果树的果园、贫瘠荒凉的土地变成了郁郁苍苍的沃土良田、蜿蜒崎岖的山路变成了平坦宽阔的大道、暗淡无光的村落变成了灯火通明的乡村。1982年,朱彦夫因为患心脏病辞去了村党支部书记的职务。放下了锄杆子,他又拿起了笔杆子。他用牙咬着笔和残臂夹着笔交替写作。耗时七载,七易其稿,从未上过学的朱彦夫一点点地“啃字典”,以惊人毅力完成了自传体长篇小说《极限人生》和《男儿无悔》。①

朱彦夫被誉为“中国的保尔·柯察金”。2014 年 3 月,朱彦夫被中宣部授予“时代楷模”光荣称号。2019 年 9 月,在中华人民共和国成立 70 周年之际,朱彦夫被授予“人民楷模”称号;2021 年,入选“感动中国 2021 年度人物”。

在朱彦夫的家乡——淄博市沂源县西里镇张家泉村,朱彦夫事迹展馆在此传扬着朱彦夫的光荣事迹和沂蒙精神。朱彦夫事迹展馆分保家卫国、身残志坚、不忘初心、勇于担当四个主题,展出图片 2200 余幅、实物 860 件,采用声、光、电等表现手法,生动展现了朱彦夫身残志坚、顽强拼搏、不懈奋斗的光辉历程,先后被评为“淄博市退役军人教育实践基地”“山东省退役军人思想政治教育基地”。“对党忠诚、一心为民、敢于担当、自强不息”的朱彦夫精神,是我们民族的精神、时代的精神。

(八)王杰精神

在山东齐鲁大地上,还有一位非常重要的共产主义战士:王杰。“王杰精神”的核心是“一不怕苦、二不怕死”的“两不怕”精神。2017 年 12 月 13 日,中共中央总书记、国家主席、中央军委主席习近平视察第七十一集团军某旅王杰生前所在连,强调指出:“王杰精神过去是、现在是、将来永远是我们的宝贵精神财富,要学习践行王杰精神,让王杰精神绽放新的时代光芒。”②

王杰是山东济宁金乡县人,生前是装甲兵某部工兵一连班长。1965 年 7 月 14 日,他在组织民兵训练时突遇炸药意外爆炸,危急关头,王杰奋不顾身扑向炸药包,掩护了在场 12 名民兵和人武干部的安全,生命定格在了永远的 23 岁。王杰用生命践行了“一不怕苦、二不怕死”。2009 年 9 月 14 日,王杰被评为“100 位新中国成立以来感动中国人物”之一。2019 年 9 月 25 日,王杰入选“最美奋斗者”名单。

无论在军营还是在地方,王杰精神正发扬光大。1965 年,王杰生前所在

---

① 参见王金义主编:《沂蒙红色故事》,山东人民出版社 2021 年版,第 133～136 页。

② 习近平:《论中国共产党历史》,中央文献出版社 2021 年版,第 38 页。

的班被命名为“王杰班”。在“王杰班”所在连荣誉室，陈列着王杰生平事迹展览，保存着王杰牺牲时遗留的血衣和钢笔残片，记录着王杰在平凡岗位上的不平凡事迹。2014 年 10 月，习近平总书记在全军政治工作会议上说：“我担任军委主席后，第一时间就强调了军人要有血性，我说的血性就是战斗精神，核心是一不怕苦、二不怕死的精神。”[①]在军队重要会议上，在演习演训现场，在视察基层部队时，习近平总书记先后多次强调，无论什么时候，一不怕苦、二不怕死的战斗精神都不能丢。在党、国家、人民需要的时刻，军队就是要有这股劲、这种精神。[②]

王杰的家乡金乡县始终把王杰精神作为宝贵精神财富，印发了《关于深入贯彻习近平总书记重要指示进一步学习践行王杰精神的决定》，开展了“传承红色文化　践行王杰精神”主题党日活动、“对标王杰　剖析差距　苦干争先”实践活动等系列活动，举办了建党百年“王杰精神”研讨会暨院线电影《王杰》新闻发布会、“王杰精神的时代价值”研讨会、王杰纪念大会。此外，金乡县还打造了王杰小学、王杰中学、王杰少先队、王杰广场、王杰大桥、王杰示范岗等一批公共场所和设施，成为政德教育现场教学点。

由山东城市出版传媒集团济南出版社策划出版的《英雄王杰》小说，金乡县委、山东金色田园影视传媒有限公司联合创制的电影《王杰》，都成为传播“王杰精神”的重要方式。

（九）孔繁森精神

出生于山东省聊城市东昌府区堂邑镇五里墩村的孔繁森同志作为优秀干部的代表，以自己的实际行动展现了当代共产党人的优秀品质，塑造出新时期党的领导干部的崇高形象，用生命和鲜血谱写了一曲具有时代精神的奋斗之歌、创业之歌、奉献之歌。

作为孔繁森的故乡，聊城市以弘扬孔繁森精神为核心，推出一系列活动，重点打造了红色经典山东梆子现代戏《孔繁森》，该戏由著名剧作家、编剧刘桂成创作，国家一级导演孙虹江执导，国家一级演员、中国戏剧梅花奖“二度梅”获得者章兰主演，在聊城章兰大剧院汇报演出。《孔繁森》用艺术的形式展现孔繁森同志忠诚坚定、矢志不渝的党性修养，不惧艰险、勇挑重担的担当精神，实事求是、真抓实干的务实作风，心忧百姓、亲民爱民的公仆情怀，严于律己、干净做事的清廉正气。此外，聊城市还推出以孔繁森同志

---

① 本书编写组编：《习近平讲故事》第二辑，人民出版社 2022 年版，第 254 页。

② 参见本报评论员：《让王杰精神绽放新的时代光芒——论中国共产党人的精神谱系之四十二》，《人民日报》2021 年 11 月 26 日。

纪念馆、范筑先纪念馆、孔繁森故居等景点为主的“繁森精神耀东昌”旅游线路,举办“孔繁森精神研讨会”。

(十)焦裕禄精神

“焦裕禄精神”主要是指焦裕禄同志在河南兰考县担任县委书记时所表现出来的“亲民爱民、艰苦奋斗、科学求实、迎难而上、无私奉献”的精神,而焦裕禄是山东淄博市博山区崮山村人,因而山东省尤其是淄博当地也开展了了解、学习和传承焦裕禄精神的系列活动,并创作推出专题电影《我的父亲焦裕禄》。焦裕禄纪念馆是淄博市的红色地标之一,随着党史学习教育的深入开展,这里成为党员群众党史学习教育的生动课堂。

(十一)其他精神

除了前面所述的10种重点突出的红色精神外,根据山东省媒体的新闻报道,还有“四五”烈士的精神、辛锐精神、下元精神、东营“石油精神”、潍坊“铁匠精神”、齐鲁工匠精神、淄博“三牛”精神、泰山挑山工精神、闯关东精神等。这些精神都是山东红色基因文化的重要资源。

## 第二节　山东红色基因文化传播现状

通过详细阅读山东媒体发布的以建党百年为主题的新闻报道,可以看出媒体作为传播的核心力量在红色基因文化传播中的表现,也可以从媒体报道的对象和内容归纳红色基因文化传播的方式与介质。同时,在梳理山东红色基因文化传播现状过程中,笔者亦概括了山东红色基因文化传播的特性和存在的问题。

### 一、山东媒体整体报道数据呈现

笔者对慧科新闻数据库搜索到的3134篇新闻报道进行了详细阅读、分类、整理,进而统计了新闻报道在媒体报道趋势、传播渠道、文章篇幅、报道主题、传播方向、信息呈现形式、新闻报道情感倾向七个方面的数据及其特征。

(一)媒体报道趋势

如图3-1所示和表3-1所列,慧科新闻搜索结果中,与建党百年为主题的相关报道集中在2021年的第二、三季度,在第二季度达到了顶峰。这与我国整体的建党百年活动安排一致。2021年7月1日,在北京天安门广场举行了庆祝中国共产党成立100周年的大会,在这个重要的时间节点前后,媒体形成了报道高峰，尤其是活动之前，各地纷纷出台庆祝建党百年的活动安排、迎接党的百岁生日等活动。

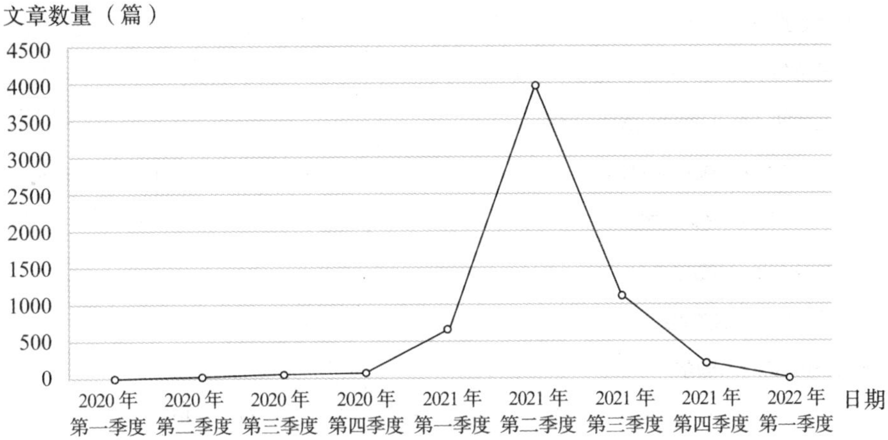


图 3-1　新闻报道趋势(2020 年 1 月 1 日至 2022 年 1 月 1 日)

**表 3-1　新闻报告具体分布**

| 日期/日期范围 | 文章数量(篇) |
| --- | --- |
| 2020 年第一季度 | 0 |
| 2020 年第二季度 | 3 |
| 2020 年第三季度 | 44 |
| 2020 年第四季度 | 67 |
| 2021 年第一季度 | 667 |
| 2021 年第二季度 | 3998 |
| 2021 年第三季度 | 1125 |
| 2021 年第四季度 | 216 |
| 2022 年第一季度 | 3 |

### (二)传播渠道

从新闻报道的媒体来源看(如图 3-2)，齐鲁晚报、山东卫视等传统媒体以及大众网、齐鲁壹点 App、齐鲁网、海报新闻 App、闪电新闻 App、舜网、鲁网、爱济南 App、中国山东网、山东手机报 App 等新媒体组成了重要的一支报道力量，尤其大众网，在所有媒体中发布新闻数量居于首位。

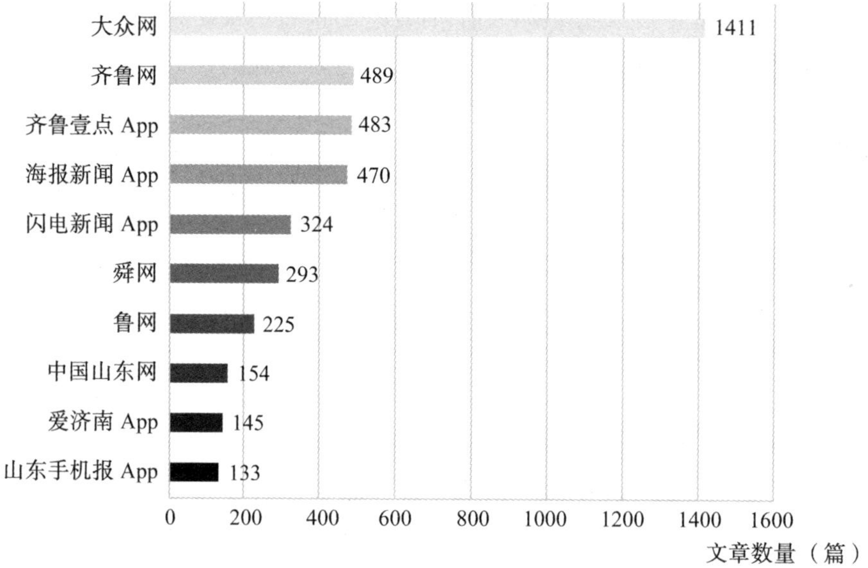


图 3-2　新闻报道的媒体来源

(三)文章篇幅

从文章篇幅来看(如图 3-3),绝大多数新闻报道是 1000 字以下的短小报道,新闻报道整体呈现出简短的特征。结合新闻报道的传播渠道来看,新媒体是主要的传播渠道,因此,这种短小的新闻报道篇幅既与媒体性质吻合,也与当今人们的碎片化、快速化阅读需求吻合。

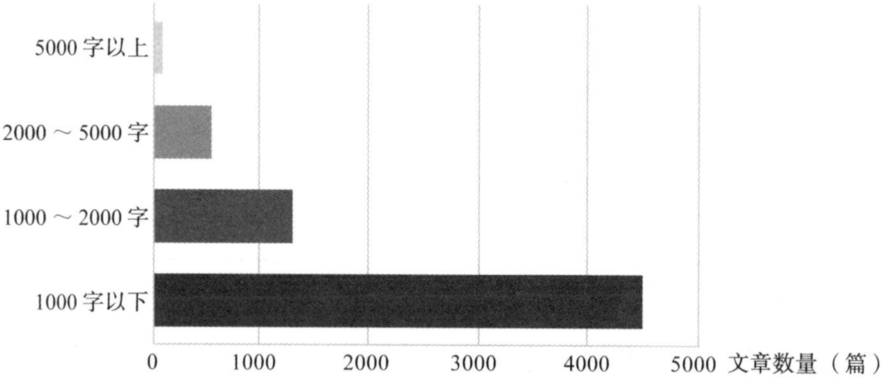


图 3-3　新闻报道的文章篇幅

（四）报道主题

基于对3134篇新闻报道的阅读与对比，笔者将新闻报道的主题划分为10个大类：文艺活动、场景服务、影视作品、信息发布、实践活动、理论研讨、知识类、发展与成就、祝福评议、其他。其中，“文艺活动”主要包括红歌、诗歌、朗诵、戏剧、武术、展览等；“场景服务”主要指灯光秀、主题花坛、城市场景元素布置以及环保、安保等保障服务等；“影视作品”包括电影、电视剧、网络视听作品、微视频、MV、纪录片等；“信息发布”指的是新闻发布会、活动与比赛征集公告、领导讲话、信息公示（如项目招标合同）、开幕闭幕等；“实践活动”包括追寻建党百年足迹、红色旅游、走基层、慰问老党员、志愿服务、义诊、寻亲等行为实践；“理论研讨”指发表的理论文章、学术论坛、讲座、报告、专业论坛（如军事、兵学等研讨会）等；“知识类”包括党史、历史事件、城市历史、历史人物、当代人物等；“发展与成就”主要指对我国经济、社会、军事、文化等多方面取得的成绩进行的报道；“祝福评议”主要包括其他国家领导人或媒体对我国建党百年的祝福、祝贺、评论，社交媒体中用户发布的感悟、个人感想等；“其他”则主要包括明星娱乐、商业促销、广告等不相关的内容。数据统计结果如图3-4所示。

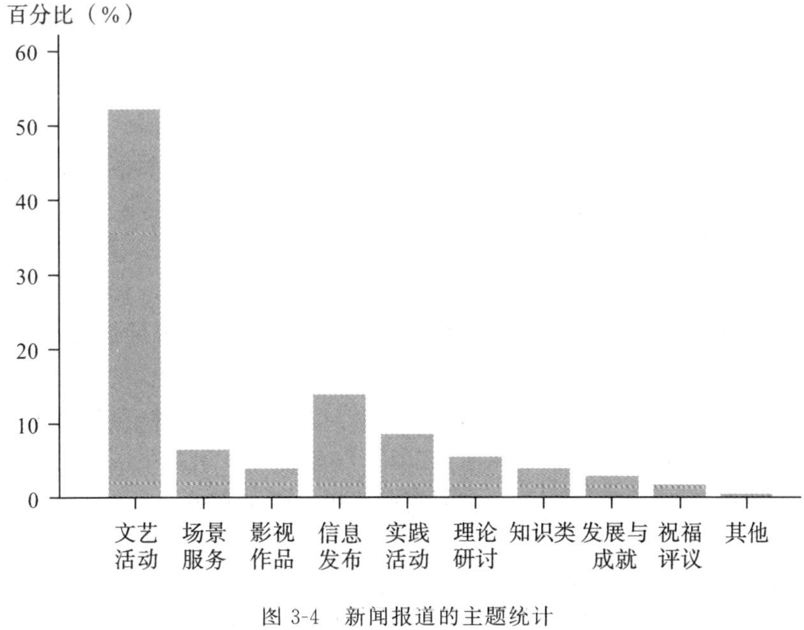


图3-4　新闻报道的主题统计

可以看出，文艺活动(52.3%)是主导的方式，然后是信息发布(14%)、实践活动(8.6%)、场景服务(6.5%)、理论研讨(5.5%)、知识类(4%)、影视作品(3.9%)、发展与成就(2.9%)。在庆祝建党百年的活动中，各地、各单位主要通过唱红歌、舞蹈、朗诵、绘画、雕刻、戏剧、武术、展览等多种多样的文艺活动形式进行，所以文艺活动成为数量最多的形式。同时，与各类活动相关的新闻发布、公告和公示成为新闻报道中比重较大的一部分内容。另外，为了营造更好的庆祝氛围，各地纷纷开启灯光秀、城市景观设计，并以信息服务、环保、安保、志愿服务等多项措施做好场景服务。一些媒体还刊发或转载了众多理论文章，如《建党百年与对外工作|对外工作思想的三个鲜明特点》《把握建党百年契机，强化"四史"学习教育》《建党百年与土地制度变迁的理论和实践探索》等。在介绍人物、事件与历史知识方面是比较少的，虽然有些影视作品紧密围绕历史人物与事件进行，但二者叠加的比例仍比较小。

(五)传播方向

传播方向可以划分为纵向与横向两大类。纵向指的是从中央到地方的垂直传播，因为本研究主要考察的是山东媒体对"建党百年"的新闻报道，所以这一类新闻报道主要指山东媒体对中央各类活动和指示的报道，笔者将这一类报道类目设为"中央"。横向指的是媒体对不同地域的平行传播，进一步分为国际传播、全国传播与省际传播、省内传播。国际传播主要包括我国对外传播的新闻报道或输出的作品，以及外国有关我国建党百年的领导人祝贺、媒体评论、展览、外国友人举行的庆祝活动等。如果报道内容是全国性活动，则把这类报道归为全国传播。省际传播指山东省媒体报道的内容发生在山东省以外的我国其他省份(一个或多个)，其中，一些是对香港、澳门、台湾等地区活动的报道，笔者亦将这一部分新闻报道归为省际传播。省内传播则主要针对山东省内各地市的报道。这里需要说明的是，笔者在归类时不仅参考了报道内容发生的地域，同时也参考了报道内容，而且报道内容占主导。例如，如果新闻报道的是嘉兴红船或红船精神，虽然从地域来看发生于浙江省，但是从内容来看，红船与红船精神属于对中国共产党历史与内涵的报道，因此笔者将这一类报道归为中央的垂直报道。

综上，从传播方向看新闻报道，一共有六类，即中央传播、国际传播、全国传播、省际传播、省内传播、其他①，数据统计结果如图3-5所示。

① 其他主要包括无法判断(如社交媒体中的个人感悟)或因内容缺失造成的无法归类的报道。

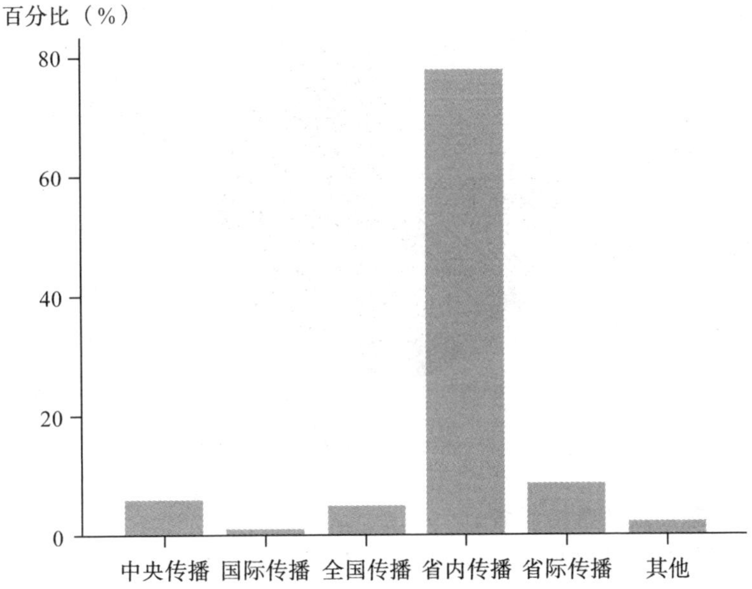


图 3-5　新闻报道的传播方向

从结果来看，山东省媒体的新闻报道不仅报道本地的建党百年活动（省内传播占 77.9%），也对其他省份的活动进行了关注（省际传播占 8.5%）。另外，由于建党百年具有政治性和全国性，传达中央文件、转发中央媒体报道的中央传播（5.8%）和对全国性活动进行报道的全国传播（4.8%）也不少。整体上看，国际传播（1%）占比最少，这一方面与建党百年活动是我国特有活动有关，另一方面也反映出山东省媒体国际视野比较欠缺。

（六）信息呈现形式

从 3134 篇新闻报道中，笔者采用随机抽样的方式抽取 1000 篇新闻报道，对新闻报道的原文链接①进行阅读，并统计了信息的呈现形式。根据数据统计与可视化呈现（如图 3-6 可示），可以看到，新闻报道的信息形式占比第一是图文结合（49.3%），第二是纯文字（16.7%），第三是视频（6.1%）、第四是“视频、文字、图片结合”（4.2%）、第五是“视频和文字结合”（3.9%）。另外，还有少量的新闻报道是完全的图片式报道（共有 2 篇）和文字结合图表的报道（共有 2 篇）。

① 慧科新闻数据库搜索结果只呈现文字原稿，通过提供的原文链接才可以阅读完整的原本新闻报道。

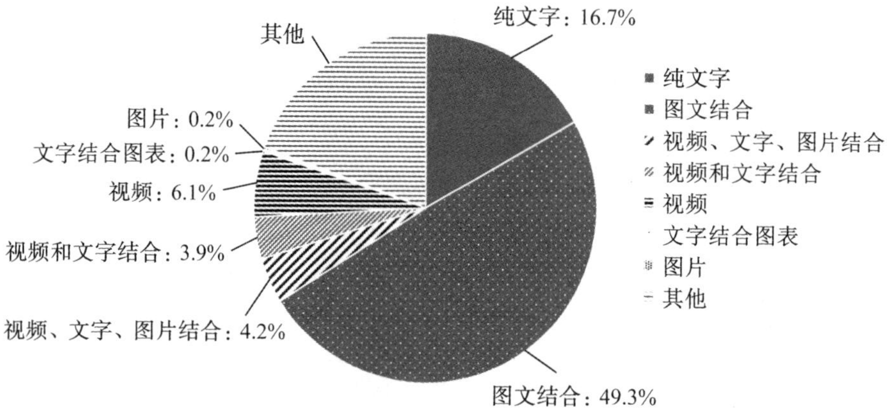


图 3-6 新闻报道的信息呈现形式

### (七)新闻报道情感倾向

从新闻报道情感倾向来看(如图 3-7),建党百年相关报道以正面为主。虽然有一部分新闻报道在统计中显示为负面倾向的文章,但是详细阅读后可以看到,主要是《民政部要求各全国性社会组织严禁借建党百年乱评比乱表彰》《山东加强社会组织管理　严禁借建党百年乱评比乱表彰》《借建党百年名义违法违规营销宣传,市监总局公布 6 起典型案例》《严禁借庆祝建党百年名义进行商业炒作　北京市市场监管局:14 类营销宣传明确被禁止》等这类报道。从报道主题和内容来看,这些新闻报道其实更主要的是一种秩序的维护,而非对建党百年本身的否定或质疑。

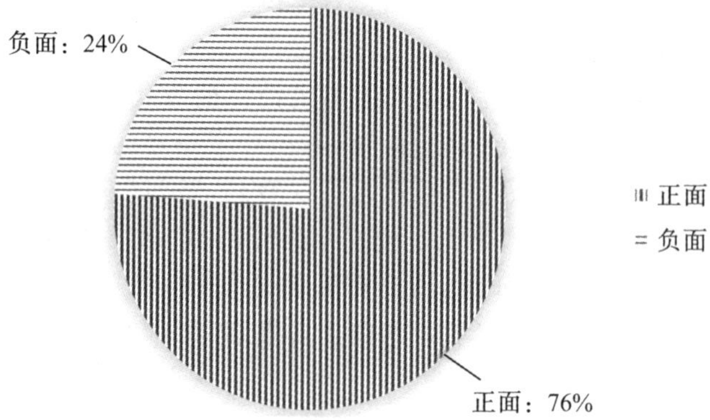


图 3-7 新闻报道的情感倾向统计

## 二、山东红色基因文化传播的方式与介质

通过阅读山东各地庆祝建党百年的新闻报道，可以看到山东红色基因文化的传播方式非常丰富。各地掀起举办主题展览、文艺演出、理论研讨会，创作文艺作品、出版主题出版物，推出红色旅游路线，举办党史、国史主题论坛和研讨，举办红歌会、演唱比赛等活动的热潮。同时，各地市充分运用城市景观中的多种元素，充分发挥景观的媒介信息功能，媒体纷纷组织庆祝活动宣传报道。从媒介的角度看，山东红色基因文化传播的介质具备多元化、规模化、全景化的特点。

（一）山东红色基因文化传播的介质

1.主题展览

建党百年之际，山东各地纷纷推出了庆祝中国共产党成立100周年大型图片展，根据笔者的不完全统计，主要有以下主题展览。

山东博物馆举办的“让党旗永远飘扬——山东省庆祝中国共产党成立100周年主题展览”。

济南组织的“百年风华　初心如炬——济南市庆祝中国共产党成立100周年主题展览”“大河奔腾——庆祝中国共产党成立100周年主题创作展暨弘扬黄河文化采风写生展”“红色之路——庆祝中国共产党成立100周年馆藏革命文物展”“齐鲁烽火·百年华章”庆祝中国共产党成立100周年”“红色山东写生作品展”。

济南市美术馆、图书馆、博物馆等组织开展的“初心向党·一路芳华美术作品展”“济南市青联献礼建党100周年文化作品展”“百年风华　初心永驻——庆祝中国共产党成立100周年馆藏革命文物展”。

济南市莱芜博物馆举办的“‘不忘初心　牢记使命’主题展览”。

济南济阳区举办的“辉煌伟业筑梦前行庆祝中国共产党成立100周年大型图片展”。

滨州市文化馆、博物馆等举办的“初心照耀未来——滨州市庆祝中国共产党成立100周年主题档案文献展”“数风流人物——庆祝中国共产党成立100周年中共党史人物展”“红色传承光影述说优秀红色电影展播”“不忘初心　砥砺前行——馆藏红色文献专题展”“红色渤海——革命文物精品展”等。

烟台海阳举办的“奋斗百年路　启航新征程——庆祝中国共产党成立100周年主题沙雕展”“海阳百年奋斗历程展”“地雷战主题展”。

济宁市档案馆举办的“让党旗永远飘扬——济宁市庆祝中国共产党成立100周年主题展览”。

德州市博物馆、美术馆等举办的“山东渤海军区教导旅革命历史文化展”“伟大征程 百年辉煌——德州市庆祝中国共产党成立100周年书法美术摄影大型主题展览”“千年运河·大德之州图片展”。

日照举办的“百年恰是风华正茂档案文献展”“不忘初心 牢记使命——党史教育展”“百年芳华 初心如磐——日照市庆祝中国共产党成立100周年大型艺术展”。

威海市图书馆、美术馆等举办的“回首百年,聚力前行系列主题展”“红色热土——威海革命文物精品展”“写生中国——2021年庆祝中国共产党成立100周年油画巡回展”。

青岛国际邮轮母港举办“奋斗百年路 启航新征程——青岛市庆祝中国共产党成立100周年主题展览”。

临沂举办的“庆祝建党100周年暨‘千秋伟业 百年风华’全市红色非遗作品展”。

潍坊举办“尽善尽美唯解放——庆祝中国共产党成立100周年专题展”,并展出非遗作品“潍坊蛋雕”。

淄博举办的“国瓷映初心——华光国瓷献礼建党百年红色经典艺术展”。

此外,还有“建党百年,初心之路全媒体巡展”“时代光影·致敬母亲影像巡展等大型展览”。

2.文艺演出

为了庆祝中国共产党百年华诞,在党的生日之际,山东各地以举办文艺晚会的形式,掀起了庆祝活动的高潮。根据笔者的不完全统计,主要有以下文艺演出。

济南省会大剧院举行的“百年奋进铸辉煌——山东省庆祝中国共产党成立100周年文艺演出”。

济南山东会堂举行的“永远的旗帜——济南市庆祝中国共产党成立100周年大型文艺演出”。

济宁市举行的“光辉历程——济宁市庆祝中国共产党成立100周年文艺演出”“永远跟党走——济宁市庆祝中国共产党成立100周年合唱活动”。

德州市举行的“永远跟党走——德州市庆祝中国共产党成立100周

年文艺演出”。

烟台市举行的“胶东红潮·永远跟党走——烟台市庆祝中国共产党成立100周年文艺晚会”。

日照市举行的“唱支山歌给党听——日照市庆祝中国共产党成立100周年大型文艺演出”。

菏泽市举行的“人民就是江山——庆祝中国共产党成立100周年大型文艺演出”。

威海市举行的“奋进百年路　逐梦新时代——威海市庆祝中国共产党成立100周年文艺演出”。

青岛市举行的“永远跟党走——青岛市庆祝中国共产党成立100周年文艺演出”。

临沂市举行的大型情景组歌《你永远是灯塔》专场文艺演出、“奋斗百年路　同心汇沂蒙——全市统一战线庆祝中国共产党成立100周年文艺汇演”和“百年辉煌，唱响沂蒙临沂市庆祝中国共产党成立100周年合唱展演活动”。

淄博市举行的“淄博市庆祝中国共产党成立100周年文艺演出”。

枣庄市举行的“永远跟党走——枣庄市庆祝中国共产党成立100周年暨建市60周年大型民族音乐会”。

潍坊市举行的“红心向党——潍坊市庆祝中国共产党成立100周年大合唱汇报演出”等。

以上文艺演出有的是由各地市委、市政府主办，也有各市分区或各机构部门主办的。总的来看，山东16地市都通过举办大规模、多样化的文艺演出来表达对党百年生日的庆祝。

3.文艺作品

文艺作品主要包括舞台作品、手工艺术作品、影像作品三类。

(1)舞台作品。除了大型的文艺演出外，山东各地还推出了数量众多的舞台作品，如民族歌剧《沂蒙山》《国·家》《江姐》，舞剧《乳娘》《地雷战》《沂蒙》，歌舞剧《西风烈》，音乐剧《敬礼》《审判日》，吕剧《大河开凌》《连心锁》《先驱·王尽美》《一号村台》《马耀南》《玉皇顶起义》《西海地下医院》《社区书记》《衣家人》，京剧《郭永怀》《追梦》《戚继光》《烟台解放》《燕翼堂》，莱芜梆子《新娘》，儿童剧《童年》，大型曲艺主题晚会《铭记》，柳子戏《江姐》，柳腔戏《即墨大夫》，蓝关戏《四知太守》，杂技情景剧《大刀传奇》，情景组歌《你永远是灯塔》，情景剧《永不分离》，话剧《胶东红孩子》《光荣人家》《乳娘》《沂蒙母亲》,交响组歌《最亮的火焰》,舞台剧《百年沂蒙》《沂蒙》,等等。

(2)手工艺术作品。手工艺术作品主要包括绘画、书法、雕刻、剪纸等。其中,有政府机构、单位组织的各类创作活动和展出,如山东老年书画研究会、山东当代书画摄影艺术交流中心共同主办的《百年华诞　万马骧腾——庆祝中国共产党成立一百周年画马翁于洪文作品展》,山东画院推出的"齐鲁丹青中的百年辉煌——山东画院庆祝中国共产党成立100周年主题美术创作网络系列展",临沂举办的全市沂蒙精神主题书画作品创作展、红色题材全市剪纸作品、百年沂蒙主题摄影展,山东工艺美术学院举办的"喜迎建党百年华诞"主题创作,青岛胶南年画美术馆举办的青岛市农民画暨"胶南年画"优秀作品展,以及临沂日报报业集团、市退役军人事务局等单位联合举办的"为烈士画像,迎建党百年"公益活动,等等。

另外,还有一些普通市民自发进行的创作,如潍坊市级非遗项目"潍坊蛋雕"传承人王子敬以中国共产党领导下的革命发展为主题,精心构思、巧妙布局,用时三个多月创作了一套鸸鹋蛋蛋雕作品《大业》;山东省工艺美术大师田洪波耗时两年多的时间,创作完成了《红色年代》系列核雕作品;山东著名指画家陈树勇历时近一年,创作完成了画长10米的指画作品《鸿运当头》,由栩栩如生的100条金鱼和56朵美丽的莲花组成,100条金鱼组成"1921～2021"字样,寓意建党百年的光辉历程,56朵莲花寓意全国56个民族紧密团结在党中央周围,为实现中华民族的伟大复兴而努力奋斗。

2021年6月12日,济南市文化馆非遗展厅举办了"匠心向党　礼赞百年——庆祝中国共产党建党100周年主题非遗作品展",展出了不少包括济南刻磁、济南面塑、内画、剪纸、微雕、长清寿杖、历山根雕、济阳黑陶等在内的民间工艺作品。

(3)影像作品。中国共产党百年的历史与发展为影视创作提供了丰富的内容,为了更充分、形象地弘扬红色文化,讲好中国共产党的故事,讲好中国故事,山东推出众多影视作品。如电视剧《经山历海》《温暖的味道》《永恒的使命》《绝命后卫师》,电影《猎心》《辛锐》《我是周浩然》《寻找英雄》《红船》《挑山》《王杰》,微电影《回声》,纪录电影《战争中的母亲——胶东乳娘》《红色德州》《血沃春华—济南"四五"烈士祭》,纪录片《百年沂蒙》《"四五"丰碑——穿越时空的党课》,微纪录片《追忆风华》,系列纪录片《复兴路上》,微纪录片《红色齐鲁　百年记忆》《光耀齐鲁——100个山东优秀共产党人的故事》,专题片《使命永恒》《足迹——来自红色教育基地的故事》《一大代表邓恩铭》《济南红色街巷》《100·正青春》,沉浸式视频交互产品《关键一步》,全媒体特别节目《百岁·初心》,全媒体作品《新时代·青年说》(第三季),视频节目《改变你我命运的那些瞬间》，等等。

另外，山东多地市还组织了红色经典作品展演，如济南市组织的“庆祝建党 100 周年”经典剧目展演、滨州市组织的“红色传承光影述说”优秀红色电影展播等。

总的来看，上述文艺作品通过丰富多彩的文化形式和优质内容，更加形象化地把中国共产党的历史鲜活地呈现在大众面前，在寓教于乐的过程中帮助人们更好学习历史，更好地了解党史、接受教育。

4.出版物

建党百年之际，全面整理史料，推出党史、革命题材的主题出版物亦是传播红色基因文化的重要渠道。

在山东省委宣传部统一安排部署下，16 地市联合推出了《山东红色基因图谱》丛书。该丛书共 17 卷，其中总览 1 卷，16 地市各 1 卷，紧扣山东红色文化历史脉络，系统梳理山东红色革命旧址遗迹、场馆设施等，全面体现最新成果，全方位展示山东红色历史立体图景。

青岛出版集团出版的“写给青少年的党史”丛书围绕“中华民族是怎样站起来、富起来、强起来的”这一主旨，梳理归纳了当代青少年最应掌握的 60 个问题，按党史发展脉络分成 6 卷，以问答形式系统论述了中国共产党历史的概貌及中国特色社会主义道路的必然性。

济宁市推出《大运河在济宁》《济宁革命斗争故事》《中共济宁百年大事记》《济宁抗日战争志》《风展党旗如画》《济宁红色记忆系列丛书》《中共济宁市组织史资料》等一批重点出版物。

德州市推出《见证难以忘怀的历史——报纸上的红色德州》、《山东红色基因图谱·德州卷》、《中共德州历史简明读本》(新民主主义革命篇)、《中国共产党德州历史》(第二卷)、《中国共产党德州百年历史大事记》、《中共德州百年简明读本》等一批党史和革命题材主题出版物，德州市委党史研究院组织编撰《中国共产党德州历史大事记(1921～2021)》。

菏泽推出《中国共产党菏泽历史》(第二卷)、《社会主义建设时期市(地)、县委书记口述史》、《中共菏泽地方史基础知识问答》等一批重点出版物，山东省菏泽市委组织部、菏泽市委党史研究院组织、编纂了《中国共产党菏泽历史知识问答》一书。

威海以天福山起义、马石山十勇士、乳娘、郭永怀等故事为题材，出版了《红色胶东经典故事绘本》《红色胶东英烈故事》《红色胶东革命回忆录》，长篇报告文学《烈火芳菲》《乳娘》，以及包含《天福山起义》《马石山十勇士》《乳娘》《郭永怀》4 卷的《红色胶东经典故事绘本》。

临沂编辑出版《沂蒙革命根据地全史》《沂蒙红嫂志》等党史著作。

另外,还有专门反映老渤海红色革命历史题材的大型文学作品《渤海魂》《纪念碑》,以及专门收录地雷战有关史料的《地雷战》一书等。

5.红色旅游

近年来,红色旅游成为各地宣传红色文化的重要方式。山东依托丰富的红色资源,推出了多条红色旅游路线。

山东省文化和旅游厅在调集山东省16地市416个红色旅游景区、革命类博物馆、纪念馆、革命遗址、陈列馆、爱国主义教育示范基地等资源点,汇总172条红色旅游线路、200多项红色主题节会活动及互动体验项目的基础上,整合、提炼、策划出100条山东红色旅游线路,分成八个大类:“齐风鲁韵　红色热土”——“红色＋文化”体验线路15条、“革命圣地　不忘初心”——“红色＋党建”教育线路15条、“心有所向　醉美乡村”——“红色＋乡村振兴”线路13条、“红色足迹　素履以往”——“红色＋自驾休闲”线路12条、“红耀齐鲁　颐养身心”——“红色＋康养健身”线路13条、“绿水青山　红色印记”——“红色＋生态自然”线路6条、“传承精神　弘扬传统”——“红色＋民俗非遗”线路12条、“革命礼赞　博览齐鲁”——“红色＋文博都市”线路14条。

另外,各地市也结合当地特色红色资源,推出了更具体的旅游路线。如聊城推出以孔繁森同志纪念馆、范筑先纪念馆、孔繁森故居等景点为主的“繁森精神耀东昌”旅游线路,以莘县苏村阻击战陈列馆、冀鲁豫(平原)分局旧址等景点为主的“永不消逝的红色记忆”旅游线路,以阳谷坡里暴动、刘邓大军渡黄河指挥部纪念园等景点为主的“重温光辉斗争史、体悟军民鱼水情”旅游线路等3条“一日游”红色旅游线路;同时,还将红色资源与当地文化、美食结合,打造了“红色＋文化”“红色＋康养”“红色＋美食”两日游线路。淄博临淄区还推出“赶牛山”乡村游等。

6.理论研讨

建党百年之际,从中央到全国各地,不同机构、部门以召开庆祝建党100周年理论研讨会、座谈会、学术讲座等的方式,围绕党的百年奋斗、实践、成就等内容展开讨论。

2021年6月,由山东省社会科学界联合会主办、山东孙子研究会承办的“建党百年与兵学谋略”——庆祝中国共产党成立100周年研讨会在山东济南举行;山东省委宣传部、省委组织部、省委党校(山东行政学院)、省委党史研究院(省地方史志研究院)共同举办了“百年奋斗与山东实践”庆祝中国共产党成立100周年理论研讨会。

济宁市委宣传部、组织部等部门举办“百年奋斗与济宁实践”济宁市庆祝中国共产党成立100周年理论研讨会，威海举办庆祝中国共产党成立100周年“胶东红色基因传承的时代价值”研讨会，威海市委统战部同各民主党派市委会(筹委会)、无党派人士、市工商联召开各界人士庆祝中国共产党成立100周年座谈会，聊城在孔繁森精神党性教育基地举行孔繁森精神研讨会，山东泰安财源街道南湖社区组织“我看建党百年新成就”座谈会，日照市抗日战争纪念馆举办了以庆祝建党百年、纪念日照抗战历史为主题的座谈会，等等。

7.赛事活动

以建党百年为主题的红色经典诵读大赛、红色故事讲解大赛、唱红歌比赛、红色演讲比赛、红色宣讲、党史知识竞赛等各类比赛，以及党史教育活动、入党宣誓、讲党课、优秀党课展播、学习宣传先进模范等主题活动，具备一定的号召性、鼓励性、规模性、群众性，因而也在红色文化传播中发挥了不可或缺的作用。根据笔者不完全统计，山东各地主要有以下赛事活动。

> 山东省委宣传部联合多部门单位共同举办的“红动齐鲁·我心向党”红色故事讲解大赛，以“永远跟党走”为主题组织的“党旗在基层一线高高飘扬——以实际行动庆祝中国共产党成立100周年”活动。
>
> 山东省文化和旅游厅主办的第三届山东省文化和旅游商品创新设计大赛暨“致敬100·红色印记：文创产品征集”活动。
>
> 济南章丘举办的“声动齐鲁”庆祝建党百年百场诗文咏诵活动。
>
> 济南长清在大峰山革命根据地纪念馆启动“奋斗百年路　启航新征程”全国红色主题自驾游。
>
> 济宁组织举办“红动济宁·我心向党”红色故事讲解大赛，“学党史、跟党走”党史知识竞赛，“千校万人诵党史”主题演讲大赛；开展“党旗在基层一线高高飘扬”“我们的中国梦—文化进万家”“百名人物话百年”“奋斗百年路　青春百人说”等主题活动。
>
> 德州市举办“颂红色经典，迎百年华诞”德州市第十二届读书朗诵大赛、“红动齐鲁　我心向党”德州市第三届红色故事讲解大赛。
>
> 菏泽举办红色故事征文暨第三届“红动齐鲁·我心向党”菏泽市红色故事讲解大赛，开展“百年荣光　扬帆远航”广场巡演，广泛开展入党宣誓、讲党课和优秀党课展播、学习宣传先进模范等各类群众性主题宣传教育活动。
>
> 威海举办“唱支山歌给党听”经典革命歌曲大家唱威海市直机关合

唱文艺展演活动。

青岛举办“红动青岛·我心向党”红色故事讲解比赛，推出大型特色主题党课《信仰》。

临沂举办“永远跟党走”全市沂蒙红色歌曲艺术周、庆祝建党100周年红色电影放映周活动、“沂蒙红色文艺轻骑兵千村行”活动、“红动沂蒙·我心向党”红色故事讲解大赛。

烟台策划启动“胶东红潮”文化献礼工程，举办了“胶东红潮 书香烟台”——烟台市庆祝中国共产党成立100周年朗诵大赛，“胶东红潮·革命人永远是年轻”市直机关合唱大赛，“胶东红潮·唱支山歌给党听”市民合唱大赛，“胶东红潮 舞动烟台”——烟台市庆祝中国共产党成立100周年市民舞蹈大赛等系列活动。

各地市举办的赛事活动基本都广泛动员全市各行业、各领域踊跃参与，在各地市掀起庆祝建党百年活动的高潮。

8.城市景观

按城市传播的观点来看，城市景观不仅是人们活动与生活的场所、构成环境的物质形态，更是一种传递信息、交流情感的载体与介质。城市景观是一种文化建构，反映了一种社会的，或者说文化的信仰、实践和技术。① 当代城市景观运用多种元素，充分发挥景观的媒介信息功能，与社会文化相互影响、相互渗透，呈现出一种新型的信息景观形式。

建党百年，全国各地一方面充分运用灯光秀、主题花坛、街头装扮、建筑设计、公交外光、城市中心广场、城市地标等城市空间的多维元素，营造建党百年的主题景观；另一方面通过城市清洁、绿化、志愿服务等多种服务，为人们造就更好的人居环境，使人们感受建党百年带来的安全感、舒适感、荣誉感。通过这样的城市景观，可以传播和扩散中国共产党的良好形象，提升人们对中国共产党、中国经济社会文化的认同。

9.媒体新闻报道

在信息传播介质中，媒体作为一种有组织的、掌握主要话语权的单位，是最重要、最广泛的媒介。对于媒体来说，宣传报道党的思想与理念、历史与发展，传播我国红色基因文化不仅是媒体的政治任务，也是媒体工作的根本职责。

山东多地市就庆祝中国共产党成立100周年重点活动安排召开的新闻

---

① 参见[英]迈克·克朗：《文化地理学》，杨淑华、宋惠敏译，南京大学出版社2003年版，第19页。

发布会上，都强调“组织庆祝活动宣传报道”，要做好中央、山东省和当地庆祝活动宣传报道工作，贯穿全年，梯次推进。组织全市各级各类媒体开辟专题、专栏，全方位、多角度、立体化展示党的百年光辉历程和伟大业绩，全面展示人民在党的领导下艰苦奋斗、务实奋进的生动实践，为庆祝中国共产党成立 100 周年营造浓厚的舆论氛围。

在前文对山东媒体建党百年相关新闻报道的统计中，新闻报道的媒体来源上，《齐鲁晚报》、山东卫视等传统媒体以及大众网、齐鲁壹点 App、齐鲁网、海报新闻 App、闪电新闻 App、舜网、鲁网、爱济南 App、中国山东网、山东手机报 App 等新媒体组成了庞大的报道力量，尤其大众网，在所有媒体中发布新闻数量居于首位。

在具体的新闻报道中，我们看到多家媒体策划组织了大型、全面的新闻报道。如大众网·海报新闻推出《红色“迹”忆·根脉山东》专题策划，济南广播电视台推出大型精品系列专题《光影礼赞百年》，《大众日报》推出“宣言·建党 100 年　齐鲁问初心”大型融媒体报道，大众日报·山东党建云平台启动“跨越百年的对话”大型融媒系列活动、山东广播电视台新闻频道《理响中国》推出建党百年专题《100·正青春》，济南广播电视台推出百集电视专题片《济南红色街巷》，济南广播电视台新闻综合频道推出全媒体系列报道《百岁·初心》、半岛传媒启动了庆祝建党百年胶东五市红色主题采访活动“奋斗百年路”、齐鲁晚报·齐鲁壹点推出“百年·百人·百事”大型融媒报道，全面回顾建党百年的辉煌荣光，全方位展现党员队伍的精神风貌，解读中国共产党百年发展历程中的“齐鲁元素”和“红色基因”，讲好山东故事，传承红色信仰，砥砺奋进前行。

10.其他

除了上述九种类型的传播载体和渠道外，根据山东省媒体的新闻报道，还有一些其他的传播介质和方式。例如文创产品，建党百年之际，山东省文旅厅推荐了 100 款红色文创产品；再如纪念邮票，庆祝中国共产党成立 100 周年青岛主题展筹备组和中国邮政集团有限公司青岛市分公司共同组织发行了《中国共产党成立 100 周年》纪念邮票和《中国共产党成立 100 周年庆祝活动标识》个性化服务专用邮票。另外，还有各地银行发布的建党 100 周年纪念币等。

(二)山东红色基因文化传播介质的特征

通过前面的分析，我们可以看出，山东红色基因文化的传播媒介具有多元化、规模化、全景化的特点。

1.多元化

一方面,多元化体现在媒介的类型多样,不仅有传统意义上的专业化大众传播媒介,如出版物、影视作品、新闻报道等;更重要的是,还有大量容易被忽视却在信息传播中发挥了非常重要作用的广泛意义上的媒介,如主题展览、文艺演出、舞台作品、手工艺术作品、红色旅游、理论研讨、赛事活动、城市景观以及文创产品、纪念邮票、纪念币等。可以说,建党百年山东红色基因文化的传播活动体现了“万物皆媒”的信息传播媒介生态。

另一方面,媒介的多元带来了红色文化产品的多元化和体验的多元化。在前文的分析和举例中,我们可以在展览、演出、新闻作品中接收红色文化产品,也可以在红色遗址、纪念场馆、城市景观、红色旅游中体验红色文化,还能在绘画、剪纸、理论研讨中参与或生产红色文化产品。在多元化的媒介渠道和媒介产品中,我们可以通过视觉、听觉、触觉、感觉等多维感受去了解、认知和体验红色基因文化。

2.规模化

一方面,规模化体现在传播媒介的数量上,建党百年之际,山东省内从省到市、县、乡都掀起了举办主题展览、文艺演出、理论研讨、各类赛事活动,建设建党百年主题城市景观,推出主题文艺作品、出版物,策划系列化新闻报道的热潮。数据显示,山东省推出“8 个 100 庆祝建党 100 周年”系列活动,包括“100 家革命场馆特色展陈、100 款红色文创展示推广、100 家研学基地红色旅游、100 场演出传承红色基因、100 条红色旅游线路培育打造、100 个红色文化特色村创建评选、100 名红色讲解员讲述党史”等,为庆祝建党百年营造浓厚氛围。

另一方面,规模化还体现在红色文化传播媒介的集中化。各个传媒集团调动自有媒体资源,推出大型主题报道;不同媒介之间形成了相互补充、相互配合、相互促进的一种协作状态,在重复报道和叠加报道中,共同营造了浓厚的庆祝氛围和舆论氛围。

3.全景化

全景化首先体现在各种媒介在具体应用时与空间的有效结合。虽然山东省内从省到市、县、乡都充分利用了前述类型媒介,但是各地在具体应用时各有特色,不同的展览、演出、旅游路线、赛事活动、出版物、城市景观都与当地红色资源、传统文化、社会环境相结合,如烟台海阳的沙雕展、青岛在国际邮轮母港举办的“奋斗百年路　启航新征程”——青岛市庆祝中国共产党成立 100 周年主题展览、潍坊对当地非遗项目“潍坊蛋雕”的应用,以及莱芜梆子戏、即墨柳腔戏的创作演出。

全景化其次体现为对数字技术尤其是AR、VR等技术的应用，使人们通过身临其境的沉浸式体验，目睹红色革命事件、人物与遗物，从而大大强化人们对红色文化的感受。借助VR技术打造科技型党建成为新时期党建工作的新趋势，山东省推出沂蒙精神网上VR全景党性教育平台，采用高清图像采集和全比例场景复现，将孟良崮战役纪念馆、华东革命烈士陵园、沂蒙红嫂纪念馆、沂蒙革命纪念馆以及孟良崮战役、沂蒙红嫂、八路军115师与第一纵队、华东野战军等故事结合，打造了全新的交互式、情景式、沉浸式的红色文化体验模式。

## 三、山东红色基因文化传播的特性

通过对庆祝建党百年期间山东各地的活动，可以窥探山东红色基因文化传播具备了政治性、组织性、仪式性、参与性、联动性的特征。

### （一）政治性

首先，红色基因文化传播的政治性体现在政府对红色资源的挖掘、保护与对红色文化传播的重视与组织。山东省第十三届人民代表大会常务委员会第二十四次会议通过了《山东省红色文化保护传承条例》，对山东省红色文化的保护和管理、传承和弘扬制定专属法则，自2021年1月1日起施行。该条例规定每年7月为全省的红色文化主题月，各级人民政府应当集中组织开展红色文化宣传、教育等活动，讲好“山东红色故事”。

建党百年之际，山东省委与各市委都就建党百年重点活动安排发布新闻发布会，突出“爱党爱国爱社会主义”主题，提前部署了包括深入开展党史学习教育、深入学习宣传贯彻习近平总书记“七一”重要讲话精神、省相关部门召开理论研讨会、配合做好“七一勋章”和全国“两优一先”推荐评选表彰、举办主题展览、举办文艺演出、创作推出一批文艺作品和出版物、组织颁发纪念章和开展走访慰问活动、开展群众性主题宣传教育活动等内容的各项活动。

其次，红色基因文化传播的政治性体现在信息传播中的政治敏感和政治自主。建党百年之际，除了专门的以建党百年为主题的各类活动外，各地、各部门单位也积极主动地把各种活动与建党百年进行挂钩，如在清明节、劳动节、端午节、重阳节、儿童节、青年节、妇女节、护士节等节日展开祭英烈、敬英雄，了解革命历史、传承红色精神的活动，把世界读书日、环境日、志愿者服务日、国际禁毒日、全国助残日等节点和运动会等活动与迎接建党百年联系起来,将红色文化的传承融合到全社会实践与活动中。

再次,从政府机构、政党、军队到各企业、学校、社团都积极响应,自觉发起丰富多彩的建党百年庆祝活动,主动创作各式各样的文艺作品,组织主题多元的党史、国史理论和学术研讨。全社会、全员的这种政治敏感和政治自主正体现了红色基因文化传播的政治性。

最后,红色基因文化传播的政治性体现在传播目的具有明确的政治性。建党百年之际,各机构、组织把各种活动与建党百年进行挂钩,自觉发起丰富多彩的庆祝活动,创作各式各样的作品,组织主题多元的理论研讨,并开展多项群众文化惠民活动,落实“为群众办实事”的民生事项,目的在于通过红色文化的传播塑造良好的中国共产党形象和良好的政府形象,增强民众对中国共产党、对国家的认同,巩固中国共产党的执政地位,提升政府的公众力,加强与公众的互动交流,形成良好的社会舆论。

(二)组织性

在传播学理论中,组织传播是指组织所从事的信息活动。组织是为了实现一定的组织目标而设置或成立的,具有专业化部门分工、职务分工和岗位责任制、系统的阶层制或等级制等结构特点。在山东建党百年的庆祝活动中,来自政府机关、检察院、公安局、部队、银行、科研机构、工会、企业、医院、学校(包含幼儿园、中小学和高校)等不同组织的活动占据了重要的比例。

笔者通过对庆祝建党百年期间山东媒体新闻报道的阅读发现,其中的组织传播包括组织内的传播、组织外的传播两个方面。组织内的传播又可以分为横向传播和纵向传播,纵向传播包含下行传播和上行传播。鉴于此,笔者概括出组织内下行传播、组织内上行传播、组织内横向传播、组织外传播四种传播方式。

1.组织内下行传播

庆祝建党百年期间的组织内下行传播主要体现为从中央到山东省再到各地市,再到乡、镇、村。建党百年庆祝活动的安排部署是一个从上到下传达与贯彻的过程。山东省第十三届人民代表大会常务委员会第二十四次会议通过的《山东省红色文化保护传承条例》,其实施过程也是一种自上而下的,以指示、规定、传达为主的传播活动。

2.组织内上行传播

庆祝建党百年期间的组织内上行传播主要体现为从村镇到乡、到各地市再到省的关于优秀党员、典范人物、优秀节目、旅游路线等的推送与评比，各地会把入选省级、中央级名单或目录视为一种成绩、肯定与荣誉。比如，“临沂市两条线路入围国家四部委‘建党百年红色旅游百条精品线路’”“昌邑县抗日殉国烈士祠成功入选第八批国家级重点文物保护单位”“京剧《邓恩铭》入选第八届中国京剧艺术节优秀剧目展演”“《徂徕儿女》入选省文化和旅游厅组织的庆祝中国共产党成立100周年山东省优秀剧目展演活动”“闪电新闻沉浸式视频交互产品《关键一步》入选中国记协建党百年融媒精品案例”“舞剧《乳娘》入选教育部高校原创文化精品推广行动计划”等。

3.组织内横向传播

组织内横向传播主要指组织内部平等的协商、交流、共享与合作。庆祝建党百年期间的很多活动通常需要组织内部进行协商与联络，比如党史学习教育活动、理论研讨会、座谈会等。这时传播互动双方属于平等交流的关系，而不是上下级隶属的关系。

4.组织外传播

组织外传播主要体现为组织与组织之间的交流与合作，既有同省内各机构与单位之间的合作，也有省际的交流与互动。庆祝建党百年期间很多大型展览、大型文艺演出、群体性活动或媒体的系列报道，由于规模或场面比较大，通常是由多个组织单位共同合作完成。如，“百年风华　初心如炬——济南市庆祝中国共产党成立100周年主题展览”是由中共济南市委主办，市委宣传部、济南日报报业集团、市委党史研究院、市档案馆共同承办的。再如，为庆祝建党百年，包括济南广播电视台在内的全国41家城市电视台和传媒机构，联合摄制了39集大型系列纪录片《复兴路上》，讲述新时代年轻共产党人在民族复兴路上奋斗的故事。

（三）仪式性

首先，红色基因文化传播的仪式性体现在从山东全省到全国范围对红色资源挖掘、红色文化传播的集体性重视和实践，以及多元化、规模化、全景化媒介的应用。前文对山东红色基因文化传播介质的论述已经分析过，这里不再赘述。

其次，红色基因文化传播的仪式性体现在红色文化传播和实践活动与红色场所、场景的结合，比如不少单位组织员工进行党史学习教育时，有意选择革命遗址和纪念场馆，在瞻仰革命先辈的同时了解革命故事，体会革命精神。

最后，红色基因文化传播的仪式性还体现在很多庆祝活动的具体实施过程中对仪式的突出，比如党史学习教育过程中，在党旗下进行“重温入党誓词、不忘入党初心"集体宣誓,通过庄严的仪式体会中国共产党的精神;再如,很多主题展览、文艺演出、赛事活动、文艺作品都通过启动仪式、开幕式、发布会等方式宣布开始,又通过闭幕式、落幕式、交出答卷、回顾等方式结束。

(四)参与性

红色基因文化传播的参与性一方面体现在红色文化活动对民众的调动。红色题材文艺精品、主题展览、红色旅游路线的推出,各类赛事活动的广泛征集和动员,都是为了能让群众对党的百年风华有更直观的感受、更感性的认识、更深刻的体会,进一步激发人民群众干事创业的积极性,凝聚起团结奋进的精神力量。

另一方面,红色基因文化传播的参与性还体现在人们自主、自发的参与和创作。如很多擅长绘画、唱歌、表演、戏曲的艺术类人才对红色文艺作品的表演和创作,众多手作香、葫芦雕刻、蛋雕、黑陶、面塑、根雕等非遗项目传承人或手工艺人主动以建党百年或红色文化为主题的创作。

(五)联动性

作为一个重大选题,庆祝建党百年期间的信息传播彰显了联动性的特点。各地政府之间、政府与企业之间、企业与企业之间、机构与机构之间、政府与媒体之间、媒体与媒体之间、媒体与大众之间等形成了强大的联动效应,比如下列相关活动。

> 济南市委宣传部、市委党史研究院、济南日报报业集团等部门联合举办了庆祝建党百年理论研讨会。
>
> 由烟台市发起,青岛、威海、潍坊、日照共同打造"伟大的历程——庆祝建党100周年胶东五市革命文物联展",分为"开天辟地""中流砥柱""走向光明"三个版块,展出胶东五市大量罕见红色革命文物,推动红色基因,薪火相传。
>
> 山东大学第二医院、山东钢铁股份有限公司、山东广播电视台主办,济南市第八人民医院、山东广播电视台融媒体资讯中心协办,山东广播电视台融媒体资讯中心《健康山东》栏目承办的"同庆建党百年 共筑健康山钢"山东大学第二医院庆祝建党100周年系列义诊活动。
>
> 在国家广播电视总局指导下,全国50家电视台携手打造的《理想照耀中国——庆祝建党百年"双100"系列融媒报道》,2021年3月23日起将在北京、天津和上海三地拉开帷幕。从2021年3月23日至6月30日的100天里,"双100"系列融媒报道将以时间为经,以史实为纬,聚焦

全国100个红色地标和重要纪念地,共同打造100场新媒体直播和100个短视频,全方位、新视角,立体呈现中国共产党的百年奋斗历程。

临沂市打通中央、省、市等媒体阵地,统筹报、台、网、微、端、屏等平台,扎实做好重大会议活动报道和主题宣传、成就宣传、典型宣传,全景式、立体化展现中国共产党成立100年来临沂发生的重大变化、取得的辉煌成就。

正是这种联动性使得红色基因文化的传播形成了宏大的气势、丰富的内容、多元的视角、广泛的推广。

## 四、山东红色基因文化传播的问题

在对庆祝建党百年期间山东红色基因文化传播的考察中,笔者也发现了一些问题,主要有以下几个方面。

### (一)文艺活动为主,参与观众有限

前文对新闻报道主题的分析结果显示,文艺活动是最突出的主题,占比一半以上(52.3%);其他主题虽然多元,但是占比都小,与文艺活动形成很大的落差。文艺活动主要包括红歌、诗歌、朗诵、戏剧、武术、展览等。这些活动虽然形象、直观、感染力强,然而这类活动通常是在固定舞台或空间、面对有限的观众展开的,并且这类活动通常是在有限的时间内进行的。这样一来,活动结束后,信息传播也可能会随之结束,信息的扩散或循环传播效果会比较差。

### (二)传播的模式化、同质化

2021年3月23日,中共中央举行建党百年庆祝活动安排的新闻发布会,部署了八项庆祝活动。2021年6月22日,省委举行新闻发布会,介绍山东省庆祝中国共产党成立100周年的九项重点活动安排;同时,山东省各地市委也召开新闻发布会,对庆祝活动进行策划。从表3-2可以看出,从中央到各省到各个地市,庆祝建党百年的活动计划内容是差不多的。整体上,庆祝建党百年期间的红色基因文化传播呈现了模式化、同质化的特征,这样可能导致人们对红色文化产生信息疲劳,降低了解和参与的积极性与主动性。

表 3-2 “建党百年庆祝活动”新闻发布会情况

| 中央 | 山东省 | 地市举例 | | |
|---|---|---|---|---|
| | | 济南 | 青岛 | 济宁 |
| 1.开展党史学习教育。<br>2 庆祝中国共产党成立 100 周年大会。<br>3.颁发“七一勋章”、“光荣在党 50 年”纪念章，走访慰问党员和家属。<br>4.举办“不忘初心、牢记使命”主题展览。<br>5.举办庆祝中国共产党成立 100 周年大型文艺演出。<br>6.庆祝建党 100 周年理论研讨会和座谈会。<br>7.拍摄文献专题片和专题节目，发表文艺作品、理论文章，出版党史著作、主题读物，发行纪念邮票、纪念封和纪念币。<br>8.进行主题宣传教育。 | 1.深入开展党史学习教育。<br>2.深入学习宣传贯彻习近平总书记“七一”重要讲话精神。<br>3.省相关部门召开理论研讨会。<br>4.配合做好“七一勋章”和全国“两优一先”推荐评选表彰。<br>5.举办主题展览。<br>6.举办文艺演出。<br>7.创作推出一批文艺作品和出版物。<br>8.组织颁发纪念章和开展走访慰问活动。<br>9.开展群众性主题宣传教育活动。 | 1.组织收听收看建党 100 周年庆祝大会。<br>2.开展党史学习教育。<br>3.举办座谈会和理论研讨会。<br>4.开展“七一勋章”提名和“两优一先”推荐评选表彰。<br>5.举办文艺演出。<br>6.举办主题展览。<br>7.启用中共山东早期历史纪念馆。<br>8.推出文艺作品和出版物。<br>9.组织颁发纪念章和开展走访慰问活动。<br>10.开展群众性主题宣传教育活动。<br>11.组织庆祝活动宣传报道。<br>12.营造浓厚社会氛围。 | 1.组织收听收看庆祝大会。<br>2.开展“两优一先”推荐评选表彰。<br>3.举办文艺演出。<br>4.举办主题展览。<br>5.开展党史学习教育。<br>6.召开理论研讨会和座谈会。<br>7.创作推出文化文艺作品和出版物。<br>8.组织颁发纪念章和开展走访慰问活动。<br>9.开展群众性主题宣传教育活动。<br>10.加强宣传报道。 | 1.开展党史学习教育。<br>2.组织收听收看庆祝大会。<br>3.组织举办理论研讨会和专题学习宣传。<br>4.开展“七一勋章”推荐提名和“两优一先”推荐评选表彰。<br>5.举办文艺演出。<br>6.举办主题展览。<br>7.举办合唱活动。<br>8.创作推出文艺作品和出版物。<br>9.组织颁发纪念章和开展走访慰问活动。<br>10.开展“永远跟党走”群众性主题宣传教育活动。<br>11.组织庆祝活动宣传报道。 |

### (三)地域性红色文化传播走向“自娱自乐”

红色文化的生成是具有地域性的。从地方和地域文化的视角来看，红色文化传播应以当地群众为主要目标群体，从地域文化中汲取养分，合理运用本区域人民群众习惯和喜爱的表现手段、叙事方式与传播载体加以推进，调动人们熟悉的物质与文化元素，实现红色文化的转化。

虽然以当地群众为目标群体是地域性红色文化传播的可行路径，但是根据笔者的观察，一些地域性红色文化传播过程中显现出一种“自娱自乐”的情况。一方面，一些庆祝活动，如文艺活动、主题展览、赛事活动、理论研讨都只在本单位内部开展，是一种完全的组织传播。即使大众媒体对活动进行了报道，也只限于当地的传统媒体，从信息传播效果来看，这也只不过满足了组织的宣传作用。另一方面，媒体在对一些地域性红色文化与活动进行传播时，内容选择和话语表达的呈现过于局限。笔者在阅读山东媒体的建党百年新闻报道时，时常会遇到这样的标题表述：“城西街道”“汶源街道”“德城区”“青年路小学”“我市”……整篇新闻报道从头看到尾，也没有看明白相关活动到底是发生在哪个地方。这些过于详细、具体的街道、社区和过于模糊的城市表述，并不利于清晰地传达信息，导致经由大众媒介的信息并不能真正走向大众。

(四)媒体传播仍以大众传播为主，网众传播弱

基于多元化、规模化、全景化的传播介质，以及各地市政府有力的号召和组织作用，虽然整体上庆祝建党百年期间山东红色基因文化的传播呈现出前所未有的力量和规模，然而从传播类型来看，仍以大众传播为主。

从统计数据来看，在新闻报道的媒体来源方面，《齐鲁晚报》、山东卫视等传统媒体以及大众网、齐鲁壹点 App、齐鲁网、海报新闻 App、闪电新闻 App、舜网、鲁网、爱济南 App、中国山东网、山东手机报 App 等网络媒体组成了建党百年新闻报道的重大阵营。虽然从传播介质来看，网络媒体属于新媒体，但是从具体的传播内容和传播方式来看，这些媒体本质上属于以新闻网站、门户网站为代表的第一代网络媒体，仍属于线性传输的大众媒介，遵循着从传播者到受众的大众传播规律。

在网络信息技术的作用下，自互联网 2.0 时代以来，开放、互动已经成为信息传播的方式，基于社会化媒体，网众传播即“由网众发起和参与，由社会化媒体中介的传播模式、现象与行为”[①]已经成为主导。但是，在山东建党百年之际的各类传播实践和活动中，引发人们广泛讨论，形成话题性、互动性传播的乏善可陈。主流媒体通过旗下客户端、抖音、微博等平台媒体发布了大量信息，可是没有激起社会化媒体中的人际传播。连接决定影响力。当网络中信息发布没有与人际互动形成有机融合时，信息发布的影响力便会大大受限。

① 何威：《网众传播：一种关于数字媒体、网络化用户和中国社会的新范式》，清华大学出版社 2011 年版，第 13 页。

### (五)融媒体产品创新不够

前文对媒体新闻报道信息呈现形式的统计显示,新闻报道最主要的信息形式是图文结合(49.3%),然后是纯文字(16.7%),利用当前主流信息传播形式视频的只有14.2%(其中纯视频占6.1%,“视频、文字、图片结合”占4.2%、“视频和文字结合”占3.9%)。结合传播渠道看,大众网、齐鲁网、齐鲁壹点App、海报新闻App、闪电新闻App、舜网、鲁网等占比突出的媒体都是网络媒体或移动端媒体等新媒体平台。借由新媒体平台传播,但信息呈现方式却仍是传统媒体的方式,当下年轻人更喜欢的视听新闻、数据新闻、H5新闻、VR新闻、新闻游戏、移动直播等融媒体形式则比较少。所以说,在红色基因文化传播中,融媒体产品的创新是远远不够的。这样会导致红色基因文化产品内容单一、枯燥,难以对用户形成有效的吸引,更遑论产生共鸣。

# 第四章　山东红色基因文化认知与态度调研

掌握了山东红色基因文化的传播情况后，我们还需要进一步了解传播效果如何，人们对山东红色基因文化的信息是否感兴趣，人们喜欢通过什么信息渠道、媒介方式和形式接收红色文化传播的信息，人们对山东红色基因文化的认知情况和态度如何，哪些因素会影响人们对山东红色基因文化的兴趣、偏好、认知与态度。为了客观、科学地了解这些问题，本章运用问卷调查法获取一手数据，并基于调查数据作出详细的分析。

## 第一节　调查的实施

本章运用问卷调查法，通过立意抽样、配额抽样，分别从五个层面调查了山东民众对红色基因文化的认知与态度。

### 一、调查方法与抽样

本章以山东省民众为调研对象，采用立意抽样与配额抽样相结合的调查方法。调查全部在线上完成，调查问卷上传、发布于问卷星网站(https://www.wjx.cn)。调查于2022年11月底12月初展开，通过微信、QQ、网站等多种渠道扩散问卷。截至2022年12月10日，共获取430份问卷，删除部分省外数据后，确定了本研究最终的400份问卷。

### 二、调查内容

本调查的目的在于了解三方面的内容：一是民众对山东红色基因文化的认知与态度情况。二是对影响民众红色文化认知与态度的因素进行探索性解释。三是基于前两项的分析，结合第二章对山东红色基因文化现状的数据分析,对红色基因文化的下一步传播作出预测并提出一定的解决路径。

## 三、变量测量

围绕山东民众对红色基因文化的认知与态度,调研内容包括五个层面。

一是人们对红色基因文化的兴趣。通过"您对山东红色基因文化的兴趣程度是"这一问题来测量,采用5级计分,从"非常不感兴趣"到"非常感兴趣"分别计1～5分,得分越高表明调查对象对山东红色基因文化的兴趣程度越高。

二是人们接触红色基因文化传播的偏好,包括三个问题:信息接收渠道、媒介形式和信息呈现方式。"信息接收渠道"主要考察了人们对参观革命遗址、纪念馆,参观红色主题的展览、文物陈列,观看红色电影、电视剧等影视作品,听家长、前辈的讲述,重走红色路线,观赏或参加红色戏剧、舞台剧、话剧等文艺作品,阅读红色主题的图书,观看或参加红色故事、红歌、党史知识竞赛,浏览媒体新闻报道,观赏红色主题的灯火秀、主题花坛,学校或单位的党史、国史学习教育等多种红色文化传播渠道的喜好。"媒介形式"考察了人们通过书籍,报纸,电视,政府网站、媒体官网,媒体客户端,抖音、快手等短视频平台,微博、微信社交媒体等多种媒介获取红色文化信息或产品的使用偏好。"信息呈现方式"考察了人们在接收红色文化信息或产品时,对文字、图片、视频、动画、数据、图表、直播等多元信息形式的喜好。

三是人们对山东红色基因文化的认知情况。笔者在第三章第一节把山东红色基因文化划分为四个类型:人物、事件、器物与精神。据此,这一部分的问卷调查包括四个问题,调查了人们对山东革命先辈、历史事件、红色精神、红色遗址的认知情况。具体调查问题如下。

B1.以下革命人物,与山东有关的是(可多选):

| | | |
|---|---|---|
| □王尽美 | □瞿秋白 | □辛锐 |
| □明德英 | □邓恩铭 | □陈独秀 |

B2.以下历史事件,发生在山东省的有(可多选):

| | | |
|---|---|---|
| □台儿庄大战 | □孟良崮战役 | □平型关大捷 |
| □淮海战役 | □五三惨案 | □巨野战役 |

B3.以下精神,与山东有关的是(可多选):

| | | |
|---|---|---|
| □沂蒙精神 | □乳娘精神 | □地雷战精神 |
| □徂徕山精神 | □朱彦夫精神 | □王杰精神 |

B4.以下革命遗址,在山东省的有(可多选):

□刘谦初故居　　□四五烈士纪念碑　□渊子崖抗日烈士塔
□华东野战军诞生地旧址　　　　　□《共产党宣言》纪念馆

上述问题的选项内容都来源于第三章对庆祝建党百年期间山东媒体新闻报道中涉及的山东红色文化资源，具体选项设置上兼顾了知名度和地域性的差异。

四是人们对山东红色文化传播的态度，包括四个问题，以了解人们对山东红色文化传播主体、传播方式、传播问题、传播意义的态度。在传播主体方面，调查了人们对政府、媒体、学校、家庭、社会团体、个体等不同主体在红色文化传播中的责任认知。在传播方式方面，调查了人们对山东红色旅游、文艺作品、主题展览、书籍出版、理论研讨、媒体报道、城市景观等方面的满意度，采用 5 级计分，从“非常不满意”到“非常满意”分别计 1～5 分，得分越高表明调查对象对山东红色基因文化传播方式的满意度越高。在传播问题方面，调查了人们对缺乏特色、表现形式单一、群众参与性低、产品不接地气、传播渠道少、红色资源挖掘不够等选项的赞同程度，采用 5 级计分，从“非常不同意”到“非常同意”分别计 1～5 分。在传播意义方面，调查了人们对“红色文化对社会主义现代化建设有重要意义”“红色文化可以提升国际竞争”“红色文化可以坚定文化自信”“红色文化可以树立正确的历史观”“红色文化可以增强民族自豪感和责任感”“红色文化能培养人们形成正确的价值观、世界观、人生观”“红色文化对提升政府公信力有积极作用”等的赞同程度，采用 5 级计分，从“非常不同意”到“非常同意”分别计 1～5 分。

五是人们的基本信息，包括性别、年龄、政治面貌、教育程度、收入、职业、居住地等背景变量。

### 四、调查样本的基本特点

调查回收的数据，由笔者进行筛选与分析。根据统计结果，调查样本的基本特点如下。

（一）性别

从性别分布来看，回收问卷的调查对象中男性 173 人，所占比例为 43.25%，女性 227 人，所占比例为 56.75%（见表 4-1）。

表 4-1　性别

| | 数量 | 百分比(%) | 有效百分比(%) | 累积百分比(%) |
|---|---|---|---|---|
| 男 | 173 | 43.25 | 43.25 | 43.25 |
| 女 | 227 | 56.75 | 56.75 | 100.0 |
| 总计 | 400 | 100.0 | 100.0 | |

(二)年龄

在年龄分布上,本次调查对象中 20～29 岁的人群占比第一,为 49.25%;第二是 30～39 岁,占比 21.5%;占比第三的是 10～19 岁,为 17.25%。总的来看,本次调查对象以年轻群体为主(见表 4-2)。

表 4-2　年龄

| | 数量 | 百分比(%) | 有效百分比(%) | 累积百分比(%) |
|---|---|---|---|---|
| 10 岁以下 | 2 | 0.5 | 0.5 | 0.5 |
| 10～19 岁 | 69 | 17.25 | 17.25 | 17.75 |
| 20～29 岁 | 197 | 49.25 | 49.25 | 67.0 |
| 30～39 岁 | 86 | 21.5 | 21.5 | 88.5 |
| 40～49 岁 | 33 | 8.25 | 8.25 | 96.75 |
| 50～59 岁 | 11 | 2.75 | 2.75 | 99.5 |
| 60 岁及以上 | 2 | 0.5 | 0.5 | 100.0 |
| 总计 | 400 | 100.0 | 100.0 | |

(三)政治面貌

本次调查中,占比第一的是共青团员,为 43.5%;第二是党员,占比 28.5%;第三是群众,占比 26.25%。结合年龄分布,由于本次调查对象以年轻群体为主,因此政治面貌相应的以共青团员为主(见表 4-3)。

表 4-3　政治面貌

| | 数量 | 百分比(%) | 有效百分比(%) | 累积百分比(%) |
|---|---|---|---|---|
| 群众 | 105 | 26.25 | 26.25 | 26.25 |
| 共青团员 | 174 | 43.5 | 43.5 | 69.75 |
| 党员 | 114 | 28.5 | 28.5 | 98.25 |

续表

| | 数量 | 百分比(%) | 有效百分比(%) | 累积百分比(%) |
|---|---|---|---|---|
| 其他 | 7 | 1.75 | 1.75 | 100.0 |
| 总计 | 400 | 100.0 | 100.0 | |

(四)学历

从学历来看,占比第一的是本科学历人群,为 54%;第二是研究生学历人群,占 31.75%(见表 4-4)。

表 4-4　学历

| | 数量 | 百分比(%) | 有效百分比(%) | 累积百分比(%) |
|---|---|---|---|---|
| 初中及以下 | 9 | 2.25 | 2.25 | 2.25 |
| 高中或中专 | 32 | 8.0 | 8.0 | 10.25 |
| 大专(高职) | 16 | 4.0 | 4.0 | 14.25 |
| 本科 | 216 | 54.0 | 54.0 | 68.25 |
| 研究生及以上 | 127 | 31.75 | 31.75 | 100.0 |
| 总计 | 400 | 100.0 | 100.0 | |

(五)职业

在本次调查中,占比第一的是学生,为 52.75%;第二是企业、公司职员,占比 22.5%;第三是党政机关、事业单位人员,占比 15.75%(见表 4-5)。

表 4-5　职业

| | 数量 | 百分比(%) | 有效百分比(%) | 累积百分比(%) |
|---|---|---|---|---|
| 学生 | 211 | 52.75 | 52.75 | 52.75 |
| 党政机关、事业单位人员 | 63 | 15.75 | 15.75 | 68.5 |
| 企业、公司职员 | 90 | 22.5 | 22.5 | 91.0 |
| 个体户、自由职业者 | 12 | 3.0 | 3.0 | 94.0 |
| 农、林、牧、渔劳动者 | 2 | 0.5 | 0.5 | 94.5 |
| 待业、无业人员 | 6 | 1.5 | 1.5 | 96.0 |
| 其他 | 16 | 4.0 | 4.0 | 100.0 |
| 总计 | 400 | 100.0 | 100.0 | |

(六)收入

本次调查中,占比第一的是收入位于4000元以下的人群,为57.75%,这与本次调查对象以在校学生为主有关。对比职业、学历、收入的调查数据可以发现,本次调查对象中除去在校学生外,其他人群在收入分配上比较均衡(见表4-6)。

**表4-6 月收入**

| | 数量 | 百分比(%) | 有效百分比(%) | 累积百分比(%) |
|---|---|---|---|---|
| 4000元以下 | 231 | 57.75 | 57.75 | 57.75 |
| 4000～6000元 | 54 | 13.5 | 13.5 | 71.25 |
| 6001～8000元 | 45 | 11.25 | 11.25 | 82.5 |
| 8001～10000元 | 25 | 6.25 | 6.25 | 88.75 |
| 10000元以上 | 45 | 11.25 | 11.25 | 100.0 |
| 总计 | 400 | 100.0 | 100.0 | |

(七)居住地

本次调查对象的居住地,除了济南占比较多外(37%),山东省内其他地市分布较为均衡(见表4-7)。

**表4-7 居住地**

| | 数量 | 百分比(%) | 有效百分比(%) | 累积百分比(%) |
|---|---|---|---|---|
| 济南 | 148 | 37.0 | 37.0 | 37.0 |
| 青岛 | 21 | 5.25 | 5.25 | 42.25 |
| 淄博 | 26 | 6.5 | 6.5 | 48.75 |
| 枣庄 | 11 | 2.75 | 2.75 | 51.5 |
| 东营 | 10 | 2.5 | 2.5 | 54.0 |
| 烟台 | 26 | 6.5 | 6.5 | 60.5 |
| 潍坊 | 13 | 3.25 | 3.25 | 63.75 |
| 济宁 | 18 | 4.5 | 4.5 | 68.25 |
| 泰安 | 11 | 2.75 | 2.75 | 71.0 |
| 威海 | 10 | 2.5 | 2.5 | 73.5 |

续表

| | 数量 | 百分比(%) | 有效百分比(%) | 累积百分比(%) |
|---|---|---|---|---|
| 日照 | 15 | 3.75 | 3.75 | 77.25 |
| 临沂 | 22 | 5.5 | 5.5 | 82.75 |
| 德州 | 33 | 8.25 | 8.25 | 91.0 |
| 聊城 | 17 | 4.25 | 4.25 | 95.25 |
| 滨州 | 7 | 1.75 | 1.75 | 97.0 |
| 菏泽 | 7 | 1.75 | 1.75 | 98.75 |
| 非山东省 | 5 | 1.25 | 1.25 | 100.0 |
| 总计 | 400 | 100.0 | 100.0 | |

## 第二节　山东民众对山东红色文化的兴趣与接触偏好

通过对问卷数据进行统计分析,笔者具体分析了山东民众对山东红色文化的兴趣,以及对红色文化信息接收渠道、媒介和红色文化信息呈现方式的接触偏好。

### 一、对山东红色文化的兴趣

问卷调查显示,被调查对象对山东红色文化有较高的兴趣(均值=3.765),见表4-8。54.5%的被调查对象表示有点兴趣,还有22.75%表示非常感兴趣。

**表4-8　对山东红色基因文化的兴趣程度**

| | 数量 | 百分比(%) | 有效百分比(%) | 累积百分比(%) |
|---|---|---|---|---|
| 非常不感兴趣 | 20 | 5.0 | 5.0 | 5.0 |
| 不大感兴趣 | 54 | 13.5 | 13.5 | 18.5 |
| 无所谓 | 17 | 4.25 | 4.25 | 22.75 |
| 有点兴趣 | 218 | 54.5 | 54.5 | 77.25 |
| 非常感兴趣 | 91 | 22.75 | 22.75 | 100.0 |
| 总计 | 400 | 100.0 | 100.0 | |

将性别、年龄、教育程度、政治面貌、月收入等背景变量与对红色文化的兴趣进行相关性分析,结果显示,除了性别外,年龄、教育程度、政治面貌、月收入都呈现出了显著的正相关关系(见表 4-9)。根据问卷调查的数据可以推断,年龄越大、教育程度越高、月收入越高的人群,对红色文化传播的兴趣程度越高;政治面貌上,加入党团组织会提升人们对红色文化的兴趣程度,而且党员的兴趣程度会更高。

**表 4-9　背景变量与兴趣程度的相关性分析**

| | 性别 | 年龄 | 教育程度 | 政治面貌 | 月收入 |
|---|---|---|---|---|---|
| 兴趣程度 | −0.070 | 0.148** | 0.105* | 0.151** | 0.107* |
| 显著性(双尾) | 0.161 | 0.003 | 0.036 | 0.003 | 0.032 |

注:* $p<0.05$;** $p<0.01$

## 二、对红色文化信息接收渠道的偏好

"您最喜欢哪种方式了解红色文化"的调查结果数据显示,占比第一的是革命遗址、纪念馆,第二是红色电影、电视剧等影视作品,第三是红色主题的展览、文物陈列(见表 4-10)。此外,与革命遗址、纪念馆紧密关联的红色旅游也占有重要比重。可以看出,人们更重视红色文化的体验性,革命遗址、红色影视与红色展览、文物都是对红色文化更为形象、直观、直接的体验。

**表 4-10　"您最喜欢哪种方式了解红色文化"调查结果**

| | 响应 | | 个案数的百分比(%) |
|---|---|---|---|
| | 个数 | 百分比(%) | |
| 革命遗址、纪念馆 | 290 | 15.9 | 72.5 |
| 红色主题的展览、文物陈列 | 212 | 11.6 | 53.0 |
| 红色电影、电视剧等影视作品 | 286 | 15.7 | 71.5 |
| 听家长、前辈的讲述 | 171 | 9.4 | 42.8 |
| 红色旅游 | 169 | 9.3 | 42.3 |
| 红色戏剧、舞台剧、话剧等文艺作品 | 137 | 7.5 | 34.3 |

续表

| | 响应 | | 个案数的百分比(%) |
|---|---|---|---|
| | 个数 | 百分比(%) | |
| 阅读红色主题的图书 | 100 | 5.5 | 25.0 |
| 红色故事、红歌、党史知识竞赛等 | 95 | 5.2 | 23.8 |
| 媒体新闻报道 | 131 | 7.2 | 32.8 |
| 红色主题的灯火秀、主题花坛等 | 114 | 6.3 | 28.5 |
| 学校或单位的党史、国史学习教育 | 95 | 5.2 | 23.8 |
| 其他 | 21 | 1.2 | 5.3 |
| 总计 | 1821 | 100.0 | 455.3 |

与第三章对山东媒体建党百年期间的报道作对比，可以发现，媒体报道中最多的“文艺活动”并非人们最喜欢的方式。而人们喜欢的影视作品、红色遗址亦没有成为媒体的关注重点。

如前所述，媒体报道最多的“文艺活动”通常是某政府机构、部门或单位在其内部展开的，是一种完全的组织传播，通过媒体无非是达到宣传的目的。这验证了笔者在前面提出的一个山东红色文化传播问题：地域性红色文化传播过程中显现出一种“自娱自乐”的情形，其传播目的更多的是政治宣传，而非向民众介绍或传播山东红色文化。

### 三、获取红色文化信息的媒介偏好

在“您最喜欢从什么媒介获取红色文化的信息或产品”的调查结果中，占比第一的是抖音、快手等短视频平台，第二是微博、微信等社交媒体，第三是电视(见表 4-11)。可以看出，这与当前整个媒体发展趋势和格局相一致。当前短视频与社交媒体等平台已经成为人们日常生活的一部分。但是对于红色文化传播来说，山东媒体在庆祝建党百年期间的传播重心仍集中在传统媒体渠道上。这与当前人们的信息消费偏好显然是错位的。

**表 4-11 “您最喜欢从什么媒介获取红色文化的信息或产品”调查结果**

| | 响应 | | 个案数的百分比(%) |
|---|---|---|---|
| | 个数 | 百分比(%) | |
| 书籍、报纸 | 160 | 13.8 | 40.0 |
| 电视 | 205 | 17.7 | 51.2 |
| 政府网站、媒体官网 | 142 | 12.3 | 35.5 |
| 媒体客户端 | 160 | 13.8 | 40.0 |
| 抖音、快手等短视频平台 | 256 | 22.1 | 64.0 |
| 微博、微信等社交媒体 | 224 | 19.3 | 56.0 |
| 其他 | 12 | 1.0 | 3.0 |
| 总计 | 1159 | 100.0 | 289.8 |

## 四、对红色文化信息呈现方式的偏好

在“您最喜欢哪种方式呈现的红色文化信息或产品”的调查结果中，最受被调查对象青睐的前五种信息呈现方式依次是短视频，图文结合，动漫、动画，图片，长视频(见表 4-12)。

**表 4-12 “您最喜欢哪种方式呈现的红色文化信息或产品”调查结果**

| | 响应 | | 个案数的百分比(%) |
|---|---|---|---|
| | 个数 | 百分比(%) | |
| 文字 | 114 | 9.6 | 28.5 |
| 图片 | 138 | 11.6 | 34.5 |
| 图文结合 | 242 | 20.4 | 60.5 |
| 长视频 | 129 | 10.9 | 32.3 |
| 短视频 | 293 | 24.7 | 73.3 |
| 动漫、动画 | 164 | 13.8 | 41.0 |
| 数据、图表 | 58 | 4.9 | 14.5 |
| 直播 | 41 | 3.5 | 10.3 |
| 其他 | 7 | 0.6 | 1.8 |
| 总计 | 1186 | 100.0 | 296.5 |

结合第三章对山东媒体庆祝建党百年期间的报道，排名第一的信息形式是图文结合，第二是纯文字，第三才是视频，而且3134篇新闻报道中只有2篇是图片报道。这与当前年轻人的信息消费喜好也是有一定出入的。虽然图文结合某种程度上吻合了人们的信息需求，但是视频化信息比重过少，这与当前信息视频化的趋势是严重脱节的。

总的来看，在本次调查中，被调查对象整体上对山东红色基因文化有较高的兴趣，更青睐于通过革命遗址、纪念馆，红色电影、电视剧等影视作品，以及红色主题的展览、文物陈列等体验性强、更为形象与直观的方式来了解红色基因文化；更喜欢通过抖音、快手等短视频平台，微博、微信等社交媒体来获取红色文化的信息或产品；在具体的信息呈现上，更偏好于短视频、图文结合、动漫和动画等视觉化方式呈现的红色文化信息或产品。

## 第三节　山东红色基因文化的认知情况

通过对问卷数据进行统计分析，笔者还了解了山东民众对山东革命先辈、重大历史事件、革命遗址、红色精神的认知情况。

### 一、对山东革命先辈的认知

作为中国红色历史的引领者、中国红色事业的先驱者，革命先辈是红色基因文化的重要载体，革命先辈的英雄事迹具有极强的感染力与号召力，弘扬革命文化、传承革命精神要讲好党的故事、革命英雄和先烈的故事。本次调查中，笔者选择了山东近现代史上颇有影响力的王尽美、邓恩铭，以及地域上有影响力的抗日女英雄辛锐和沂蒙红嫂明德英；同时，为了对比全国性红色文化与山东红色文化的认知，选取了中国近代史上著名的历史人物瞿秋白、陈独秀，对山东民众展开调查，以考察人们对于红色历史上重要革命人物的认知。

王尽美与邓恩铭的相关事迹在此不再赘述。辛锐是山东济南人，抗日巾帼英雄，在沂蒙抗日根据地壮烈牺牲。在庆祝建党百年期间，山东媒体报道了不少她的事迹，如《大众日报》的《光耀齐鲁|辛锐：投身抗日，巾帼不让须眉》，中国山东网的《章丘：拍摄电影〈辛锐〉，献礼建党百年》。明德英是沂蒙红嫂的真实原型，明德英用乳汁救八路军伤员的故事，被刘知侠写入短篇小说《红嫂》，继而被编入京剧《红云岗》、舞剧《沂蒙颂》。辛锐和明德英的故事都入选《沂蒙红色故事》。

根据调查结果,王尽美与邓恩铭在所列举的革命先辈中认知度最高,分别占到 71.8%和 57%;辛锐和明德英只分别占到 20%和 22.5%(见表 4-13)。同时,瞿秋白、陈独秀的认知度也较高,超过了辛锐。

**表 4-13 对革命先辈的认知**

| | 响应 | | 个案数的百分比(%) |
|---|---|---|---|
| | 个数 | 百分比(%) | |
| 王尽美 | 287 | 32.8 | 71.8 |
| 瞿秋白 | 107 | 12.2 | 26.8 |
| 辛锐 | 80 | 9.1 | 20.0 |
| 明德英 | 90 | 10.3 | 22.5 |
| 邓恩铭 | 228 | 26.0 | 57.0 |
| 陈独秀 | 84 | 9.6 | 21.0 |
| 总计 | 876 | 100.0 | 219.0 |

由于笔者调查中强调的是"与山东有关的"革命先辈,所以从调查结果来看,一方面,被调查对象对本土的革命先辈整体上认知度偏低。除了王尽美有比较高的认知度外,其他三位都不高。鉴于辛锐和明德英都是沂蒙地区的英雄人物,笔者单独对临沂地区的被调查者进行统计,结果显示,认为辛锐是山东革命先辈的占 18.2%,认为明德英是山东革命先辈的占 45.5%,进一步验证了被调查对象对本土革命先辈的认知度偏低。另一方面,被调查对象对革命先辈的具体事迹缺乏深入的了解,这主要表现在对陈独秀和瞿秋白这两位著名革命先辈的认知上。这两位先辈作为中国共产党的主要创始人和早期领导人之一,他们的活动其实与山东鲜有交集。一部分被调查对象或许只知道他们的名字,但对其革命事迹缺乏更具体的了解,故而在该调查中选择了二位。另外,在该调查问题上,对全部选项作出准确回答的仅有 15 人。

在进一步的数据分析中,笔者以对王尽美的认知为例,把性别、年龄、学历和政治面貌与对革命先辈的认知作交叉分析发现,性别变量并没有产生明显的认知差异,女性认知比例(73.6%)略高于男性(69.4%)。在教育程度方面,除了大专(高职)学历的人群认同比例比较低,为 37.5%,其他人群皆没有太大差异(初中及以下学历 77.8%、高中或中专 68.8%、本科生 72.2%、研究生 75.6%)。在年龄方面,30～39 岁人群认同比例最高,占

87.2%,40～49 岁占 84.8%,20～29 岁占 67.5%,10～19 岁占 56.5%,数据显示,30～49 岁的中年人群普遍对王尽美认知度较高。在政治面貌方面,党员显示出了较为明显的认知优势,82.5%的党员对王尽美有准确的认知,共青团员占比为 68.4%,群众为 63.8%。综合以上结果说明,党员教育会在红色人物的知识传播与普及中发挥重要作用,青少年人群对革命人物的认知需要进一步提升。

## 二、对山东重大历史事件的认知

对于山东本地发生的中国近代史上重大历史事件,笔者选取了知名度较高的台儿庄战役、孟良崮战役,以及知名度次之的济南五三惨案和菏泽巨野县的巨野战役。这几件历史事件在第三章第一节已经介绍过,这里不再重复。另外,为了对比山东民众对全国其他历史事件与山东历史事件的认知,笔者还选取了中国近代史上著名的历史事件——平型关大捷和淮海战役,对山东民众展开调查,以考察人们对于山东红色历史上重要历史事件的认知。

根据调查结果,被调查对象对山东省发生的上述四件历史事件认知度都高于非山东省的平型关大捷和淮海战役(见表 4-14)。其中,台儿庄战役的认知度最高,81%的人们知晓台儿庄战役;然后是孟良崮战役,有 61.5%的人选择了该事件。在该调查问题上,对全部选项作出准确回答的仅有 39 人。

**表 4-14 对山东历史事件的认知**

| | | 响应 | | 个案数的百分比(%) |
|---|---|---|---|---|
| | | 个数 | 百分比(%) | |
| 历史事件[a] | 台儿庄战役 | 324 | 30.71 | 81.0 |
| | 孟良崮战役 | 246 | 23.32 | 61.5 |
| | 平型关大捷 | 66 | 6.26 | 16.5 |
| | 淮海战役 | 86 | 8.15 | 21.5 |
| | 五三惨案 | 193 | 18.29 | 48.25 |
| | 巨野战役 | 140 | 13.27 | 35.0 |
| 总计 | | 1055 | 100.0 | 263.75 |

调查结果说明，被调查对象对山东历史事件有较好的认知，这一方面与历史事件在中国历史知识中所占比重较高有关，另一方面也可能与我们对历史事件的命名通常选择事件发生地有关，比如台儿庄古城今天已经成为山东省著名的旅游景点，被调查对象可以根据对地理知识的了解来推断历史事件。笔者选择孟良崮战役、巨野战役与居住地作交叉分析，发现临沂的被调查对象百分百地选择了孟良崮战役，菏泽的被调查对象百分百地选择了巨野战役，而对于济南的五三惨案，笔者在调查过程中故意隐去地名，因此在五三惨案与居住地的交叉分析中，并没有发现地理位置的显著影响，在济南的被调查对象中，还有35.9%的人们在该调查上并没有选择五三惨案。

在进一步的数据分析中，笔者以认知度位于中间的孟良崮战役为例，把该历史事件与性别、年龄、学历、政治面貌作交叉分析，结果显示，性别变量对历史事件的认知差异上比较小，男性(65.7%)认知比例略高于女性(59.9%)。在年龄方面，与历史人物的统计结果一致，30～39岁人群认知比例最高，占81.4%，40～49岁占75.8%，20～29岁占58.9%，10～19岁占36.2%。数据显示，30～49岁的中年人群对孟良崮战役有着较为普遍的认知。在教育程度上，研究生及以上学历认知人数占72.4%，本科学历占61.1%，大专学历占43.8%，高中占40.6%，初中及以下占22.2%。从数据可以看出，学历越高，对孟良崮战役的认知度越高。在政治面貌方面，党员也显示出了明显的认知优势，78.1%的党员认知王尽美是山东革命先辈，共青团员认知比例为56.3%，群众为52.4%。综合以上结果说明，党员教育在红色事件的知识传播与普及中也发挥了重要作用，年轻群体对革命历史的认知也需要进一步提升。

### 三、对山东革命遗址的认知

根据第三章整理的革命遗址，笔者选取了刘谦初故居、四五烈士纪念碑、渊子崖抗日烈士塔、华东野战军诞生地旧址、《共产党宣言》纪念馆等五处作为调查内容，对山东民众展开调查，以考察人们对于山东红色历史上重要革命遗址的认知。

从数据统计结果来看，这五处革命遗址的认知度依次是华东野战军诞生地旧址、四五烈士纪念碑、刘谦初故居、渊子崖抗日烈士塔、《共产党宣言》纪念馆(见表4-15)。除了华东野战军诞生地旧址，其余四处革命遗址的认同人数均未过半。另外，在该调查问题上，对全部选项作出准确回答的仅有31人。

表 4-15　对山东革命遗址的认知

| | 响应 | | 个案数的百分比(%) |
|---|---|---|---|
| | 个数 | 百分比(%) | |
| 刘谦初故居 | 146 | 18.67 | 36.5 |
| 四五烈士纪念碑 | 175 | 22.38 | 43.75 |
| 渊子崖抗日烈士塔 | 139 | 17.77 | 34.75 |
| 华东野战军诞生地旧址 | 232 | 29.67 | 58.0 |
| 《共产党宣言》纪念馆 | 90 | 11.51 | 22.5 |
| 总计 | 782 | 100.0 | 195.5 |

整体上看,本次调查中,被调查对象对红色革命遗址的认知程度是四类红色文化中最低的。这也可能与笔者的调查有关,在选择调查内容时,为避免地名的直接提示效应,笔者刻意选择了这五处不包含地名的革命遗址,同时为了避免与革命先辈的重复,舍去了知名度更高的王尽美、邓恩铭雕像纪念广场等革命遗址的调查。这也许是导致本次调查中对革命遗址认同相对偏低的一个原因。

在进一步的数据分析中,笔者以认知度最高的华东野战军诞生地旧址为例,把对该革命遗址的判断与性别、年龄、学历、政治面貌作交叉分析,结果显示,性别变量在人们对革命遗址认知差异方面的影响也比较小,男性(60.2%)认同比例略高于女性(57.2%)。在年龄方面,40～49 岁人群认知比例最高,占 69.7%,30～39 岁占 60.5%,20～29 岁占 60.4%,10～19 岁占 46.4%。与革命人物、历史事件的统计结果相一致的是,30～49 岁的中年人群对革命遗址有着较高的认知;不同的是,20～29 岁的人群对革命遗址的认知度也较高。在教育程度上,从研究生、本科、大专、高中到初中,占比分别为 64.6%、59.7%、43.8%、40.6%、11.1%。可以看出,学历越高,对华东野战军诞生地旧址的认知程度越高,这与历史事件的调查结果相一致。不同政治面貌的人群在华东野战军诞生地旧址的认知上并没有产生明显差异,这与前面革命先辈和历史事件调查结果不一致。

综合以上结果说明,相较于革命人物与历史事件,革命遗址更能获得青少年的认同。结合前面对“您最喜欢哪种方式了解红色文化”的调查结果,被调查对象最喜欢通过革命遗址、纪念馆等方式来了解红色文化,这或许是华东野战军诞生地旧址更受青少年人群喜欢的原因,他们往往更注重体验感,革命遗址正好能够满足他们的临场感、体验感,因而也能产生更丰富的认知与认同。

## 四、对山东红色精神的认知

根据第三章整理的山东红色精神,笔者选取了沂蒙精神、乳娘精神、地雷战精神、徂徕山精神、朱彦夫精神、王杰精神六种精神作为调查内容。前四种精神主要体现的是一种红色革命精神,其中,沂蒙精神和乳娘精神是山东知名度比较高的红色精神,在媒体的报道和文艺作品、影视作品的创作中也体现得比较多,而地雷战精神和徂徕山精神则在媒体的报道中出现较少,知名度比较小。将朱彦夫精神、王杰精神纳入调查范围,主要是考虑到红色精神的延续性和时代性。

根据调查结果,被调查对象对沂蒙精神的认知度最高,达到 96%;乳娘精神达到 51.5%,地雷战精神达到 45.5%,徂徕山精神、朱彦夫精神、王杰精神分别占比 27%、20.5%、12.5%(见表 4-16)。另外,在该调查问题上,对全部选项作出准确回答的仅有 26 人。

**表 4-16 对山东红色精神的认知**

| | 响应 | | 个案数的百分比(%) |
|---|---|---|---|
| | 个数 | 百分比(%) | |
| 沂蒙精神 | 384 | 37.9 | 96.0 |
| 乳娘精神 | 206 | 20.4 | 51.5 |
| 地雷战精神 | 182 | 18.0 | 45.5 |
| 徂徕山精神 | 108 | 10.7 | 27.0 |
| 朱彦夫精神 | 82 | 8.1 | 20.5 |
| 王杰精神 | 50 | 4.9 | 12.5 |
| 总计 | 1012 | 100.0 | 253.0 |

在进一步的数据分析中,笔者以认知度位于第二的乳娘精神为例,把对该精神的认知情况与性别、年龄、学历、政治面貌作交叉分析,结果显示,性别变量在革命遗址的认知差异方面影响比较小,男性(52.8%)认同比例略高于女性(51.0%)。在年龄方面,40～49 岁人群认知比例最高,占 66.7%;30～39 岁占 60.5%,20～29 岁占 51.8%,10～19 岁占 34.8%。与革命遗址的认知度调查结果相一致,红色精神不仅在 30～49 岁的中年人群中认知度最高,在 20～29 岁的人群中认知度也较高。在教育程度上,从研究生、本科、

大专、高中到初中，认知比例分别为 61.4%、49.1%、43.8%、37.5%、33.3%。同样显现出教育程度越高，对红色精神的认知程度越高。在政治面貌方面，党员也显示出了明显的认知优势，65.8%的党员对乳娘精神有所认知，共青团员认知比例为 46.6%，群众为 43.8%。

整体来看，被调查对象对红色精神的认知度要高于对革命先辈、历史事件的。这一方面可能与革命先辈、历史事件内容多有关，红色精神则相对比较集中、更有代表性；另一方面也与党、国家与媒体对红色精神的宣传力度有关，红色基因文化强调的就是一种继承性、传承性，红色精神是最能体现传承性的红色文化内涵，所以得到了更广泛的认知。另外，被调查对象不仅对诞生于革命时期的沂蒙精神、地雷战精神等有较好的认知，而且对朱彦夫精神、王杰精神等精神也有一定的认知，充分说明了山东红色基因文化的传播不仅注重对革命文化的传播，同时也注重对新时代人物及其精神等当代红色文化的传播，这本身也体现了红色基因文化的传承性和革新性。

## 第四节　对山东红色文化传播的态度

为了解山东民众对山东红色文化传播的态度，笔者通过四个层面进行调研与分析，具体如下。

### 一、对不同传播主体在红色文化传播中的责任认知

根据调查结果，被调查对象普遍认为政府、媒体、学校等教育机构是传播红色文化的三大主要责任主体(见表 4-17)。其中，占比第一的是政府，为 84.3%；第二是媒体，为 78.8%；第三是学校等教育机构，占比 66.8%。社会团体、家庭、个人的责任也占了一定比例。在笔者列出的六大传播主体中，“个人”占比最低。可以看出，当前人们对红色文化还主要处于一种被动接受的状态，作为责任主体主动传播的意识还很薄弱。

**表 4-17　红色文化传播的责任主体**

| | 响应 | | 个案数的百分比(%) |
|---|---|---|---|
| | 个数 | 百分比(%) | |
| 政府 | 337 | 27.8 | 84.3 |
| 媒体 | 315 | 26.0 | 78.8 |

续表

| | 响应 | | 个案数的百分比(%) |
|---|---|---|---|
| | 个数 | 百分比(%) | |
| 学校等教育机构 | 267 | 22.0 | 66.8 |
| 家庭 | 87 | 7.2 | 21.8 |
| 社会团体 | 125 | 10.3 | 31.3 |
| 个人 | 81 | 6.7 | 20.3 |
| 总计 | 1212 | 100.0 | 303.0 |

## 二、对山东红色文化传播方式的满意度

根据调查结果,被调查对象对红色旅游、文艺作品、主题展览、书籍出版、理论研讨、媒体报道、城市景观等整体上持较高的满意度(见表4-18)。其中,占比第一的是媒体报道,为75%;第二是城市景观,为71.3%;第三是文艺作品,为68.5%。在七种方式中占比最低的是理论研讨,为58.5%,不过也超过了50%。可以看出,整体上人们对这七种传播方式都比较满意。

表4-18 对山东红色文化传播方式的满意度

| | 非常不满意(%) | 不大满意(%) | 不确定(%) | 比较满意(%) | 非常满意(%) |
|---|---|---|---|---|---|
| 红色旅游 | 2.3 | 11.3 | 19.3 | 42.8 | 24.5 |
| 文艺作品 | 2.5 | 9.8 | 19.3 | 43.5 | 25.0 |
| 主题展览 | 2.0 | 8.3 | 21.5 | 43.5 | 24.8 |
| 书籍出版 | 2.0 | 6.8 | 27.8 | 39.8 | 23.8 |
| 理论研讨 | 2.3 | 8.5 | 30.8 | 36.5 | 22.0 |
| 媒体报道 | 2.5 | 7.8 | 14.8 | 50.5 | 24.5 |
| 城市景观 | 2.3 | 7.8 | 18.8 | 44.8 | 26.5 |

## 三、对山东红色文化传播问题的赞同程度

根据调查结果,被调查对象普遍同意山东红色文化传播仍存在一些问题,占比第一的是群众参与性低,为64.5%;第二是表现形式单一,为

62.3%；第三是产品不接地气，为58.8%；第四是缺乏特色，为58%；第五是红色资源挖掘不够，为51.8%；第六是传播渠道少，为46%（见表4-19）。整体上看，山东红色文化传播主要的问题不是传播渠道不多，而是充分利用的程度不高和产品表现不足，不能吸引人们的参与和体验。结合前面的分析，如今的年轻人最注重体验感和参与感，所以山东红色文化传播要在提升红色文化信息或产品的体验感、表现力方面着力，通过有特色的、接地气的产品吸引人们的参与。

**表4-19 对山东红色文化传播问题的赞同程度**

| | 非常不同意（%） | 比较不同意（%） | 不确定（%） | 比较同意（%） | 非常同意（%） |
|---|---|---|---|---|---|
| 缺乏特色 | 6.8 | 13.5 | 21.8 | 40.5 | 17.5 |
| 表现形式单一 | 6.3 | 12.8 | 18.8 | 42.8 | 19.5 |
| 群众参与性低 | 5.8 | 13.5 | 16.3 | 42.0 | 22.5 |
| 传播渠道少 | 7.2 | 20.3 | 26.5 | 28.2 | 17.8 |
| 产品不接地气 | 7.0 | 13.8 | 20.5 | 42.0 | 16.8 |
| 红色资源挖掘不够 | 6.8 | 17.0 | 24.5 | 34.3 | 17.5 |

## 四、对红色文化传播意义的赞同程度

根据调查结果，被调查对象普遍高度赞同红色文化传播的现实意义，认为传播红色文化可以使人们增强民族自豪感和责任感，树立正确的历史观，坚定文化自信，培养人们形成正确的价值观、世界观、人生观，并且对社会主义现代化建设、提升政府公信力、提升国际竞争力有重要的积极作用（见表4-20）。

**表4-20 对红色文化传播意义的赞同程度**

| | 非常不同意（%） | 比较不同意（%） | 不确定（%） | 比较同意（%） | 非常同意（%） |
|---|---|---|---|---|---|
| 对社会主义现代化建设有重要意义 | 4.0 | 1.3 | 4.5 | 34.3 | 56.0 |
| 可以提升国际竞争力 | 2.5 | 4.5 | 11.5 | 34.8 | 46.8 |

续表

| | 非常不同意(%) | 比较不同意(%) | 不确定(%) | 比较同意(%) | 非常同意(%) |
|---|---|---|---|---|---|
| 可以坚定文化自信 | 2.3 | 1.3 | 4.3 | 30.0 | 62.3 |
| 可以树立正确的历史观 | 2.3 | 1.3 | 3.8 | 30.0 | 62.7 |
| 可以增强民族自豪感和责任感 | 2.3 | 0.8 | 4.3 | 26.5 | 66.3 |
| 能培养人们形成正确的价值观、世界观、人生观 | 2.3 | 1.0 | 5.3 | 28.0 | 63.5 |
| 对提升政府公信力有积极作用 | 3.5 | 2.5 | 8.3 | 29.3 | 56.5 |

总的来看,本次调查中人们对红色文化传播的方式与意义持更为积极正向的态度,普遍认同红色文化传播有着十分重要的现实意义,也比较满意当前山东红色文化传播的方式。但同时,被调查对象也认为山东红色文化传播仍存在一些问题,尤其是群众参与性低、表现形式单一等问题。对于红色文化传播的责任承担者,被调查对象普遍认为政府、媒体、学校是传播红色文化的三大主要主体。其中,政府是传播红色文化最主要的责任主体。关于"个人"的责任,大多数人则并不认为个体是红色文化传播的主要承担者。

## 第五节　结论与讨论

从本章的调查与分析中,我们可以看出,人们十分肯定红色文化传播的现实意义。在政治方面,红色文化传播能提升政府的公信力;在经济方面,能促进社会主义现代化建设;在文化方面,能坚定文化自信;在社会方面,能树立正确的历史观,增强民族自豪感和责任感;对于个体,有助于人们形成正确的价值观、世界观和人生观;对外还能提升国际竞争力。

整体上,调查对象对山东红色文化也具有比较浓厚的兴趣,并且年龄越大、教育程度越高、月收入越高,兴趣会越大,加入党、团组织尤其是党组织,会提升人们对红色文化的兴趣程度。虽然被调查对象对当前山东红色文化在红色旅游、文艺作品、主题展览、书籍出版、理论研讨、媒体报道、城市景观等多个方面的传播都作出了肯定，但同时也认为山东红色文化传播还存在诸多问题，尤其是群众参与性低、表现形式单一、产品不接地气等问题。

在对山东革命先辈、历史事件、革命遗址、红色精神等人物、事件、器物、精神四种红色文化类型的认知上，在400名被调查对象中，仅有2名在4个选项上全部回答正确。在具体的调查中，共性的表现主要有四个方面。一是人们对知名度高的人物、事件、器物与精神通常有较好的认知，如王尽美、台儿庄战役、沂蒙精神、华东野战军诞生地旧址的选择率和认知度会更高。二是地域会对人们的认知产生影响，尤其是革命先辈、历史事件与革命遗址方面，在我国长期、广泛的革命进程中，涌现了大量的革命先辈、历史事件与革命遗址，对此人们不能全部熟知是很正常的，但是人们通常会对生活所在地的革命先辈、历史事件与革命遗址有更为清晰的认知，比如居住在临沂的人们能更准确地选择孟良崮战役，而菏泽的人们则能更准确地选择巨野战役。三是中青年人群对红色文化的认知水平更高。四是党员教育会提升人们对红色文化的认知水平。

对山东红色文化的认知与态度调查显示出山东红色文化传播还有比较艰巨的任务，在未来的传播中不仅要充分挖掘红色资源，提高一些红色文化尤其是具体的革命先辈、历史事件、革命遗址等红色资源的知名度，更重要的是要充分利用多元的传播渠道，用丰富的、有趣的、亲民的红色文化信息或产品吸引更多人的参与和体验。而且，除了政府、媒体、学校等主体外，还要充分调动家庭、社会团体，尤其是个体对红色文化传播的积极性和主动性。

在具体的传播实践中，要充分了解普通大众的信息偏好。本次调查发现，人们更偏好以参观革命遗址、欣赏红色影视作品、游览红色展览与文物等形象、直观的方式接收红色文化信息，更注重对红色文化的体验性和参与感。在具体的媒介上，人们青睐于从当前火热的抖音、快手等短视频平台和微博、微信等社交媒体来获取红色文化信息。在具体的信息或产品形式上，人们更倾向于视频、图片等视觉化的方式。这些为山东红色文化的未来传播提供了可参考的资料。

# 第五章　红色基因文化传播的未来路径

本章主要基于第三章、第四章的实证研究结果，结合当前红色文化传播的新时代语境、新媒体语境、新技术语境、新文化语境等背景性宏观因素，对红色基因文化传播的未来路径作出预测性的建议，指出红色基因文化传播中的注意事项。

## 第一节　红色基因文化传播的新语境

讨论红色基因文化的传播路径，我们首先需要了解当前红色基因文化面临的新语境。

### 一、新时代语境

2017 年 10 月，在中国共产党第十九次全国人民代表大会上，习近平总书记庄严宣告："经过长期努力，中国特色社会主义进入了新时代，这是我国发展新的历史方位。……这个新时代，是承前启后、继往开来、在新的历史件下继续夺取中国特色社会主义伟大胜利的时代，是决胜全面建成小康社会、进而全面建设社会主义现代化强国的时代，是全国各族人民团结奋斗、不断创造美好生活、逐步实现全体人民共同富裕的时代，是全体中华儿女勠力同心、奋力实现中华民族伟大复兴中国梦的时代，是我国日益走近世界舞台中央、不断为人类作出更大贡献的时代。"①

新时代对我国政治、经济、文化、社会等各个方面都提出了新的要求。

---

① 习近平：《决胜全面建成小康社会　夺取新时代中国特色社会主义伟大胜利——在中国共产党第十九次代表大会上的报告》，人民出版社 2017 年版，第 10～11 页。

习近平总书记强调:“文化兴国运兴,文化强民族强。没有高度的文化自信,没有文化的繁荣兴盛,就没有中华民族伟大复兴。”[①]红色文化是在长期革命与建设中孕育而生的先进文化,不仅为社会主义先进文化建设提供了丰富的文化资源,也在我国政治、经济与社会建设和发展中发挥着巨大功能与作用。

时代决定使命,使命召唤担当。新时代红色文化建设面临怎样新的历史使命?这一问题是新时代红色文化传播的出发点。新时代红色文化建设的重要使命主要有以下四个方面。

第一,在推进红色资源的开发和利用中不断传承“红色基因”。红色文化是中国共产党领导人民历经千辛万苦,在长期的社会革命、改革与发展中形成的,红色文化资源博大精深、内容十分丰富,红色文化建设需要在广度和深度上不断挖掘、提炼和深化红色资源,在挖掘红色内涵中讲好红色故事,在保护红色资源中传承红色基因。此外,开发与利用红色资源要与时代需求紧密结合,要能够推动红色文化的教育、借鉴和启示作用。习近平总书记指出:“实现中华民族伟大复兴,是中华民族近代以来最伟大的梦想。”[②]步入新时代,红色文化建设要与实现中华民族伟大复兴中国梦紧密结合,通过挖掘具有历史意义的红色故事、红色遗迹、红色精神,传承红色基因,让人民群众接受红色文化的教育、洗礼,并在实践中笃行红色理念。

第二,传承中华优秀传统文化。文化根脉是一个国家文化的起源,中华民族5000多年的优秀传统文化是中华民族的文化根脉。党的十八大以来,习近平总书记多次强调守护中华优秀传统文化的重要性,“优秀传统文化是一个国家、一个民族传承和发展的根本,如果丢掉了,就割断了精神命脉”[③]。红色文化中艰苦奋斗、勤俭节约、谦虚谨慎、团结奋进等优秀传统,要引导人们继续坚持,并发扬光大,将这些优良传统的价值内化为人们的素质,渗透人们的行为中,从而彰显出中华优秀传统文化持久的力量。更重要的是,中华民族在历史长河中历经磨炼形成了强大的爱国主义,并始终激励着我国各族人民自强不息。新时代,要继续发挥爱国主义传统,推动国家富强、人民富裕。

第三,引导新时代社会主义意识形态建设。党的十八大以来,党中央高

---

① 习近平:《坚定文化自信,建设社会主义文化强国》,《求是》2019年第12期。

② 习近平:《在中国文联十大、中国作协九大开幕式上的讲话》,人民出版社2016年版,第3页。

③ 习近平:《在纪念孔子诞辰2565周年国际学术研讨会暨国际儒学联合会第五届会员大会开幕会上的讲话》,人民出版社2014年版,第11页。

度重视意识形态工作的重要性。党的十九大报告中,习近平总书记进一步强调“意识形态决定文化前进方向和发展道路”①。红色文化是伴随着马克思主义在中国的传播而诞生的,以马克思主义为根本指导,以马克思主义及其中国化的思想精髓为核心内涵,而且红色文化蕴涵的价值诉求、思想观念集中体现了中国共产党的革命精神、以人民为根本的理念,因此,红色文化与马克思主义、社会主义的主流意识形态本质上是一致的。新时代,红色文化要继续引导社会主义意识形态建设,引领中国特色社会主义思想文化的方向。

第四,推动党的政治建设。党的十九大报告指出,“党要团结带领人民进行伟大斗争、推进伟大事业、实现伟大梦想,必须毫不动摇坚持和完善党的领导”②。党的建设新的总要求是要把党的政治建设摆在首位。红色文化作为一种先进文化,与其他文化区别的根本标志在于“红色”。红色是中国共产党、中华人民共和国最鲜亮的底色。红色资源是中国共产党艰辛而辉煌奋斗历程的见证,是最宝贵的精神财富。红色血脉是中国共产党政治本色的集中体现,是新时代中国共产党人的精神力量源泉。③ “不忘初心、牢记使命”是中国共产党的终身课题,从历史中汲取经验、获得力量、坚定信念,持续推动马克思主义中国化,持续推动中国共产党的建设也是新时代红色文化建设的重要使命。

总的来看,红色文化是中国共产党把马克思主义基本原理同中国具体实际相结合,领导团结中国各族人民在革命、建设、改革过程中共同创造的极具中国特色的先进文化。对于生活在或经历过中国革命、建设和改革开放过程的人们来说,他们拥有共同的集体记忆,可以很好地感受红色文化,理解红色历史、红色故事和红色精神。但是,对于当今社会的现代人来说,红色文化在时间和记忆上有一定的错位,因此,红色文化传播要充分挖掘红色资源和红色文化的时代元素,积极开展多渠道、多样式、多层次的文化传播活动,从而调动广大民众参与现代文化活动,以多媒体、新媒体为载体,创新红色文化传播内容,进行多渠道、新内容、新形式的传播。

---

① 习近平:《决胜全面建成小康社会 夺取新时代中国特色社会主义伟大胜利——在中国共产党第十九次代表大会上的报告》,人民出版社 2017 年版,第 41 页。

② 习近平:《决胜全面建成小康社会 夺取新时代中国特色社会主义伟大胜利——在中国共产党第十九次代表大会上的报告》,人民出版社 2017 年版,第 61 页。

③ 参见《习近平在中共中央政治局第三十一次集体学习时强调:用好红色资源 赓续红色血脉 努力创造无愧于历史和人民的新业绩》,《人民日报》2021 年 10 月 1 日。

## 二、新媒体语境

近年来,媒体生存与发展的环境已经发生了重大的变化,媒体融合新生态、智能化、视频化、社交化共同构成了当前的媒体语境,红色文化传播应立足于这一新媒体语境之上。

(一)媒体融合新生态

随着媒体融合发展步伐的加快,媒体融合的重心已经从产品创新、业态转型向战略构建媒体融合新生态转变。[①] 构造媒体深度融合新生态,要以增强主流媒体的传播力、引导力、影响力、公信力为出发点。媒体不仅要承担传播信息、沟通世界的责任,掌握媒体话语权,还要发挥舆论引导力,凝聚社会共识,树立权威性和公信力。

媒体融合新生态下,传统媒体与新兴媒体不能再是“相加式”的物理变化,而是要在管理机制、技术开发、生产流程、产品创新、平台运维、人才建设、市场能效等突破阻碍,进行“相融式”的化学变化。“十四五”开局是主流媒体深度融合发展的关键窗口期,也是媒体深度融合的关键机遇期。媒体深度融合的态势,为机构媒体提出了新的要求,媒体要以全媒体传播工程,打造新型主流媒体,最终构建起全媒体传播体系。媒体融合新生态下,要在拓展媒体传播空间上下功夫,综合运用各种新兴媒体技术,冲破传统媒体与新兴媒体的藩篱,扩展媒体传播的空间和深度,加快构建全媒体传播新格局。

(二)智能化

在人工智能、物联网、VR、AR等技术的推动下,媒体日益彰显出智能化的趋势,智能技术与新闻生产的结合将带来五种新的新闻生产模式:个性化新闻、机器新闻写作、传感器新闻、临场化新闻以及分布式新闻。[②] 人工智能不断向新闻业渗透,重塑了新闻的生产流程和表现形态,在新闻的选题策划、信息采集、信息加工等内容生产和分发的各个环节中,智能化技术都发挥了至关重要的作用。2019年1月25日,习近平在中共中央第十二次集体学习时指出,要探索将人工智能运用在新闻采集、生产、分发、接收、反馈中,

---

① 参见本刊评论员:《构建媒体深度融合新生态》,《中国出版》2022年第13期。

② 参见彭兰:《智媒化:未来媒体浪潮——新媒体发展趋势报告(2016)》,《国际新闻界》2016年第11期。

全面提高舆论引导能力。①

智能化趋势下,新闻消费方式也在发生转变,大数据推送使新闻信息实现了精准化传播,满足了人们个性化的需求;随着新闻信息差异性在智能化技术加持下不断缩小,受众对信息本身的价值关注逐渐转移到社交上,更加期待通过消费新闻实现交流互动;而且,受众对新闻体验的要求不断升级,受众从看新闻、听新闻演变成参与新闻、体验新闻,越发注重新闻传播的在场感和仪式感。②

(三)视频化

当前,在移动互联网、5G、大数据等前沿技术的支撑下,新闻传播业正迎来巨大变革,视频化成为媒体转型升级的重要趋势,短视频、直播、漫画、动画、可视化图表等形态日益丰富。中国互联网络信息中心发布的第50次《中国互联网络发展状况统计报告》显示,截至2022年6月,我国网民规模为10.51亿,短视频用户规模达9.62亿,占网民整体的91.5%。网络视频,特别是短视频,业已成为深度媒介化时代的一种生活方式。③ 面向快速变革的视频化趋势和庞大的网络视频用户群体,主流媒体要积极应变、主动求变,紧抓媒体深度融合的战略机遇,全面推进视频化转型。④

另外,短视频火爆的背后,还隐含着大众视觉消费的转向。⑤ 首先是从静态的图片消费到动态的影像、拟像消费;其次是从被动的视觉接收到主动的视觉产品创造,人们由观看者向参与者、分享者、生产者转变;最后是从"看"视频到"玩"视频,人们不仅仅是接收视觉化信息,更重要的是要有趣、好玩、有料。

(四)社交化

社交媒体具有强大的信息汇聚性、互动性、即时性,无社交不传播已经成为现状。社交化之所以重要,是因为今天整个新媒体的传播模式发生了深刻变化,人际关系网络成为大众传播的重要基础设施。⑥ 在社交化的趋势下,社交化新闻通常更容易得到人们的肯定和接受。这样的情形下,新闻和媒体都在发生变化。媒体与用户形成一种平等关系,传播网络出现了"去中

---

① 《习近平在中共中央政治局第十二次集体学习时强调:推动媒体融合向纵深发展 巩固全党全国人民共同思想基础》,《人民日报》2019年1月26日。

② 参见高渊:《传播技术智能化下新闻传播生态的嬗变》,《出版广角》2021年第17期。

③ 参见王晓培:《视频化生存:深度媒介化时代的社会重构与反思》,《青年记者》2022年第19期。

④ 参见黄楚新、郭海威、余晨雨:《论主流媒体的视频化转型》,《媒体融合新观察》2022年第2期。

⑤ 参见宫承波、田园:《短视频火爆背后的大众视觉消费转向》,《新闻论坛》2018年第1期。

⑥ 参见彭兰:《移动化、社交化、智能化:传统媒体转型的三大路径》,《新闻界》2018年第1期。

心化”和“再中心化”，新闻从生产、传播到运营形成了全链路社交化，新闻内容也更加平易近人。[1]

综上，在这样的新媒体语境下，红色文化的未来传播要注意：机构媒体必须与新兴媒体充分融合，打造全媒体产品，充分利用智能技术，创新红色文化信息或产品形式，与受众个性化需求对接，有效结合短视频技术与平台，吸引最大规模受众的注意力，并在他们的社交分享中实现价值最大化。

## 三、新技术语境

移动互联网、大数据、人工智能、云计算、VR、AR、短视频、5G、区块链、元宇宙……今天我们面临技术的不断更新与发展。数字技术的不断发展为红色文化传播提供了新的技术语境。今天红色文化的传播要立足于新技术语境。

一方面，依托不断更新的技术手段，红色文化的数字化传播得到大大拓展，不仅使红色文化资源得以整合，能够在共享与联动中形成整合传播优势，而且传播方式更加新颖出奇，近些年来，红色动漫、红色游戏、红色微视频、红色数据新闻、红色 VR 新闻、红色文化直播等新产品备受青睐，在人们的体验、转发与互动中，实现了更广泛的传播。[2] 融媒体时代，新媒体技术在保存、转化、复制、创新、传播红色基因文化的过程中发挥了不可替代的作用。大数据、云计算、数据可视化等现代信息技术飞速发展，也推动了红色文化产品与民众个性化需求、体验性心理需求的结合。

另一方面，新技术尤其是智能技术、算法推荐等技术的发展，引起了人们对技术价值的讨论。在数据思维的作用下，算法造就并推送了一个个信息茧房，使人们被大量同质化、观点一致化的信息包围。如何正确处理价值理性与工具理性的矛盾，避免工具理性僭越价值理性，是当前信息传播需要高度注意的。红色文化作为国家和民族的集体记忆和实践，拥有受众的最大公约数，红色文化的传播可以在公共性基础上建立新媒体伦理，将信息技术的工具理性置于红色文化主流价值理性规约下，打破信息茧房，实现表达价值。

## 四、新文化语境

在文化领域，由于长期受到西方文化的侵蚀，以及中国现代化进程中向

---

① 参见张湘涓：《“新闻社交化”环境下新闻传播的变革与发展》，《国际公关》2022 年第 3 期。

② 参见荆立群、薛耀文：《融媒体视阈下红色文化的传播》，《编辑之友》2020 年第 3 期。

西方学习的影响,西方文化在我国的优势地位明显。进入新时代,随着我国文化建设的蓬勃发展,西方国家加强了文化价值样态的“疯狂输出”和意识形态领域的“攻城略地”①,一些人崇洋媚外,鼓吹“西方文化优越论”,试图否定中华传统文化,文化虚无主义、历史虚无主义喧嚣尘上。在西方媒体的强势渲染下,红色文化和红色精神甚至成为“暴力的、激进的”负面表征,使得我国红色文化传播的处境艰难,难以在世界文化体系中占据一席之地。②

另外,互联网媒体的无边界性、超越时空性,凝聚人气、放大舆论的功能,新媒体技术的隐蔽性使得互联网成为思想文化的新阵地。西方多元思想文化思潮大量涌入中国,对中国人的思想和文化观念带来强烈的冲击,企图消解当代中国的主流意识形态,抹黑和颠覆传统观念,扰乱人们的价值观。③ 国内外敌对势力把微传播领域作为宣扬历史虚无主义的重要平台,往往通过“戏说”“恶搞”“考证”“揭秘”“还原”历史等方法,拿中国革命史、新中国历史作文章,故意抹黑革命历史英雄人物,歪曲、诋毁历史,特别是中国共产党领导人民进行革命斗争和建设的历史,美化已被历史盖棺定论的中华民族的败类,丑化为人民的解放事业和建设事业英勇牺牲的英烈。④

党的十九大报告强调要“不断增强意识形态领域主导权和话语权”⑤。意识形态安全是国家总体安全的重要组成部分,它从价值认同、价值模塑和价值共识等方面直接关联社会稳定,进而影响国家安全。⑥

红色文化是伴随着马克思主义在中国的传播而诞生的,以马克思主义为根本指导,以马克思主义及其中国化的思想精髓为核心内涵。红色文化的生成与发展源于中国共产党的先进性,党的先进性铸就了红色文化的先进性。红色文化表现出来的伦理规范、道德规范和政治规范,彰显了先进性,能够满足社会普遍认知的期待;其所蕴含的牺牲精神、斗争精神和民主精神,能够为当下社会发挥意识形态引领作用。⑦ 在新的历史条件下,全面

---

① 参见史婷婷、张昊:《红色文化研究的热点、演进与展望——基于 CNKI 数据库中 CSSCI 文献的 CiteSpace 可视化研究》,《山东开放大学学报》2022 年第 3 期。

② 参见粟雪晴、汪莉:《文化折扣视角下我国红色文化的对外传播》,《传媒论坛》2022 年第 3 期。

③ 参见王国敏、李玉峰:《挑战与回应:坚守马克思主义在意识形态领域的主流地位》,《马克思主义研究》2007 年第 11 期。

④ 参见骆郁廷、陈娜:《论红色文化的微传播》,《江淮论坛》2017 年第 3 期。

⑤ 习近平:《决胜全面建成小康社会,夺取新时代中国特色社会主义伟大胜利》,人民出版社 2017 年版,第 23 页。

⑥ 参见方世南、徐雪闪:《网络意识形态安全中意见领袖作用研究》,《南京师范大学学报》(社会科学版)2019 年第 1 期。

⑦ 参见荆立群、薛耀文:《融媒体视阈下红色文化的传播》,《编辑之友》2020 年第 3 期。

建设社会主义先进文化，大力推动社会主义文化大发展大繁荣，必须坚守红色文化这一重要阵地[①]，积极倡导并大力践行主流文化、正义文化，自觉抵制西方消费主义文化、低俗文化、文化虚无主义、历史虚无主义，不盲目追捧西方文化，弘扬中华传统文化，牢牢把握文化发展的正确方位。

## 第二节 红色基因文化传播的可行路径

立足红色文化传播的新语境，基于前面几章对山东红色基因文化现状与效果的调研，笔者认为红色基因文化的未来传播可以从以下七个方面着手。

### 一、传播思维：从宣传式传播到互动式传播

传统媒体时代，新闻报道是从记者到编辑再到受众的线性模式，媒体在信息传播链条中居于主导地位，然而融媒体时代，新闻报道的全时性、互动性、开放性，使得新闻不再是专属于记者专业化生产的产品，信息传递不再是自上而下的“中心式架构”，而是人人可以通过网络媒体发布信息、彼此交互作用的“参与式架构”。这种转变让红色文化的传播不再是“你说我听、你打我通”的单向传播，而是平等基础上的双向度的交流与互动。[②] 人们每天都面对着海量的信息，人们有追求崇高的心理需求，但厌烦灌输式的说教和教条式的宣传；有求知探索的心理需求，但不满足于资料的堆砌和学究式的理论阐释；有娱乐缓释的需求，但排斥刻板的叙事和高大上的人物塑造。[③]

如前所述，笔者对庆祝建党百年期间山东媒体的报道进行阅读和分析时便发现，媒体的传播仍以传统的大众传播为主，虽然从传播介质来看，信息发布主体以网络媒体为主，从媒体性质上来看，是属于新媒体的，但是从具体的传播内容和传播方式来看，这些媒体本质上属于以新闻网站、门户网站为代表的第一代网络媒体，仍属于线性传输的大众媒介，遵循着从传播者到受众的大众传播规律。而问卷调查结果也显示，多数人们认为山东红色基因文化传播中存在群众参与性低、产品不接地气的问题。

当前，红色故事通常仅仅停留在铺陈故事、叙述历史情节的内容灌输层

---

① 参见张月萍：《论红色文化的科学传播》，《新闻大学》2014 年第 5 期。

② 参见骆郁廷、陈娜：《论红色文化的微传播》，《江淮论坛》2017 年第 3 期。

③ 参见荆立群、薛耀文：《融媒体视阈下红色文化的传播》，《编辑之友》2020 年第 3 期。

面,大多以参观、观看、阅读等传统的单向模式为主,即便加入了一些多媒体互动,参与体验的效果也并不明显。[①] 融媒体环境下,机构媒体在进行红色文化传播时,要转变传播思维,抛弃教条式、宣传式的线性传播,尽可能地引发人们的网络传播和互动,有效推动红色文化信息的二次、多次传播,使红色文化信息在人们不断扩散的"涟漪效应"中实现最大范围的传播。

有学者认为,"微传播"是一个可行的路径。因为,从红色文化的形成来看,红色文化是有关国家独立、民族解放的宏大叙事,经常以"高高在上"的姿态出现,极易让人感觉灌输性太强,或遥不可及,或空洞无物。而"微传播"利用微故事、微小说、微视频等形式,把这种宏大叙事落实到具体的人、事、物,还原、再现、浓缩、放大典型的画面、人物和细节,从而把"高大上"的理论说教转变为一个个"接地气"的微故事、微情境、微画面,能够增强红色文化的体验性和启发性。[②] 2016 年,新华社上线的微纪录片《红色气质》成为现象级传播案例,不仅被电视台、网站、微博、微信、手机客户端、户外大屏及海外社交媒体纷纷热播,甚至被政府部门、中小学校用作爱国主义教育的案例。这个传播实践说明融媒体时代,汇聚多种资源推进原始创新、集成创新和消化吸收再创新,可以使红色文化在传承中生存,在传播中发展,始终以鲜活的形态生存于民间百姓的日常生活中。[③]

### 二、传播主体:从机构媒体到全员动员

正如问卷调查结果所示,目前红色文化的传播主体以政府、媒体、学校为主,其中政府更多的是发布指示、活动策划,学校则以校内学生的思想政治教育、课程思政等实践为主。在红色文化信息的广泛传播上,机构媒体发挥了主力。这是因为机构媒体拥有强大可靠的原创信息源,具备信息、渠道、人才、资金等资源优势,在红色文化传播中能起到很好的示范带动作用。不过,这同时也反映了红色文化宣传式传播思维的影响,一些媒体只是把传播红色文化视为一种政治任务和宣传任务,因而,制作的相关产品也带有深厚的说教意味。这样的结果是人们在接触红色文化信息或产品时,往往也是出于一种政治旨趣,作为被动的信息接收者消费信息,在主动分享或生产红色文化信息或产品方面缺乏主动性和积极性。

习近平总书记指出,"全媒体不断发展,出现了全程媒体、全息媒体、全

---

① 参见胡建斌:《叙事传播视角下红色文化主题游戏的设计》,《四川戏剧》2022 年第 6 期。

② 参见骆郁廷、陈娜:《论红色文化的微传播》,《江淮论坛》2017 年第 3 期。

③ 参见荆立群、薛耀文:《融媒体视阈下红色文化的传播》,《编辑之友》2020 年第 3 期。

员媒体、全效媒体，信息无处不在、无所不及、无人不用，导致舆论生态、媒体格局、传播方式发生深刻变化，新闻舆论工作面临新的挑战”[①]。其中，全员媒体指新闻的传播不再是媒体机构垄断的单行道，不再是“一对多”的单向线性模式，而是要激活所有人的创作热情，实现全民参与和多元互动。

阿尔文·托夫勒（Alvin Toffler）在《第三次浪潮》中提出“产消者”（Prosumer）的概念。产消者是生产者（Producer）和消费者（Consumer）的结合，这意味着二者角色发生了融合，传统信息传播呈现出空前的社会化生产趋势。[②] 目前在生活化、娱乐化的信息传播中，普通大众的积极参与性已经非常高，但是在红色文化信息传播中，普通大众还主要处于观看者、接收者的角色地位，未来红色文化传播要更加开放，向 UGC（用户生成内容）开放，邀请普通大众参与红色文化信息或产品的生产，调动他们的积极性，同时也增强其传播红色文化的担当与责任。

人民群众是文化的主体，要激发他们的参与热情，就要让普通大众拥有参与感和获得感，激发他们的体验感。问卷调查结果也显示，人们更喜欢体验感强的红色文化传播方式，革命遗址、红色影视与红色展览、文物都是对红色文化更为形象、直观、直接的展示，因而也更受人们的青睐。未来红色文化传播要更加注重对人们体验感和参与感的满足，让体验者可以多感官沉浸式地体验红色文化，从而产生强烈的情感共鸣。

### 三、传播内容：从单一产品到融媒体产品

在网络时代，“内容为王”仍是媒体信息生产的核心要点，然而不同于传统媒体时代的是，网络信息数量庞大、更新迅速，如果不能形成连锁式反应，再好的内容也很容易被埋没。因此，融媒体时代内容生产必须注重内容增值，在内容的特色化和多媒体展示上不断作出新探索。

笔者根据对山东红色基因文化传播现状的考察，发现目前红色基因文化的传播依然存在形式单一的问题，大部分还局限于传统的文字、图片方式，没有将全媒体的载体优势充分发挥出来。

融媒体时代，红色文化传播的内容要向融媒体产品转变，需要创新红色文化产品形式，拓展红色文化的多元呈现，利用人们喜爱的短视频等视觉化方式，将原始素材转化为可视化、动态化、形象化的视觉形式；将科技与文化相融合，利用 VR、大数据、动漫、游戏、H5、直播等技术推出新型红色文化产

---

① 习近平：《加快推动媒体融合发展　构建全媒体传播格局》，《求是》2019 年第 6 期。

② 参见[美]阿尔文·托夫勒：《第三次浪潮》，朱志焱等译，新华出版社 1996 年版，第 383～384 页。

品,将传播与社交相融合、现实与虚拟相融合、内容与平台相融合。2017年7月29日,为庆祝建军90周年,《人民日报》客户端推出一款名为《快看呐!这是我的军装照》的H5产品,一经推出,浏览量、转发量都迅猛攀升,成为红色文化传播的经典案例。《人民日报》"军装照"H5页面新闻之所以能够广受好评,绝佳的内容创意发挥了重要作用。"军装照"H5紧扣八一建军节主题,内容借势推出,以相册为载体,以不同年代的军装作为切入,选择时间生成那个年代的军装,每一个参与用户都可以生成独特的中国人民解放军军装,这不仅让诸多无法实现军人梦的受众"美梦成真",而且也能让人们通过不同时间段的军装照体会中国人民解放军这90年的进步、发展与强大。

另外,融媒体对多元媒介形式和新型媒介形式的强调,并不意味着要舍弃文字、图片等传统方式,而是更强调各传播介质之间的融合和打通,不同媒体形式之间要形成一个联盟,在创新产品形式的同时,多元利用不同传播渠道,满足更多人的需求,实现多端推广、全网覆盖,提高产品的到达率。

## 四、传播方式:从独立传播到共享式传播

媒体融合的新生态推动了媒体由独立运作向互嵌共融的关系转向。单一形态的媒介形式不再适合全媒体传播的需要,由媒体向媒介平台综合传播的转变成为主流方向。① 以往中心化的、封闭式的、独家的、竞争式媒体运作模式被去中心化的、开放的、共享的、交互式合作模式取代。这样的情形下,红色文化传播必须由独立传播向共享式传播转变,整合话语传播载体,形成红色文化覆盖范围广、影响力度大的微阵地建设模式。②

这里的"共享",不仅是媒体与媒体之间的共享,还有机构媒体与平台媒体、社交媒体等新兴媒体,媒体与企业之间的共享,通过共享形成资源优势、渠道优势、市场优势,从而形成信息优势、话语优势。

建党百年之际,新华社推出精心制作的微视频《望北斗》,敏锐抓住北斗七星之一的摇光星距地球约100光年距离这一点,将其与党的百年生日结合在一起进行叙述。《望北斗》上线2小时,全网传播量迅速破亿,微博话题"今天的北斗星光来自100年前"阅读量超16亿,讨论量近2000万。分析《望北斗》的创作团队可以看出,该作品是多家合作单位资源与优势共享的结果。

---

① 参见卞祥彬:《语境、逻辑与路径选择:全媒体传播体系建设下的媒体治理》,《编辑之友》2022年第11期。

② 参见滕慧君:《全媒体时代红色文化传承路径探析》,《人民论坛》2020年第22期。

在新华社《望北斗》的创作中，微视频的配音演员由国家一级演员徐涛担任，配乐由《跨界歌王》《中国好歌曲》等节目的音乐总监捞仔负责，片名“望北斗”三个字的题写来自张艺谋电影《影》的片名书写者许静。该视频还启用了电影《流浪地球》的视效团队“墨”影像制作，通过对CG动画、星云变幻等视觉特效镜头的运用，让一个微视频达到了电影级的效果。该示例充分体现了主流媒体强大的聚合能力，以及强强联合的优化效应。

## 五、传播渠道：从媒体传播到泛媒介传播

虽然从传播主体来看，媒体在红色文化的传播中扮演重要的角色，不过从渠道来看，红色文化传播不应停留在媒体媒介的传播上，而是要利用多元的各种媒介。如今随着网络技术、物联网、VR技术的发展，“媒介”与“非媒介”之间的界限淡化、模糊，甚至消失。万物皆媒的泛媒时代正在到来。[①]

如前所述，除了新闻媒体的新闻报道、出版社的主题出版以及文艺作品的播放利用了传统意义上的媒体媒介外，主题展览、文艺演出、红色旅游、理论研讨、赛事活动、城市景观等媒介都属于一种非媒体的媒介，只不过目前这些媒介的应用受物质载体的限制，传播范围局限于特定时空和特定受众。随着传感器、云计算、定位媒介、VR、直播等技术的推动，这些特定时空的媒介得以转化为沉没式传播的重要场景。

有学者把单向的大众传播时代称为“第一媒介时代”，双向的互动传播时代称为“第二媒介时代”，而把沉浸式的泛众传播称为“第三媒介时代”。[②]沉浸传播将是一种以人为中心，无时不在、无处不在、无所不能的传播形态，信息由传播者与接受者共同创造，并共同进入沉浸的体验。[③]

对于红色文化传播来说，要充分利用VR、AR、MR、直播、人工智能等技术，将承载红色文化信息的各种场景、实践、活动与更广泛的、跨时空的受众群体实现连接，使互联网场景在虚拟和现实之间自由转换，为人们提供沉浸式媒介体验，使他们产生身临其境的感受。

目前已经有一些革命遗址、博物馆、纪念堂等红色文化基地，利用VR、AR、3D全息投影和交互等新媒体技术，创新红色文化传播载体。借助VR技术打造科技型党建成为新时期党建工作的新趋势。山东省推出沂蒙精神网上VR全景党性教育平台，采用高清图像采集和全比例场景复现，将孟良

① 参见彭兰：《万物皆媒——新一轮技术驱动的泛媒化趋势》，《编辑之友》2016年第3期。

② 参见李沁、熊澄宇：《沉浸传播与“第三媒介时代”》，《新闻与传播研究》2013年第2期。

③ 参见李沁：《沉浸媒介：重新定义媒介概念的内涵和外延》，《国际新闻界》2017年第8期。

崮战役纪念馆、华东革命烈士陵园、沂蒙红嫂纪念馆、沂蒙革命纪念馆以及孟良崮战役、沂蒙红嫂、八路军 115 师与第一纵队、华东野战军等故事结合，打造了全新的交互式、情景式、沉浸式的红色文化体验新模式。

当下元宇宙技术正在兴起，将创造出时空重塑、感官高度调动的虚拟空间。未来媒体融合产品的发展，借助元宇宙相关技术，将进一步关注与用户使用场景的契合，积极调动用户感官，打造更丰富的沉浸式体验。

## 六、传播形式：从官方话语到民间话语

前文我们已经论述过红色文化的传播需要有良好的受众连接，在具体的实践过程中，除了转变传播思维、利用全媒体渠道推出融媒体产品、充分利用各种可能的媒介构建立体化传播矩阵外，还有一个很重要的要素是红色话语的转变。不论是政府、社会团体，还是媒体等传播主体，在生产红色文化信息或产品时，要从官方话语向民间话语转变，创新红色话语体系，以平等的姿态进行对话、互动和共享。互联网时代，人们相对更喜欢轻松愉悦的信息和有亲近感、亲和力的产品，如何用轻松愉悦的形式讲好红色文化和红色故事，是对媒体的真正考验。

问卷调查结果显示，山东红色基因文化在 30～49 岁的中青年群体之间认知度较高，20 岁左右的青年群体则认知度较低。红色文化传播一方面要利用动漫、影视剧、短视频等深受青少年喜爱的传播形式，为他们提供红色文化融媒体产品，更重要的是要以他们喜欢的话语表达方式进行叙事，满足他们的情感召唤和价值认同。

2021 年，《觉醒年代》火爆出圈，在市场上创造出良好的口碑和收视，收获了年轻受众的追捧。《觉醒年代》打破了“主旋律”与大众文化之间的界限，更重要的是，通过开辟一种新的历史叙事方式，呼应了当今社会被掩藏着的某种社会情绪，带动了更多年轻观众的情感，造就了新的主流价值。在面对历史问题时，该剧不再静态地重复历史是如何过来的，而是直面当代青年的现实问题，在讲述历史的动态过程中，激发青年人对过去百年道路的理解，在大历史的格局中，思考中国为什么要走社会主义道路，重建社会主义建设新时期的理想与信念，探索未来中国发展的目标。①

---

① 参见陶庆梅：《史观重建：从“主旋律”到“新主流”》，《文化纵横》2022 年第 3 期。

另外，当前Z世代[①]正在崛起，有学者指出Z世代青年成长成熟于网络信息时代，易受到亚文化圈层、智能媒体和网络虚拟空间的负面影响，出现弱化价值认同、虚化价值选择和淡化价值实践的问题。[②] 红色文化要主动向Z世代群体靠近，引导他们坚定崇高理想信念，弘扬先进价值理念，养成正确道德观念。同时要注意Z世代的崛起正对传媒业的生态逐渐产生影响。在受众偏好层面，移动端和可视化是Z世代媒介消费的主要趋势。媒介叙事形态的差别也在很大程度上改变了新闻生产的思路，从传统媒体几千字的文字报道到抖音十几秒的短视频，Z世代的新闻消费正在经历可视化的迁移。在内容生产层面，随着Z世代年轻人加入媒体，新闻业的语态和报道风格正在发生改变，更符合Z世代话语习惯。对于传统媒体而言，是否能够适应和跟随Z世代的媒介消费特点和表达方式，已经是一道摆在面前的“生存还是消亡”的选择题。[③]

### 七、提升国际化传播

伴随经济全球化的还有文化全球化，世界各国之间文化的交流与融合成为趋势。近年来，我国国际地位不断提升，中国和中国共产党的国际形象也得到越来越多的认可，这些为红色文化的国际传播创造了良好的环境。不过，当前我国红色文化的国际化传播还比较薄弱，据笔者对庆祝建党百年期间山东媒体报道的分析，只有1%的报道属于国际传播。

我国红色文化在“走出去”的过程中，面临着一系列挑战。首先是中西方巨大的文化差异，不同的国家有着不同的社会发展历史与传统，使得中国文化在输出时可能面临缺乏文化语境的问题，造成红色文化接收时的理解障碍。其次是西方文化霸权的干扰，西方凭借强大的政治、经济、军事、科技和资本优势，在文化传播上也占据主导地位，这种“西强我弱”的文化传播格局可能导致我国红色文化对外传播失去话语权，甚至可能遭到故意的曲解、抹黑和恶意的诋毁。最后是我国红色文化对外传播体系还很薄弱。相比国内红色文化传播的重大主题策划、强大的立体化媒体矩阵，我国红色文化对

---

① 指1995～2009年间出生的一代人，他们一出生就与网络信息时代无缝对接，受数字信息技术、即时通信设备、智能手机产品等影响比较大，所以又被称为“网生代”“互联网世代”“二次元世代”“数媒土著”等。参见敖成兵：《Z世代消费理念的多元特质、现实成因及亚文化意义》，《中国青年研究》2021年第6期。

② 参见张智、刘志铭：《以红色基因塑造Z世代青年价值观的思考》，《青年学报》2022年第5期。

③ 参见王虎：《逻辑转变与维度构建：智能媒体参与社会治理的机制研究》，《现代传播》（中国传媒大学学报）2021年第9期。

外传播还不成熟,这导致我国红色文化对外传播处于一种零星、分散的状态。

党的十八大以来,党和国家越来越注重提升国家文化软实力,高度重视加强我国国际传播能力。我国红色文化的对外传播要扩大立体传播主体、讲好中国红色故事、加强文化创新、发展文化事业和产业,共同推进中国红色文化在世界的传播。[①] 一些成功的案例为我们提供了诸多启示。

一是充分利用红色影视传播红色文化。以《战狼 2》为例,该影片以地区热点冲突中的国家撤侨问题为创作主题,主题本身就引起人们广泛关注,而且该影片展现了中国军人在撤侨行动中的英雄主义精神和我国的人道主义救援精神。该影片不仅在国内的票房取得了成功,更在国外"圈粉"无数。国外专业电影评分网站 IMDb 显示,《战狼 2》的评分为 7.4 分。习近平总书记指出,要"加快构建中国话语和中国叙事体系,讲好中国故事、传播好中国声音,展现可信、可爱、可敬的中国形象"[②]。我国红色文化的对外传播要牢牢抓住新媒体融合的大势,从多重渠道出发宣传红色影视文化,利用红色影视传播红色文化。

二是利用社交媒体、短视频平台等新兴媒体。以抖音国际版为例,其月活跃用户数量已超 10 亿,拥有庞大的海外用户,这为红色文化传播提供了潜在的受众和再次传播者。《觉醒年代》中一些"名场面",如陈延年、陈乔年兄弟英勇就义的画面,在抖音国际版上就被许多的华人网友剪辑并分享。还有一些网友在抖音国际版上分享观看《觉醒年代》的感受,分享剧中陈独秀、李大钊、毛泽东、鲁迅等人物的片段,引起了众多爱国华人和国外观众的共鸣。

三是以外国人的视角讲述中国故事。建党百年之际,浙江省策划了《100 年 · 外国人眼中的中国浙江记忆》融媒传播系列产品,邀请近 20 位在浙江学习、生活、创业的外国人士参与拍摄,通过用"外嘴"软性讲述的方式,在一定程度上消减了国外受众对浙江红色文化的戒备心,以一种更具亲和力的方式向国外受众自然展现在党和政府的带领下,中国人民是如何一步一步实现美好生活的。[③]

---

① 参见刘娇:《中国红色文化世界影响力面临的机遇和挑战》,《北方传媒研究》2022 年第 1 期。

② 习近平:《高举中国特色社会主义伟大旗帜 为全面建设社会主义现代化国家而团结奋斗——在中国共产党第二十次全国代表大会上的报告》,人民出版社 2022 年版,第 46 页。

③ 参见辛红娟、孟佳蓉:《地域红色文化的国际传播策略解析——以〈100 年 · 外国人眼中的中国浙江记忆〉为例》,《对外传播》2022 年第 8 期。

习近平总书记强调，“要深刻认识新形势下加强和改进国际传播工作的重要性和必要性，下大力气加强国际传播能力建设，形成同我国综合国力和国际地位相匹配的国际话语权”[①]。建立健全对外传播体系，创新对外传播宣传方式，讲好红色故事，传播中国好声音，树立中国和中国共产党好形象，增强国际话语权，是我国红色文化未来传播的重要任务之一。

## 第三节 红色基因文化传播中的注意事项

基于前述实证调研结论，结合笔者对红色文化传播实践的观察与思考，笔者认为，在加大红色文化传播的实践中，我们还有一些事项需要注意。

### 一、红色资源的挖掘要避免过度碎片化

红色文化是中国共产党领导中国人民在革命、改革和建设等长期的社会发展过程中创造和形成的文化。我国红色文化资源非常丰富，尤其是历史人物、事件、革命遗址。全国各地都有自己独特的红色资源。近年来，各地红色资源的挖掘与红色文化的传播呈现出百花齐放、争先恐后的特点。

不过，红色资源的挖掘要避免过度碎片化，避免推出太多琐碎、细节的红色文化产品，因为过多的碎片化信息会超出人们的认知范畴，当人们产生认知负荷时，会负向影响人们对红色文化的接触行为与态度。

近两年，国内外学者皆发现，新闻回避成为一种日益普遍化的新闻接受模式。新闻回避指越来越多的数字媒体用户开始自觉地避免接触和阅读部分或全部新闻，并将这种行为作为自己对于当下新闻生态的一种反抗。[②] 新闻回避的产生与当今数字时代信息容量过载、同类信息过度曝光有关，当新闻业的报道议程中存在某一持续热点并对其进行反复、长期的报道，人们会更容易产生疲惫感和抵触情绪。

笔者对庆祝建党百年期间山东媒体报道进行分析时指出，红色基因文化的传播具有模式化、同质化的特点，从中央到山东省再到各地市的庆祝建党百年活动计划内容都差不多。由于红色文化传播具有政治性、组织性、仪

① 《习近平在中共中央政治局第三十次集体学习时强调：加强和改进国际传播工作 展示真实立体全面的中国》，《人民日报》2021 年 6 月 2 日。

② 参见常江、李思雪：《数字媒体生态下的新闻回避：内涵、逻辑与应对策略》，《南京社会科学》2022 年第 9 期。

式性、联动性等特点，各地市政府、各媒体单位均不遗余力地宣传红色文化，这在为人们提供红色文化信息大餐的同时，也可能造成信息的重复和堆砌，令人们的认知和情感出现“超负荷”，进而出现信息回避行为。

因此，在红色资源挖掘和红色文化传播过程中，要更集中、精进和典型，选择有代表性的、能够唤起人们的共识和认同的、认知度较高的资源，在产品形式、传播渠道、传播形式等方面下功夫，使同一主题在多样化产品、多维呈现、多维体验等方面形成一种滚雪球效应。

## 二、红色基因文化传播要趋向分众化、个性化

前面我们指出的红色文化的宣传式传播思维、线性的传播模式，根本上体现了红色文化仍是“一对多”的大众化传播方式，是一种广而告之的信息方式。但是在网络时代，媒体日益多元而且差异化日益明显，随着大数据技术、人工智能技术的发展，个性化新闻推送与服务已经成为主流。

红色基因文化虽然是一种政治文化，但在信息的接受和产品的消费上则是个人化的。红色基因文化的传承应落脚于不同层次的受众选择。年龄、收入、教育程度、居住地、媒介接触偏好、认知与态度等因素都会影响红色文化的传播实效。所以媒体在生产和传播红色文化信息与产品时，要时刻把受众思维贯穿其中，注重不同受众分众化需求，有针对性地拓展多样化渠道，通过多元化的传播形式、内容，吸引多类别群体，推动红色文化传承。① 依托大数据和智能化技术，精准制作针对不同用户的内容产品，把媒体与人们的社会生活有效连接，将内容产品与人们的社交关系紧密融合，形成“红色文化＋”的信息生态。

## 三、红色基因文化传播的在地化

红色文化的传播，除了要关注“媒介”要素外，还应关注“地方”。红色文化生成于一定的地方，具有地域性，并且红色文化传播发生在一定的地方，其传播诉求或传播效果亦需要与特定地方紧密关联。

从传播地理学的视角和方法看，文化、地方、媒介三者之间通过相互影响、相互作用，构成了一个有效的循环系统。红色文化的传播要以红色“文化”为起点，紧密结合“地方”这一要素，运用“媒介”实现传播。

首先，红色文化传播要立足地方空间，运用地方媒体，创新地方叙事。从信息传播来看，人们对于身边的事情有着天然的关注度。依托于对当地

① 参见滕慧君:《全媒体时代红色文化传承路径探析》,《人民论坛》2020 年第 22 期。

政策、医疗、交通、教育、文化等新闻和服务性信息的权威报道与解读，以及对当地政治、经济、社会热点事件的监督和及时报道，地方主流媒体仍受当地人们的喜爱和欢迎，并拥有较强的本土公信力和影响力。红色文化传播应以当地群众为主要目标群体，从地域文化中汲取养分，合理运用本区域人民群众习惯和喜爱的表现手段、叙事方式与传播载体加以推进，调动人们熟悉的物质与文化元素，实现红色文化的转化。作为地域文化的重要载体，方言腔调、民俗活动、戏曲歌谣、祭扫活动甚至广场舞等都是老百姓喜闻乐见的“民间话语”，都可以成为红色文化传播的重要载体。

其次，红色文化的传播要关注人们的地方感。在全球化和现代化影响下，人口流动性空前，在地化传播如果单一追求物理空间的一致性显然不合时宜。红色文化的传播更应关注人们的地方感，关注人们基于过去经验形成的地方认同与归属。网络等新媒体的兴起和发展，尤其是微信群、QQ群等网络社群，为那些离开家乡，与家乡空间上分离但心理上亲近的人们提供了连接的途径。在网络社群中，他们通过聊家乡、习俗和文化，分享地方风景与美食，建构了对家乡的共同想象，满足了对家乡的心理归属。基于地缘、血缘等关系，以城市、乡镇、村落等为单位建立的网络社群，为重建与凝聚“地方感”提供了重要途径。红色文化传播要善于运用网络媒体，实现传播的“在地在线化”，通过网络社群等方式联结在线的地方人群，借助人们的地方依恋感、认同感，生成和传播共享的文化。

再次，红色文化传播要打造场景体验，激发“地方”实践。可以基于不同地方保留下来的红色遗址、博物馆、纪念堂等红色文化基地，借力VR、AR等新技术，还原历史事实，使人们通过身临其境的沉浸式体验，目睹红色革命事件、人物与遗物，从而大大强化人们对红色文化的感受。

最后，移动互联网时代，基于全球定位系统（GPS）技术，定位媒介（locative media）兴起，不仅位置成为信息重要内容，而且标记和分享位置信息也成为重要实践，如发布地理标签、打卡网红景点等。人们基于位置信息的分享行为，是将自己在地方空间中的经验、心情与感受公开表达的过程，因此，人们利用定位媒介既创造了自己的地方体验和地方记忆，也在创建和分享地方体验中获得对某一地方的归属感，在互动与连接中获得共同在场感和地方依附感。所以，红色文化的在地化传播，还要重视激发人们应用定位媒介的主动性“在地”实践，将地方的空间性、关系性以及地方感的情感性连接起来，鼓励人们记录书写地方故事，补充官方叙事的单一性，为红色文化传播增添私人性，使个体以独特的方式，在特定的地点构建对地方的认同，加深对地方红色文化的体验。近年来，红色旅游路线成为各地宣传红色文化的重要方式,若能激发人们对红色旅游景点和红色文化产品的位置分享与打卡实践,亦有利于推动红色文化与地方的融合,提升人们对地方红色文化的认知、体验,并通过不同主体共同的分享经验,增强人们对地方的归属感、共同在场感,以及对地方红色文化的熟悉感、认同感。更进一步的红色文化传播则要考虑如何将打卡红色地标、红色印迹、红色文化产品等活动与人们在微博、微信、抖音等社交媒体的信息分享行为结合起来,实现线下与线上的连接,激发更多人对红色文化进行主动的位置分享、信息分享和感受分享,实现红色文化的在场化和在地化传播。

## 四、红色基因文化传播的品牌化

在充分利用地方红色资源的基础上,红色文化传播还要融入现代品牌意识,与地方特色结合,挖掘独特的优势资源,形成具有辨识度和品牌化的文化体系。

打造红色文化品牌一方面可以因地制宜,与其他地方的红色文化传播形成差异化、特色化竞争,占领分众化市场,满足消费者的不同需求;另一方面,可以对地方红色资源进行有效整合,形成合力,以点带面,产生红色资源的集聚效应。此外,还可以通过整合营销的传播思路,提升人们对红色文化的感知度和影响力,与消费者建立长久的、稳固的关系,实现红色文化遗产保护、资源开发、有效传承的可持续发展路径。

不过红色文化的打造与传播是一个系统工程,需要政府的品牌意识和高度重视,更需要专业的运营团队,从整合当地红色资源、制定品牌标识、营销传播、宣传推广、新媒体运营、推出品牌文创等多个链条共同着手,切实进行品牌建设。除此之外,还需要资金、人才等的投入。总的来看,目前我国各地的红色文化品牌仍在摸索中,根据人们认知与心理的首因效应,未来率先抓住先机、打响红色文化品牌的地方,必将引领红色基因文化的传播,在竞争中掌握主动权。

# 结　语

本研究以山东红色文化为例，紧密围绕山东红色基因文化是什么、如何传播、传播有哪些特性和问题，山东民众对山东红色基因文化持怎样的认知与态度，山东红色基因文化未来传播该怎么做等问题进行研究。

为了回答“山东红色基因文化是什么、如何传播、传播有哪些特性和问题”，本研究运用关键事件法，选取“建党百年”这一关键事件，在慧科新闻数据库中搜索了 2020 年 1 月 1 日至 2022 年 1 月 1 日期间，山东所有媒体发布的以建党百年为主题的新闻报道，然后运用内容分析与文本分析相结合的方式，一方面提取出新闻报道涉及的不同类型的山东红色基因文化资源，回答了“山东红色基因文化是什么”的问题；另一方面统计了新闻报道在媒体报道趋势、文章篇幅、报道主题、传播方向、信息呈现形式、新闻报道情感倾向等方面的特征，分析概括了山东红色基因文化传播的现状，总结了山东红色基因文化传播的特性和存在的问题。

为了回答“山东民众对山东红色基因文化持怎样的认知与态度”，本研究运用问卷调查法，以山东民众为对象，调查了人们对山东红色基因文化的兴趣，了解了人们接触红色基因文化传播时在信息接收渠道、媒介形式和信息呈现方式等三个方面的偏好，调查了人们对山东历史事件、红色精神、革命先辈、红色遗址的认知情况，了解了人们对山东红色基因文化传播主体、传播方式、传播问题、传播意义的态度。在问卷调查中，笔者选取的具体调查问题均来自庆祝建党百年期间山东媒体报道涉及的山东红色基因文化资源。因此，这一部分的调研实质上是对山东红色基因文化传播效果的测量。

笔者基于实证研究结果，结合当前红色文化传播的新时代语境、新媒体语境、新技术语境、新文化语境等背景性宏观因素，加上自身对红色基因文化传播的实践观察、文献阅读与个人思考，提出七条红色基因文化未来传播的建议路径和四个注意事项，回答了“山东红色基因文化未来传播该怎么做”的问题。

本研究遵循实证调研的范式,按照“提出问题—分析问题—解决问题”的思路完成。一方面,本研究在实证调研中掌握了大量一手数据,这为后续的研究提供了基础,为政府、媒体等各级部门、各行各业的有关决策、服务、产品开发等提供了重要的参考,能够丰富有关红色文化研究的数据、知识和实践;另一方面,本研究对“红色基因”“红色基因文化”“红色基因文化传播”等概念及其研究范畴进行了界定,丰富了当前有关红色文化内涵的本体化研究。另外,本篇在红色基因文化传播现状、效果与路径上提出的观点,能够丰富当前有关红色文化传播的研究,为山东乃至其他地域红色文化传播实践提供可借鉴、可操作的观点和建议。总之,本篇兼具一定的理论价值和实践意义。

本研究未尽之语主要有两个方面。一方面是对山东红色基因文化传播现状的考察,本研究运用了关键事件法,是以建党百年为对象进行数据采集的。这一事件虽然有代表性,但是由于该事件的时间性、仪式性、重大性,也可能带来偏差,不过这种偏差更可能是红色文化传播实践过多的偏差,未来需要更多常态化、长期化的观察。另外,本篇是以慧科新闻为数据库进行的资料搜集,虽然该数据库也包含了社交媒体等来源,不过笔者根据对数据的阅读和分析,发现这方面的数据是不全面、不充分的,未来进一步的研究可能需要针对某一类社交媒体如微博或抖音进行更充分的数据搜集。另一方面是对山东民众认知与态度的调查,由于本研究采用线上问卷调查的方法,样本代表性不是很高。虽然笔者已经尽可能地采用配额抽样的思路抽样,但是囿于笔者的资源与资本,以及居家办公的影响,样本分配仍有较大偏差,未来进一步的研究如能结合线下分层抽样调查,样本的代表性会更高,研究结论也更客观。

当前,关于红色基因文化的研究已经相当丰富了,但其中宏观层面的描述性分析和以具体实例为对象的微观研究居多,宏观的分析不免有空洞、无趣的感觉,微观的研究又不免有“窥一斑而无法知全豹”的局限。未来红色文化研究需要更多介于二者之间、亦能把二者有效连接的中观研究,并且需要更多跨学科的、实证的研究。

# 附录　山东红色文化传播的认知与态度调研

尊敬的朋友：

您好！为了解人们对山东红色文化传播的认知与态度，我们组织了本次调查。请您选择符合自己情况的问题选项。非常感谢您能抽出几分钟时间来参加本次答题，您的回答很重要，感谢您的认真填写。本次调研结果只用于学术研究，不会泄露您的私人信息，请放心。

**第一部分　个人情况**

A1.您的性别：□男　□女

A2.您的年龄：

□10 岁以下　□10～19 岁　□20～29 岁

□30～39 岁　□40～49 岁　□50～59 岁

□60 岁及以上

A3.您的政治面貌是：

□群众　□共青团员　□党员　□其他

A4.您的最高学历是：

□初中及以下　□高中或中专　□大专(高职)

□本科　□研究生及以上

A5.您的月收入是：

□4000 元以下　□4000～6000 元　□6001～8000 元

□8001～10000 元　□10000 元以上

A6.您的职业是：

□学生　□党政机关、事业单位人员

□企业、公司职员　□个体户、自由职业者

□农、林、牧、渔劳动者　□待业、无业人员　□其他

A7.您居住最久的地方是：

□济南　□青岛　□淄博　□枣庄　□东营　□烟台
□潍坊　□济宁　□泰安　□威海　□日照　□临沂
□德州　□聊城　□滨州　□菏泽　□非山东省

## 第二部分　对山东红色文化的认知与态度

B1.以下革命人物，与山东有关的是(可多选)：

□王尽美　□瞿秋白　□辛锐
□明德英　□邓恩铭　□陈独秀

B2.以下历史事件，发生在山东省的有(可多选)：

□台儿庄战役　□孟良崮战役　□平型关大捷
□淮海战役　□五三惨案　□巨野战役

B3.以下精神，与山东有关的是(可多选)：

□沂蒙精神　□乳娘精神　□地雷战精神
□徂徕山精神　□朱彦夫精神　□王杰精神

B4.以下革命遗址，在山东省的有(可多选)：

□刘谦初故居　□四五烈士纪念碑　□渊子崖抗日烈士塔
□华东野战军诞生地旧址　□《共产党宣言》纪念馆

B5.您对山东红色基因文化的兴趣程度是：

□非常不感兴趣　□不大感兴趣　□无所谓
□有点兴趣　□非常感兴趣

B6.您最喜欢以哪种方式了解山东红色文化：

□参观革命遗址、纪念馆
□参观红色主题的展览、文物陈列
□观看红色电影、电视剧等影视作品
□听家长、前辈的讲述
□红色旅游路线
□观赏或参加红色戏剧、舞台剧、话剧等文艺作品
□阅读红色主题的图书
□观看或参加红色故事、红歌、党史知识竞赛等
□浏览媒体新闻报道
□观赏红色主题的灯火秀、主题花坛等
□学校或单位的党史、国史学习教育

□其他

B7.您最喜欢从什么媒介获取红色文化的信息或产品：

□书籍、报纸　□电视
□政府网站、媒体官网　□媒体客户端
□抖音、快手等短视频平台　□微博、微信等社交媒体
□其他

B8.您最喜欢哪种方式呈现的红色文化信息或产品：

□文字　□图片　□图文结合
□长视频　□短视频　□动漫、动画
□数据、图表　□直播　□其他

B9.在您看来，红色文化传播主要承担者是：

□政府　□媒体　□学校等教育机构
□家庭　□社会团体　□个人

B10.您对山东红色文化以下传播方式的满意度：

| | 非常不满意 | 不大满意 | 不确定 | 比较满意 | 非常满意 |
|---|---|---|---|---|---|
| 红色旅游 | 1 | 2 | 3 | 4 | 5 |
| 文艺作品 | 1 | 2 | 3 | 4 | 5 |
| 主题展览 | 1 | 2 | 3 | 4 | 5 |
| 书籍出版 | 1 | 2 | 3 | 4 | 5 |
| 理论研讨 | 1 | 2 | 3 | 4 | 5 |
| 媒体报道 | 1 | 2 | 3 | 4 | 5 |
| 城市景观 | 1 | 2 | 3 | 4 | 5 |

B11.您觉得，山东红色文化传播有哪些问题：

| | 非常不同意 | 比较不同意 | 不确定 | 比较同意 | 非常同意 |
|---|---|---|---|---|---|
| 缺乏特色 | 1 | 2 | 3 | 4 | 5 |
| 表现形式单一 | 1 | 2 | 3 | 4 | 5 |
| 群众参与性低 | 1 | 2 | 3 | 4 | 5 |
| 产品不接地气 | 1 | 2 | 3 | 4 | 5 |
| 传播渠道少 | 1 | 2 | 3 | 4 | 5 |
| 红色资源挖掘不够 | 1 | 2 | 3 | 4 | 5 |

B12.下列关于红色文化的说法,您是否赞同:

| | 非常<br>不同意 | 比较<br>不同意 | 不确定 | 比较<br>同意 | 非常<br>同意 |
|---|---|---|---|---|---|
| 红色文化对社会主义现代化建设有重要意义 | 1 | 2 | 3 | 4 | 5 |
| 红色文化可以提升国际竞争力 | 1 | 2 | 3 | 4 | 5 |
| 红色文化可以坚定文化自信 | 1 | 2 | 3 | 4 | 5 |
| 红色文化可以树立正确的历史观 | 1 | 2 | 3 | 4 | 5 |
| 红色文化可以增强民族自豪感和责任感 | 1 | 2 | 3 | 4 | 5 |
| 红色文化能培养人们形成正确的价值观、世界观、人生观 | 1 | 2 | 3 | 4 | 5 |
| 红色文化对提升政府公信力有积极作用 | 1 | 2 | 3 | 4 | 5 |

# 参考文献

## 一、图书


1.陈默:《媒介文化传播》,中国传媒大学出版社 2016 年版。

2.陈士生:《〈红嫂〉传播研究》,山东人民出版社 2014 年版。

3.丁凤云:《红色文化与沂蒙精神》,山东人民出版社 2012 年版。

4.丁凤云:《文化的力量:大宣传理念与沂蒙精神实践性探索》,山东人民出版社 2014 年版。

5.方延明:《新闻文化外延论》,南京大学出版社 1997 年版。

6.费聿辉、刘涛主编:《红色基因传承研究》,济南出版社 2019 年版。

7.付聪、左旼:《新媒体文化传播与出版》,河北科学技术出版社 2017 年版。

8.高书生编:《文化数字化:关键词与路线图》,北京联合出版有限责任公司 2022 年版。

9.关冠军、刘慧、王旭东:《红色文化品牌塑造》,中国商务出版社 2019 年版。

10.韩延明:《红色文化与社会主义核心价值体系建设研究》,人民出版社 2013 年版。

11.何威:《网众传播:一种关于数字媒体、网络化用户和中国社会的新范式》,清华大学出版社 2011 年版。

12.胡光宇:《中国共产党文化建设》,人民出版社 2011 年版。

13.黄旦、周奇:《媒介、文化与知识传播》,中国传媒大学出版社 2022 年版。

14.李水弟主编:《红色文化与传承》,江西人民出版社 2009 年版。

15.李霞:《红色文化认同、传承与创新》,江西高校出版社 2021 年版。

16.刘长林:《中国系统思维——文化基因透视》,中国社会科学出版社2008年版。

17.孟红兵:《山东革命文化大事年表》,中共党史出版社2005年版。

18.邱小云主编:《红色文化十讲》,江西高校出版社2018年版。

19.渠长根主编:《红色文化研究与实践》,红旗出版社2020年版。

20.任仲文编:《红色基因代代传》,人民日报出版社2018年版。

21.深圳大学中国文化与传播系主编:《文化与传播》,上海文化出版社1993年版。

22.童兵:《经验与历程:建党90周年“中国共产党新闻思想研讨会”论文集》,复旦大学出版社2013年版。

23.汪晖:《世纪的诞生:中国革命与政治的逻辑》,生活·读书·新知三联书店2020年版。

24.王爱军、王刚、刘丽等主编:《多维视野下的红色文化》,西南交通大学出版社2011年版。

25.王金义主编:《沂蒙红色故事》,山东人民出版社2022年版。

26.王增乾:《山东革命文化人物简介》,中共党史出版社2005年版。

27.魏本权、汲广运:《沂蒙红色文化资源研究》,山东人民出版社2014年版。

28.徐东升、孙海英编:《沂蒙红色文化符号》,九州出版社2021年版。

29.张国涛:《传播文化　文化传播中的中国思考》,中国传媒大学出版社2015年版。

30.张立、金新亮等:《红色基因传承机制变迁与当代建构》,人民出版社2020年版。

31.张楠楠:《跨文化视野下河北红色文化的对外传播研究》,吉林大学出版社2021年版。

32.张文:《媒介融合背景下的红色文化大众化研究》,中国社会出版社2019年版。

33.张智华:《影视文化传播》,文化艺术出版社2004年版。

34.朱钦胜主编:《中国红色文化研究文集》,广东人民出版社2017年版。

35.[美]保罗·C.亚当斯:《媒介与传播地理学》,袁艳译,中国传媒大学出版社2009年版。

36.[英]迈克·克朗:《文化地理学》,杨淑华、宋惠敏译,南京大学出版社2003年版。

## 二、期刊论文

1.本刊评论员:《构建媒体深度融合新生态》,《中国出版》2022 年第 13 期。

2.毕耕、谭圣洁:《全媒体时代红色文化传播的媒介策略》,《红旗文稿》2016 年第 5 期。

3.毕文:《当代中国新文化基因若干问题思考提纲》,《南京政治学院学报》2001 年第 2 期。

4.卞祥彬:《语境、逻辑与路径选择:全媒体传播体系建设下的媒体治理》,《编辑之友》2022 年第 11 期。

5.曹宇轩、粟锋:《"互联网+红色文化"的现实境遇、实践价值和发展路径》,《东南传播》2022 年第 9 期。

6.常江、李思雪:《数字媒体生态下的新闻回避:内涵、逻辑与应对策略》,《南京社会科学》2022 年第 9 期。

7.常胜:《新时代红色文化建设新使命》,《井冈山大学学报》(社会科学版)2022 年第 4 期。

8.陈敬、魏本权:《红色文化的文化发生学考察:以沂蒙红色文化为中心》,《临沂师范学院学报》2010 年第 1 期。

9.陈峻俊、符家宁:《数字时代红色文化影像国际传播力提升的新进路》,《西华大学学报》(哲学社会科学版)2022 年第 4 期。

10.陈宗文、兰燕:《红色文化的特质、价值与育人实践》,《山东干部函授大学学报》(理论学习)2022 年第 5 期。

11.党争胜:《延安时期红色文化国际传播的历史经验及其当代启示》,《上海交通大学学报》(哲学社会科学版)2022 年第 4 期。

12.方世南、徐雪闪:《网络意识形态安全中意见领袖作用研究》,《南京师大学报》(社会科学版)2019 年第 1 期。

13.高敏君、何喜均:《习近平关于红色基因重要论述的逻辑体系》,《党史博采》(下)2021 年第 12 期。

14.高渊:《传播技术智能化下新闻传播生态的嬗变》,《出版广角》2021 年第 17 期。

15.宫承波、田园:《短视频火爆背后的大众视觉消费转向》,《新闻论坛》2018 年第 1 期。

16.郭宇楠、姜晓斌:《中国红色影视文化在国际传播中的探索与创新》,《传媒》2022 年第 15 期。

17.韩延明、魏本权:《沂蒙红色文化的文化生态学考究与辨析》,《山东社会科学》2010 年第 7 期。

18.管仕廷:《论红色文化的内涵与特征》,《传承》2012 年第 13 期。

19.韩桥生、李浩:《全媒体时代红色文化传播的困境与策略》,《江西师范大学学报》(哲学社会科学版)2021 年第 5 期。

20.胡建斌:《叙事传播视角下红色文化主题游戏的设计》,《四川戏剧》2022 年第 6 期。

21.黄楚新、郭海威、余晨雨:《论主流媒体的视频化转型》,《媒体融合新观察》2022 年第 2 期。

22.蒋军营:《智媒时代红色文化的传播路径分析》,《新闻爱好者》2021 年第 10 期。

23.焦红波:《红色文化符号及其传播系统建构》,《新闻爱好者》2022 年第 7 期。

24.荆立群、薛耀文:《融媒体视阈下红色文化的传播》,《编辑之友》2020 年第 3 期。

25.孔清溪、许力丹:《红色文化的"游戏化"传播机制创新研究——以"青春为祖国歌唱"为例》,《现代传播》(中国传媒大学学报)2021 年第 10 期。

26.李惠旋:《新媒体环境下红色文化的传播分析》,《文化产业》2021 年第 32 期。

27.李晶、梁彦:《红色出版物视角下的新时代红色文化溯源与创新传播研究》,《科技与出版》2021 年第 5 期。

28.李磊、王冰:《红色文化短视频传播的机遇与隐忧》,《青年记者》2020 年第 32 期。

29.李茂民:《"红色经典"的历史本体基础及其叙事规律》,《东岳论丛》2018 年第 12 期。

30.李孟舜:《红色文化空间的功能构建与创设路径》,《中州学刊》2022 年第 7 期。

31.李鹏:《整合传播视角下红色文化阅读推广工作探讨》,《出版广角》2021 年第 19 期。

32.李沁、熊澄宇:《沉浸传播与"第三媒介时代"》,《新闻与传播研究》2013 年第 2 期。

33.李沁:《沉浸媒介:重新定义媒介概念的内涵和外延》,《国际新闻界》2017 年第 8 期。

34.李水弟、傅小清:《红色文化之源:中国共产党的先进性》,《求实》2008

年第5期。

35.李掖平:《大众文化语境下的谍战影视剧论析》,《百家评论》2013年第3期。

36.梁罡:《政治传播视角下红色文化的理论语境、意义表达及传播路径》,《理论导刊》2022年第5期。

37.梁化奎:《政治社会化与列宁时期的红色文化符号》,《马克思主义与现实》2017年第1期。

38.刘建荣:《红色文化的道德价值》,《湖南社会科学》2022年第3期。

39.刘娇:《中国红色文化世界影响力面临的机遇和挑战》,《北方传媒研究》2022年第1期。

40.倪子涵:《新媒体时代红色文化传播策略分析》,《传媒论坛》2022年第20期。

41.罗永宽、李燕:《红色文化的精神内核与当代价值》,《文化软实力研究》2017年第1期。

42.骆郁廷、陈娜:《论红色文化的微传播》,《江淮论坛》2017年第3期。

43.彭兰:《智媒化:未来媒体浪潮——新媒体发展趋势报告(2016)》,《国际新闻界》2016年第11期。

44.彭兰:《万物皆媒——新一轮技术驱动的泛媒化趋势》,《编辑之友》2016年第3期。

45.彭兰:《移动化、社交化、智能化:传统媒体转型的三大路径》,《新闻界》2018年第1期。

46.彭树涛、李建强:《马克思主义发生学方法的超越及意义》,《思想战线》2019年第1期。

47.强卫:《激活红色基因 焕发生机活力——学习贯彻习近平总书记系列重要讲话精神》,《求是》2014年第18期。

48.邵培仁:《地方的体温:媒介地理要素的社会建构与文化记忆》,《徐州师范大学学报》(哲学社会科学版)2010年第5期。

49.申睿、周涵晓:《红色网游的崛起之道》,《出版发行研究》2006年第2期。

50.沈成飞、连文妹:《论红色文化的内涵、特征及其当代价值》,《教学与研究》2018年第1期。

51.史婷婷、张昊:《红色文化研究的热点、演进与展望——基于CNKI数据库中CSSCI文献的CiteSpace可视化研究》,《山东开放大学学报》2022年第3期。

52.宋军:《动漫艺术对红色文化的传播》,《文艺争鸣》2010 年第 18 期。

53.粟雪晴、汪莉:《文化折扣视角下我国红色文化的对外传播》,《传媒论坛》2022 年第 3 期。

54.孙路亮、杨立志:《红色文化铸就时代青年“精神钙质”:作用机理、基本内涵和实践路径》,《南阳师范学院学报》2022 年第 5 期。

55.汤红兵:《从文化生态学视角看湘鄂西红色文化的形成原因》,《党史文苑》(学术版)2006 年第 24 期。

56.唐黛:《立足跨文化传播视角　探讨红色文化对外传播——评〈跨文化视野下河北红色文化的对外传播研究〉》,《传媒》2022 年第 3 期。

57.陶庆梅:《史观重建:从“主旋律”到“新主流”》,《文化纵横》2022 年第 3 期。

58.滕慧君:《全媒体时代红色文化传承路径探析》,《人民论坛》2020 年第 22 期。

59.童兵:《马克思主义新闻观与媒介化社会》,《当代传播》2016 年第 6 期。

60.童兵:《文化三题:文化·革命文化·人民文化权益》,《现代传播》(中国传媒大学学报)2020 年第 6 期。

61.王东:《中华文明的五次辉煌与文化基因中的五大核心理念》,《河北学刊》2003 年第 5 期。

62.王国敏、李玉峰:《挑战与回应:坚守马克思主义在意识形态领域的主流地位》,《马克思主义研究》2007 年第 11 期。

63.王虎:《逻辑转变与维度构建:智能媒体参与社会治理的机制研究》,《现代传播》(中国传媒大学学报)2021 年第 9 期。

64.王蕾、苏颖悦:《红色文化传播的空间叙事实践——以〈寻声记〉节目为例》,《当代电视》2022 年第 4 期。

65.王丽荣、杨党校:《新时代红色文化的叙事创新》,《人民论坛》2021 年第 28 期。

66.王晓培:《视频化生存:深度媒介化时代的社会重构与反思》,《青年记者》2022 年第 19 期。

67.王秀苹:《论红色文化价值的生成、演化及其实践转向》,《学术探索》2021 年第 9 期。

68.王以第:《“红色文化”及发生学机制》,《理论界》2007 年第 10 期。

69.王紫潇:《新时代红色文化的基本功能与实现路径》,《南通大学学报》(社会科学版)2022 年第 4 期。

70.吴娜:《红色基因的文化学考察》,《人民论坛》2015 年第 35 期。

71.吴晓川:《川陕苏区红色文化的歌谣建构与传播》,《文艺争鸣》2010 年第 20 期。

72.辛红娟、孟佳蓉:《地域红色文化的国际传播策略解析——以〈100 年·外国人眼中的中国浙江记忆〉为例》,《对外传播》2022 年第 8 期。

73.相婷婷、周鹏:《〈觉醒年代〉出圈下南京红色文化传承与发扬理路探析》,《传媒论坛》2022 年第 10 期。

74.徐功献、冯婧泽:《论新时代红色文化的历史使命》,《红色文化资源研究》2019 年第 1 期。

75.闫梦瑶、王凤仙:《去形式化与重新语境化:红色文化的短视频传播》,《青年记者》2021 年第 20 期。

76.杨超:《中国共产党传播红色文化的百年回溯与当代启示》,《重庆社会科学》2021 年第 6 期。

77.杨雪萍:《机遇、困境与突破:新媒体时代背景下的红色文化传播》,《新闻爱好者》2022 年第 6 期。

78.易璐、刘志刚、曾智斌:《基于 CiteSpace 的我国红色文化研究进展及趋势分析》,《江西理工大学学报》2022 年第 3 期。

79.尹晓颖、朱竑、甘萌雨:《红色旅游产品特点和发展模式研究》,《人文地理》2005 年第 2 期。

80.于晓风:《"场域"视野下的革命文化——以沂蒙精神的跨场域传播为例》,《山东社会科学》2018 年第 4 期。

81.袁艳:《当地理学家谈论媒介与传播时,他们谈论什么?——兼评保罗·亚当斯的〈媒介与传播地理学〉》,《国际新闻界》2019 年第 7 期。

82.张海斌、战令琦:《媒体融合视阈下红色文化传播策略探析》,《新闻爱好者》2022 年第 5 期。

83.张晶晶、韩文根:《红色文化的时代价值及其美育作用》,《美与时代》(下)2021 年第 1 期。

84.张乃和:《发生学方法与历史研究》,《史学集刊》2007 年第 5 期。

85.张珊:《论红色文化传播的沉浸化转向及实践进路》,《井冈山大学学报》(社会科学版)2022 年第 3 期。

86.张湘涓:《"新闻社交化"环境下新闻传播的变革与发展》,《国际公关》2022 年第 3 期。

87.张月萍:《论红色文化的科学传播》,《新闻大学》2014 年第 5 期。

88.张志安、李嘉晖:《互联网平台逻辑影响下的应用新闻传播——2021

中国应用新闻传播十大创新案例分析》,《新闻战线》2022 年第 19 期。

89.张智、刘志铭:《以红色基因塑造 Z 世代青年价值观的思考》,《青年学报》2022 年第 5 期。

90.赵传海:《论文化基因及其社会功能》,《河南社会科学》2008 年第 2 期。

91.赵蓉蓉:《红色文化传播的创新路径思考——以看看新闻 Knews“牵手”上海档案馆的新媒体直播为例》,《上海广播电视研究》2022 年第 4 期。

92.赵晓毅、康海轩:《习近平红色文化重要论述:生成逻辑·理论意蕴·价值旨趣》,《中学政治教学参考》2022 年第 32 期。

93.赵月枝、沙垚:《地方红色文化的当代意义》,《红旗文稿》2019 年第 20 期。

94.赵月枝:《构建社会主义媒体的公共性和文化自主性?——重庆卫视改革引发的思考》,《新闻大学》2011 年第 3 期。

95.周洁:《短视频时代红色文化传播途径研究》,《传媒论坛》2021 年第 23 期。

96.周翔:《魅力·阻力·合力:建党百年时域下的红色文化传播》,《河南工业大学学报》(社会科学版)2022 年第 1 期。

97.朱炳祥:《关于中国文化发生学研究的思考》,《江汉论坛》1996 年第 1 期。

98.朱炳祥:《符号内涵的历史性还原——一个原始文化研究的基本方法》,《中南民族大学学报》(哲学社会科学版)1995 年第 2 期。

99.钟莉莉:《红色文化传播的现实考量与推进理路》,《北方传媒研究》2022 年第 3 期。

100.邹志刚:《中国梦与红色音乐文化传播研究》,《艺术百家》2014 年第 1 期。

101.[美]保罗·C.亚当斯、[瑞典]安德烈·杨森、李淼、魏文秀:《传播地理学:跨越学科的桥梁》,《新闻记者》2019 年第 9 期。

**三、学位论文**

1.刘琨:《红色文化研究》,辽宁大学博士学位论文,2015 年。

2.刘星星:《习近平关于弘扬红色文化重要论述研究》,大连理工大学硕士学位论文,2022 年。

3.汤红兵:《湘鄂西红色文化的形成及开发》,华中师范大学硕士学位论文,2006 年。

4.王昕伟:《文化自信视域下红色基因的传承研究》,湘潭大学博士学位论文,2021 年。

5.余岱宗:《被规训的激情》,福建师范大学博士学位论文,2002 年。

6.赵丽:《习近平关于红色基因的重要论述研究》,中共山东省委党校硕士学位论文,2022 年。

7.张锋:《中国共产党红色文化基本理论研究》,南京师范大学博士学位论文,2021 年。

8.周宿峰:《红色文化基本问题研究》,吉林大学博士学位论文,2014 年。

9.周婷:《习近平红色文化重要论述研究》,淮北师范大学硕士学位论文,2022 年。

10.朱伟:《红色文化传播现状、问题与对策研究》,山东大学博士学位论文,2014 年。

# 博士后期间的学术成果

## 一、科研项目

国家社科基金后期资助项目"影像化生存:移动互联网时代的个人摄影及其影响研究"(项目编号:22FXWB008)。

## 二、学术论文

1.任晓敏:《传播地理学视域下红色文化的创新传播》,《北方传媒研究》2022年第6期。

2.任晓敏:《产品销售、知识服务与价值共创:出版业直播营销模式探析》,《编辑之友》2021年第8期。

3.任晓敏、赵鑫莹:《我国网络版权治理的影响变量、运作模式与核心逻辑》,《中国编辑》2023年第3期。

4.赵鑫莹、任晓敏:《人工智能、5G、区块链:出版业未来发展的新技术因素》,中国编辑学会编:《建设高素质编辑队伍　推动出版高质量发展——中国编辑学会第22届年会获奖论文(2021)》,人民出版社2021年版。

5.赵鑫莹、任晓敏:《我国网络版权治理的模式、问题与发展路径》,中国编辑学会编:《创新行业人才培养机制　打造骨干编辑审校队伍——中国编辑学会第23届年会获奖论文(2022)》,人民出版社2023年版。